经典钓技

谭佛航 著

人民体育出版社

莫道桑榆晚　微霞尚满天
——记八旬钓翁谭佛航

《中国钓鱼》杂志　张继国

当你浏览《中国钓鱼》杂志时，你会发现，自创刊以来几乎期期都有一个名字和他的文章；当你观看电视钓鱼节目时，你会常常看到一位鹤发童颜、声音洪亮的钓翁为观众讲解垂钓之道和解答钓鱼疑难；当你漫步在水边时，你也许会遇到一

2005年作者八十大寿

位身板硬朗、精神矍铄的老者或持竿垂钓，或与钓友侃侃交谈。此人便是京城钓界乃至全国钓界颇具名气的谭佛航老先生。

以鱼为友　与山水共乐

谭老先生出生在韶山，在湘江边上长大，锦绣的山川、乖巧的鱼伴随他成长，并将他培育成为一个爱山爱水爱鱼的情思豁达的钓翁，他还以"钓痴"自称。他将垂钓的功能诠释得淋漓尽致，如他说垂钓有强身健体、益智、净化心灵、广交朋友及求刺激重拼搏等。他还说一个人只要沾上一个"渔"字，终身受益，快乐无穷。

他钓了一辈子鱼，越钓越爱，就在他年近花甲的1984年，参与了创办《中国钓鱼》杂志的工作，并担任《中国钓鱼》杂志的

第一届编委。此后的22年中，他不仅为杂志撰写了大量的文章，而且著书立说，出版了14本钓鱼专著，其中有5本被台湾出版社买了版权在台湾出版。作为《中国钓鱼》杂志"答钓友"专栏的作者，他至今仍在勤奋地耕耘着。据不完全统计，谭老在书刊上发表的文章已达三百多万字。

随着谭老在钓界的名气越来越大，邀请谭老写文章和做主持人的新闻媒体越来越多。中央电视台的"夕阳红"、体育频道、教育频道、旅游卫视的"渔乐圈"、"四海钓鱼"频道等都有谭老做的钓鱼节目。一些出版社也相继出版了十多盘谭老的钓鱼音像制品。谭老说，他越老越忙，已到应接不暇的程度。他认为这样的生活很充实，很有意义。

2004年在《中国钓鱼》杂志举办的优秀作者评选活动中，谭老被评为优秀作者，荣获特别奖。

要用脑子钓鱼

钓界不乏善钓者，也有能文者，但常常是有的人很会钓鱼，但说不出个道道；有的人侃起鱼经来头头是道，却总钓不上鱼。而谭老则是名副其实的既有丰富实践经验，又有渊博理论知识的钓鱼专家。

谭老在谈到他为什么能有那么多的专著时说，钓鱼是需要智慧的，别以为水中的那点事一弄就通，水中的学问可大着呢！这项活动需要知道的东西太多了。举例说，要钓鱼首先就要弄清鱼的行为受谁指挥。这可概括为"三趋"，就是趋温、趋氧、趋食。因此要想钓上鱼就需要研究气温和水温的变化、水中氧溶量的情况以及鱼的习性，也就涉及到气象学、物理学、鱼类学等等。由此看来光是上知天文、下知地理还是不够的。

为了积累知识，谭老见到与"鱼"字有关的书就买，见到报刊上与鱼有关的文章就剪下来装订成册，他的书房俨然成了钓鱼图书馆。

谭老探求钓技有股子犟劲，越不明白就越想弄明白，越是钓不上鱼就越想钓。他带着问题钓鱼，自1983年以来坚持写钓鱼日记。

在他五六本厚厚的钓鱼日记中，详细记录了他每次钓鱼的有关情况和经验教训。这些日记经过整理汇集，成了他著书撰文、解答钓友疑难问题的素材和依据。

谭老学识渊博，为人谦逊，从不孤傲自负。他认为众人是圣人，人人是老师，在钓友当中，在某些方面总有值得学习的东西。例如有些老钓翁，他们的钓具是那样的简陋，在似乎无鱼可钓的地方一坐就是一整天，可别小看他们，他们的钓技并不低。这是因为他们熟悉水情鱼情，采用了有效的钓法。多与他们沟通，多向他们请教，能学到书本上学不到的东西。谭老正是这样做的。他广交钓友，可以说是钓友遍天下。他虚心好学，聚集了众多钓友的智慧。

助人为乐乐无穷

在钓友们的眼里，谭老是一位学问高深、平易近人、诲人不倦、和蔼可亲的良师益友。谭老之所以受到钓友们的爱戴和尊敬，是因为他心中时刻装着钓友，全心全意地为钓友服务。他说，教会别人钓鱼比自己钓上鱼来更高兴，帮助别人解决一个钓鱼难题同时也是自己的收获和提高，何乐而不为呢！

几十年来，谭老接触的钓友数不胜数，钓友们请求谭老帮助解决的问题更是五花八门。而解决这些问题绝非轻而易举的事儿。答案并非都是现成的，有的需要查阅大量的资料，有的需要亲自体会，有的需要反复试验，而且要写得深入浅出、通俗易懂。为了找出一个正确的答案，谭老往往要付出艰辛的劳动。

除了请谭老解答钓技外，外地的钓友还常常寄款托谭老买钓具等。谭老把这看成钓友对他的信任，有求必应，尽心尽力，直到打包寄出才放心。

1999年秋，一位钓友打电话给《中国钓鱼》编辑部，他代表身边的一群钓友请编辑部转达他们对谭老的谢意，感谢谭老写了那么多的好文章，让大家受益匪浅，遗憾的是大家只见其文不见其人，希望杂志刊登谭老的像片，以了思念之愿。编辑部满足了钓友们的要求，在2000年第一期《中国钓鱼》的封面上刊登了谭老持竿钓鱼的照片。

钓健康　钓快乐

钓鱼活动的益处很多，谭老把它归纳为"钓健康，钓快乐"。他认为，当今社会，人们的生活节奏加快，工作之弦绷得很紧，身心经常处于紧张状态。在这种情况下，钓鱼成了极好的调节剂。置身水边，手持钓竿，活动筋骨，乐而忘忧，难怪人们爱上钓鱼就不能自拔。

钓鱼使人健康，谭老就是样板。凡是见过（包括在电视上）谭老的人，无不羡慕他那健壮的体魄。他动作灵活，思维敏捷，外出钓鱼骑几小时车、行数十里路是常事，八十岁的人看上去不过七十岁左右。2001年，他还被评为了"全国垂钓十佳健康老人"。

在谭老的心目中，钓鱼是一项充满快乐的活动。他很赞赏"一竿在手，其乐无穷"这句话，但是他认为快乐不只是在上鱼那一刻，围绕着钓鱼还有很多的乐事，诸如结交钓友、切磋钓技、著书撰文、写诗作画等等。他说，此生给他带来的最大最多的快乐就是钓鱼。

2005年6月8日，为祝贺谭老80寿辰，谭老的老同事、老钓友举办了一次小型活动。会上大家高度评价了谭老的人品、学识和对垂钓事业做出的突出贡献。谭老是"老有所乐、老有所学、老有所为"的典范，是我们学习的榜样。

（此文曾载于2005年8月的《中国钓鱼》杂志）

前 言

《经典钓技》来自钓场，是作者从长期垂钓实践中总结出的最平常、而又最具实用价值的垂钓经验与技巧。

本书共10章，详述8种淡水鱼（其中鳖非鱼）的习性与垂钓方法，并横向展述多个方面与垂钓有关的技术知识。由于钓具与钓技涉及多种鱼，另辟专栏。

作者用活泼的文体，巧织全书，谈技术不干涩，讲知识重通俗；以第一人称叙述，有真实感和亲切感，使读者在欢愉中获取渔知渔乐。

本书以《惊、奇、险、趣》作末章，选用作者采写或参与的10篇垂钓专文，这些文章表现出惊心动魄的钓场实景，有人和动物的友善和谐、有凶鲨的血腥残景，处处透出艰辛，处处露出欢笑。这些文章当年发表时，在钓界曾引起较大反响。今献与读者，再共历惊险，同享渔趣。

编　者

目 录

钓草鱼 ……………………………………………… （1）

  草鱼习性 ………………………………………… （3）
  草鱼生活行为轨迹 ……………………………… （3）
  如何寻找草鱼 …………………………………… （5）
  串钩钓草鱼 ……………………………………… （7）
  夏夜钓草鱼 ……………………………………… （9）
  不同季节钓草鱼 ………………………………… （13）
  钓草鱼用什么饵 ………………………………… （16）
  钓草鱼的商品饵 ………………………………… （28）
  逗钓，让钓饵"活"起来 ……………………… （28）
  钓草鱼用什么竿好 ……………………………… （30）
  搭钩的用途 ……………………………………… （31）

钓鲤鱼 ……………………………………………… （35）

  鲤鱼习性及其他 ………………………………… （37）
  锦鲤 ……………………………………………… （39）
  寻找鲤鱼 ………………………………………… （40）
  钓鲤用饵的选择与使用 ………………………… （42）
  鲤鱼喜欢什么样的香甜饵 ……………………… （46）
  野生鲤的习性及垂钓用饵 ……………………… （48）
  鲤鱼的冲撞力会随条件而改变 ………………… （49）

钓鲢鳙 ……………………………………………… （55）

  鲢鳙习性 ………………………………………… （57）

鲢鳙有哪些区别 …………………………………………（59）
奇特摄食受人关注 ………………………………………（61）
钓鲢三部曲——不会钓、会钓、禁钓 …………………（62）
钓鲢三选——选竿、选饵、选钓点 ……………………（63）
几种特殊的钓鲢钓具 ……………………………………（65）
海竿钓鲢·先中钩后提竿
手竿钓鲢·先提竿后中钩 ………………………………（66）
飞钩钓鲢，鱼儿认饵不惧钩 ……………………………（68）
水温和氧是鲢鳙咬钩重要条件 …………………………（69）
钓鲢鳙仅有好饵还不行 …………………………………（71）
酸饵的选择和使用 ………………………………………（72）
酸水区——钓鲢鳙的超级大窝子 ………………………（75）
鲢鳙为什么不咬钩 ………………………………………（77）

钓鲫鱼 …………………………………………………（81）

鲫鱼概况 …………………………………………………（83）
鲫鱼的习性 ………………………………………………（84）
钓鲫钓具 …………………………………………………（87）
钓鲫饵料 …………………………………………………（90）
香饵 ………………………………………………………（95）
三款异样钓鲫饵 …………………………………………（98）
对商品饵的认识 …………………………………………（102）
施诱打窝技巧 ……………………………………………（110）

钓罗非 …………………………………………………（123）

罗非概况 …………………………………………………（125）
罗非习性 …………………………………………………（126）
大小同池如何弃小钓大 …………………………………（127）
钓罗非用什么钓具和钓饵 ………………………………（128）
鲫鱼池中钓罗非 …………………………………………（128）

钓鲴鱼 ·· (131)

  斑点叉尾鲴是外来户 ································ (133)

  如何识别斑点叉尾鲴 ································ (133)

  斑点叉尾鲴的习性 ·································· (134)

  怎样钓斑点叉尾鲴 ·································· (134)

钓甲鱼 ·· (137)

  甲鱼习性 ·· (139)

  甲鱼的故事 ·· (139)

  如何寻找甲鱼 ······································· (140)

  怎样钓甲鱼 ·· (141)

  钓到甲鱼怎样摘钩 ································· (143)

  美味八珍 ·· (144)

钓　具 ·· (145)

  手竿的优势 ·· (147)

  手竿易学难精 ······································· (148)

  手竿配线 ·· (149)

  给钓竿增加重量 ···································· (156)

  手竿配钩 ·· (157)

  手竿配坠 ·· (159)

  海竿有 10 个优点 ·································· (162)

  竿好轮应更好 ······································· (164)

  海竿多种配钩方法 ································· (168)

  海竿配活坠 ·· (170)

  提高海竿的灵敏度 ································· (173)

  撩投 ·· (175)

  选好、用好钓线 ···································· (176)

  脑线 ·· (179)

  钓线为什么会断 ···································· (182)

钓 技 ·· (185)
　　——遛抄跑释疑

　　手竿遛鱼 ··· (187)
　　海竿遛鱼 ··· (191)
　　遛鱼"呛水"有争议 ····································· (193)
　　攻守兼备的失手线 ····································· (193)
　　为什么会跑鱼 ··· (195)

惊奇险趣 ·· (199)
　　——10个钓鱼故事

　　挑战太平洋 ··· (201)
　　西沙垂钓 ··· (211)
　　钓鳡纪实 ··· (218)
　　苦斗巨鳡 ··· (226)
　　疯狂钓鳌 ··· (231)
　　千难万险斗巨鲩 ······································· (234)
　　竞拼"28金" ·· (242)
　　智钓大白鲨 ··· (245)
　　冰钓奇遇黑颈鹤 ······································· (247)
　　垂钓在70年前 ··· (250)

钓草鱼

目 录

草鱼习性 3
草鱼生活行为轨迹 3
如何寻找草鱼 5
串钩钓草鱼 7
夏夜钓草鱼 9
不同季节钓草鱼 13
钓草鱼用什么饵 16
钓草鱼的商品饵 28
逗钓,让钓饵"活"起来 28
钓草鱼用什么竿好 30
搭钩的用途 31

草鱼习性

你了解草鱼吗?

有一种鱼它没有牙,即使将手指伸到它口中,也不会被咬伤,但它可以咬食各种虫草。这种鱼它没有胃,可它吃得很多。这种鱼咬钩有时显得很凶猛,拉得漂沉竿倒;有时咬钩后又像一个淑女,轻静得不得了,它就是草鱼。

你想钓草鱼吗?你对它最好作些了解,会有助于你垂钓成功。

现在我们来破解草鱼的一些谜:说它口中没牙又能吃草,那是草鱼口腔深处长有咽齿,故它能嚼碎草叶。说它没有胃,那是因为它的肠子很长,有自身的2~3倍。它咬钩很凶猛,有时又特别斯文温顺,其性舒缓,古称鰀,现称鲩,这就是草鱼。

钓友们为什么喜欢钓草鱼,恐怕还是因为草鱼体呈流线形,尾巴宽大,咬钩后有很大冲撞力,钓友们爱的就是与草鱼较劲,感受的就是这种刺激,钩线被大鱼拉断了也高兴,要的就是这兴奋的过程。当然也不可否认草鱼肉质细嫩味道鲜美,极富营养,据说草鱼肉每百克含蛋白质最高可达26克,而且肉质中还含钙、磷、铁及维生素等多种对人有益的物质。人们将它红烧、清蒸、炖、煮、炸,能做出数十种不同的佳肴,这是美食家最钟情的事。

草鱼生活行为轨迹

前面提到草鱼没有胃,靠肠道消化,所以消化不很完善,如吃青草时粪便呈绿色条状,依鱼的大小其粪便亦有粗细之分,大的有人的指头粗,浮于水面,查看后便可判断这个水体中草鱼的大小。

草鱼粪便是鲢鳙美食,所以就有"一草养三鲢"之说,这也是养鱼户鱼种搭配的比例。

草鱼摄食和水温及水中含氧有密切关系,北京的一些爱钓草鱼的钓友就有很深体会,"五一"前草鱼很少咬钩,只有等到水温起来,才会开口。再有就是水中的含氧量一定要充足,如雨前或阴天的气压低,水中含氧不足,这时即使水温已达到草鱼最适宜的温度,它照样不会咬钩。若是水温和水中含氧达到草鱼最适宜的时候,草鱼不仅吃得多,而且长得快。有专家作过研究,如每升水含氧达到7毫克,草鱼每吃22千克浮萍,就能增长1千克体重。附带着,由于草鱼粪便又是鲢鱼的美食,所以在草鱼长个儿的同时,鲢鱼也增长0.3~0.5千克体重。如水中含氧每升水在3毫克以下,草鱼要增长1千克体重,则要120千克浮萍,由此可以看出,水中含氧的多少,对草鱼来说至关重要。在这里我们这些钓鱼人从中该吸取一点什么呢?当然就是明确昭示在水体缺温少氧的条件下,是不易钓到草鱼的。

草鱼好扎堆,它们之所以爱聚群,有其同类亲缘性,聚群时也经常见到大小有别,即体重相近似的鱼爱呆在一起。往往大一些的鱼所处水层要深一些。

草鱼爱聚群的另一主要原因是因外部条件所致,如刮风时的迎风处,水面波浪飞翻,激活水体,再者空气中的一些氧也被注入水中,正适合草鱼特别喜欢含氧高的活水,这是风和氧将它们召集到这里来聚会。还有因水体接受照射的方向不同,水温也会有差异,草鱼总会向它们最适宜的水温处聚集。由于水温和水中含氧的变化通常是在水的上层表现明显,而草鱼在这些条件的影响下,也爱在水的中上层活动。综观以上给钓友的印象是,草鱼爱聚群,爱追风逐浪,这些都是寻觅草鱼的最好机会。

草鱼还有一特点,就是易受惊扰,稍有动静它们就会四处逃遁,甚至惊起这一片水中的鱼跳出水面,白花花一片闪亮。有时,一只鸟儿掠过水面也会引起鱼儿跳蹿,这时你想在这里钓到草鱼是很困难的。因钓手不慎或注意不到也是造成惊鱼的常事,如钓手在池边走动或人影竿影，或敲击岸上的什么东西，这些声音能迅速传到水中，使草鱼受惊。在钓友中有"静钓草鱼"之说，因此，经常见到有的钓手猫着腰蹑手蹑足地接近钓点或鱼群。当然，钓其它的鱼也都有惊鱼的问题。

如何寻找草鱼

要想钓到草鱼，首先你要知道哪些地方有草鱼，下面介绍一些寻找草鱼的方法。

按水温寻找草鱼

鱼对水温的感觉甚于人对冷暖空气的感受，每个水体的各个方位、各个水层的温度都有不同，鱼儿总会游向那些最适合它的水温之处。有经验的钓友根据鱼儿的习性，能较易地找到它。例如在水温低的时候，找向阳的地方。又如夏天水表层温度过高，草鱼会下潜到它感觉最舒适的水层。在春秋季节或夏日阴雨天，水的中上层水温都不高，草鱼可能潜游至较深水层，如这个水体的水不深，草鱼就会下沉至水底，所以循温找鱼比较准确，就是将钩下到鱼儿的嘴边。

按风向找草鱼

风向，可以说是草鱼活动的指路牌。这是为什么，因为这风浪能增加水的含氧量。迎风方向的水面，波浪滚滚。空气中的氧有少量被溶入水中，尽管数量不多，而这正是草鱼之所需。再者风浪将浮于水面的草叶、树木果实及掉入水中各种虫子吹向迎风岸。所以说这草鱼迎风戏浪的目的是在逐氧追食。

"宁钓风浪，不钓静水"，这是一干钓鱼人的真经。当然，这顶风垂钓增加了难度，操作钓竿吃力，钓线抛不出去，人还特别受苦，但这正是垂钓成功的必需选择。

如果只图安静不图鱼，那么那些风平浪静的地方是个好去处：那里草鱼极少，钩子就像泡在水桶之中。

按日照方向找草鱼

按日照方向，其实就是循温寻找草鱼，这在春秋季节循温找鱼特别重要。在这个季节（气温高的南方可能不同）气温有时不高，一般水域的水温，达不到草鱼最适宜的温度，如果在水面的某个部位有太阳照射，这里的水温会明显高于未被太阳照射之处，鱼儿对水温的变化极其敏感，它们会向这些水温略高的地方游去，在这些地方下钩，上鱼的机会自会增多。

如果是在盛夏，水温普遍增高，尤其是在水的表层，在太阳直射的地方，水温会更高，可能超出草鱼最适宜的温度，这时它们可能会离开这些地方，游到荫凉处或下潜至深水处。

在这里就阳光与水温的关系及鱼儿应对的方法，提出一个"低找高、高找低"的找鱼方法，这就要求钓手临场有一个正确的判断。当然，这些观察和判断，并无神秘之处，循温找鱼，这是个非常实际的问题，"水温"的确会告诉你鱼在哪里。

按地貌池塘形状找草鱼

俗话说"人有人道（路），兽有兽道"，此话不假，猎手们就是根据野兽的行踪找到猎物。垂钓也是这样，经仔细观察不难找到鱼。如，两边直岸找夹角，不规则岸找凸出部位，找清静的边岸，找进水口等。要在循"温、氧"这个前提下，去从那些或缓或急的水流，或圆或长的水面去察看鱼儿的行踪，找到"鱼道"。

串钩钓草鱼

海竿配串钩钓草鱼的确是一种不错的选择,既可钓浮又可钓底,配上大漂可在各个水层垂钓。不过在使用时要在漂、坠的匹配和坠线长短的选择方面有一些特殊的组装方法。这里有两个特别重要的词,"大"和"长",大就是指大漂,长就是指特长的串钩。下面按钓浮的深度分浅浮、中浮和底浮三个方面来谈。

钓浅浮

就是将钩、饵下到距水面最近的水层,如20厘米左右的深度。采用5钩组装的串钩,钩距在20厘米,可以在最上面的3只钩上装钓饵,也就是在20厘米、40厘米和60厘米左右的深度处都有钩子;下面的两只钩不装饵,可减少装饵之劳,但如用菜草等不易脱落的饵,装上亦无妨,也不会招鲤、鲫抢食。

钩弄好了要让它浮起来,而且下面要有坠子,能着底定位,我们采用的是加长坠线的办法。比如水深2米,而整套5钩的串钩全长才1.2米,下面距底还差80厘米,怎么办?用加长坠线的办法来解决。我们所使用的串钩底坠,是在坠柄上加一个"8"字形的卡子,用于与坠线连接,坠线的另一端与串钩下面的连接线圈连接。因此当需要加长底坠线时,只需先将坠子取下来,另找一根长80厘米两端绾扣的短线,一端与串钩的连接线连接,另一端加上坠子,使用时坠子着底,钩则悬于距底80厘米处,上面将大浮漂下移,就成一组能定位的钓浅浮的串钩了。

5钩的串钩下面的钩不装饵的方法我们经常采用,如下边两只钩不装饵,装饵的钩距水底40~60厘米,不仅可做钓底浮用,还可避免在底层的鲤、鲫抢食中钩,这对钓草鱼极为有益。

钓浅浮的串钩另一定位法是采用主线上加空心活坠沉底定位。组装方法是在串钩的顶端加漂,漂下用3~5钩,再在连接串钩的主线上加一通心活坠。将串钩投出之后,漂子带着钩上浮,在主线上的活坠下沉定位,不论水深水浅,它都会稳定地沉入水底。当然,如在水库等数十米深的地方用此法会有困难,只能另作他图。此法在水不太深的地方使用,是可行的,不失为钓浅浮的一种实用的定位方法,有兴趣者不妨一试。

中层钓浮

夏秋间草鱼为躲避水面的高温,又要避免水底层的低温,它们会游弋于水温适宜的中层,这个中层的深度,取决于这个水域总体的深度,如2米左右的养鱼池,鱼儿通常爱在距水面80厘米至1米的水层。若是水库等深水处,距水面2~3米甚至4~5米都是草鱼爱待的水层。在一般的养殖水塘,均可采用前面所说的"前放后长"的方法,前放,是将浮漂上移,使串钩下沉;后长,就是加长坠线,将串钩上提,这样两头往当中一凑,就是一套能浮于水中层的浮钩。

如果水稍微深一些,就可用在主线上装活坠的方法做定点钓。在一些水深数十米的地方想钓浮,那只能在无风或顺风岸做无坠(实际有坠,只是不沉底)自由钓浮。在这里强调"顺风",就是浮漂只能随风向前,不会左右移动。另外,有些钓手认为无底坠自由钓浮时,漂儿随风漂荡,有其有利的一面,就是草鱼也喜欢风浪,还爱在风浪中追咬流动的饵料。在这样的条件下施钓,钓手每人只用一副竿,并随时修正跑偏的漂,虽增加了一些抛投次数,但也可能钓得上草鱼。

近底钓浮

于靠近水底20厘米左右的高度钓浮,也有人叫"贴底浮"。在春秋季节水面温度低，草鱼不会上浮，这时钓底可能钓得上草鱼。可是底钓时躲不开鲤、鲫。如果将钩饵提离水底20厘米左右，则可躲开大多数鲤、鲫而专攻草鱼。这种钓底浮的方法主要是为钓草鱼服务的。

在组装钓底浮的串钩时，无须对串钩做过多的改动，如果是5钩的串钩，最下面的一只或两只钩上不装钓饵，那么上边装饵的钩自然就离开了水底。

在这里说说大漂的选择。用于配串钩的漂不宜过大，因为整套串钩的重量不大。如漂太大鱼咬钩时反应不太灵敏，大漂还会加大抛投时的难度。选择渔具店中那些中号的大肚子漂足可。此外，一般用大漂要加大坠子的重量，坠子重一些有两个好处，一是坠重投得远；再者坠重了鱼咬钩时可加大鱼钩刺入鱼嘴的力度。

关于长串钩的抛投。长串钩会给钓手的抛投带来一些不方便，通常的做法是改用较长的海竿来操作。操作技术熟练的人，可采用"撩投"的方法，像手竿出线那样将长串钩撩出去，在撩投时竿短一点也无妨，但这短竿要硬一些，这样才有弹力。

由于气候及水温经常在变化，鱼儿所处水层也会有变化，所以在做各种深度的钓浮时，都要及时调整钩饵入水的深度。

夏夜钓草鱼

在炎热的夏季，白天骄阳似火，酷暑难当，如能在太阳西沉，夜风轻拂之时，约得三五好友，在青山秀水之间，月色朦胧之夜，作一次夜钓，的确是一种纳凉消夏的好方式。

夜钓选择钓草鱼，因为草鱼进食不分白天和黑夜，尤其是夏天它也会躲开白天的苦热，晚上积极觅食。所以夏夜钓草鱼，钓手会是纳凉钓鱼双丰收。

钓熟不钓生

初次进行夜钓,最好是到去过的熟地方垂钓,因为地方熟,给人一种亲切和安全感。当然,更主要还是情况熟:水中有什么鱼,用什么饵,水下哪深哪浅,哪儿有障碍都知道,不费多大工夫就可下竿垂钓。到新地方绝无此种便利。但是如果有去过的人作向导,对各种情况又能作出详细介绍,在这种前提下到新地方作夜钓,亦无不可。

选好钓位

钓位,就是钓手在钓场临时的"家",晚上的生活和钓事安排,都要以此为基地。白天如感到钓位不佳,可以随时挪挪地方,可晚上黑灯瞎火,"搬家"实属不易。所以夜钓选钓位,必须是一次定位,选对了能上鱼,人也高兴;否则就是瞎耽误一夜工夫。不过话又说回来:不冤还不乐呢!

夜钓选钓位有两个必要条件:一是在岸上钓手要安全舒适;二是钓位连钓点,水下要不挂钩,还能钓上鱼来。首先是人员的安全,如斜坡陡岸,切不可选作钓位,往往是陡坡之下必为深渊,人和物极易滚落水中。钓位一定要选在平坦、干燥和背风之处,可以减少蚊虫的袭击。不可选低洼处作钓位,因为这湿地易生蚊虫,下雨时还易积水,往往又是流水的过道,夏天下雨是经常的事,以往我们有遭"水灾"的教训。

夜钓用海竿较好

在晚上将海竿支好,人、竿可以分开,人可坐可躺,不耽误喝酒聊天,最显休闲娱乐。如用手竿,必须是手不离竿,将人"拴"在竿上。而且在晚上视线不好的情况下,还要两眼盯在漂上,太劳累。用海竿还可多打几副竿,以多制胜。在海竿尖上加铃或夜光棒，鱼咬钩的信号非常清楚。总之夜钓用海竿人比较自由。

趁亮天做完黑夜的事

夜钓一般是天黑前到达钓场，所以一切准备工作要在天黑以前做完，如打窝子诱食、组装钓具，用品摆放的位置，都要井然有序。还应趁天亮投下竿。有些必须晚上做的事，如遛鱼、抄鱼，人站什么位置，甚至脚踩哪块石头都要想定，免得晚上匆忙出错。

晚上什么鱼爱咬钩

鲶鱼、老鳖、草、鲤、青、鲂等鱼都可作为夜钓对象鱼。钓什么鱼最好事前有个明确的想法，不能是"万能钓"，逮着什么算什么。

夜钓的鱼一般可以分成三大类：一类是肉食性的鱼，不少钓友喜欢夜钓鲶鱼和老鳖，因为它们晚上特爱进食，钓饵自然是绿蚯蚓、猪羊肝及鸡鸭肠子等荤食。第二类可以专钓草鱼，草鱼也喜进夜餐，尤其是那些大个草鱼，白天不敢到近岸来觅食，晚上在夜幕的掩盖下，才敢游到近岸来，所以晚上又是钓大草鱼的好时机。第三类是鲤、青、鲂等底层鱼。所以夜间最好是作定向钓，可以根据钓什么鱼准备什么钓诱饵。

重施诱饵靠岸近钓

到水库这些水宽鱼稀的地方垂钓，要舍得打窝子，夜钓也是这样，欲取先给，招鱼前来就食，聚而钓之。诱饵可用那些价格低廉的酒糟、豆腐渣及糠麸等，少加点水，使之能捏成团，置太阳下曝晒，使之呈酸香，可作多种鱼的诱饵。靠边一次抛投10斤20斤亦不为过。在水库等处，一定要敢于钓边，只要有一定的水深，又不惊鱼，在晚上夜静无干扰的情况下，大鱼会游到岸边来觅食。

夜钓最佳上鱼时候

入夜 6~8 时,如能抓住擦黑这段时间,往往能上一阵鱼;半夜 12 时至凌晨 2 时,这时最能上大鱼;早晨 4~6 时,在熹微的晨光中,鱼也能咬一阵钩。由于各地的水温、地形和鱼情的不同,具体情况可能会有差异。

夜钓要带齐用具

用具分两大类,一类为鱼具,钩、竿、线自不待说,附属用具,如抄网、刀剪细绳(拴大鱼用)都要一应俱全。夜钓必备灯具,一种是作信号反应的光亮;另一种是照明用灯,如电棒、应急灯等。

还有一大类,就是生活用品。夏夜露水重,也常有风雨侵袭,如能带一顶旅游帐篷最理想。否则带两块大塑料布,上遮下垫,可防雨隔潮。晚上的郊野气温低,尤其在山林水畔,凉气袭人,防寒衣物不可不带。人吃的食物夜宵和水,都要带足。总之,晚上所有的事得不到外界支援,全靠自己解决,一定要立足于自己的事自己办。

夜钓确保安全

夜钓必须结伴同行,以便互相照应。垂钓时可以采用轮流休息的办法,有人睡觉,有人盯竿,这样可以大大减轻疲劳。

夜钓要带救急药品,吃的药和外用的纱布、创可贴都要有。

带一柄小铁锹(有专用于垂钓的短柄锹),可用于平整场地,遇有蛇狼之类,亦可充当武器。

如果是开车前去,车不在跟前时,更要随时注意,避免丢失损坏。

同伴中最好有人带手机,遇急可拨打 110、120 求救。

不同季节钓草鱼

季节不同,钓草鱼的方法相应也要有所变化,要根据当时当地的具体情况来安排钓事。

季节变化主要表现在气温的变化上,并由此而引起一系列其他的变化。对鱼来说,它会随着气温和水温暖冷的变化而确定自己的行踪。

在同一个水体中,水的温度是不完全相同的,这是由于光照等原因,造成上下水层的水温不一,向阳和背阳的水温也不一样。鱼儿通常都是逐水温而游动,哪里的水温对它最合适,它就会往哪里游。

作者钓获草鱼

春钓草鱼难

春季，是指农历的一、二、三月，和公历相差一个多月，按公历月份推算，春季应在2、3、4月。而我国南北温差很大，不可能在同一个时序按一个标准来安排渔事。

以草鱼来说，它生存的水温为0.5℃~38℃。最适宜的水温为27℃~30℃。若低于20℃，它的摄食欲望降低，这就意味着鱼不爽快地咬钩，自然也就增加了垂钓的难度。如果水温低于5℃，草鱼就干脆停止进食了。

根据草鱼这种对水温的需求，在长江以南地区，春季的水温可能达到草鱼最适宜的标准。而在北京地区，每年4月之前，水温要达到27℃是十分罕见的，所以北京及其以北的地区春天很难钓到草鱼。我们在长年的垂钓中有这样的体会，鲫鱼一年四季都咬钩，因此冰钓的对象也主要是鲫鱼。可是草鱼呢，要到春末夏初才开口咬钩。所以不论季节如何，只有水温上去了，才能钓到草鱼。

夏钓草鱼正当时

农村有句谚语叫"鱼长三伏猪长秋"。三伏，给草鱼（当然也包括其他鱼）提供了最适宜的水温，这时它的食欲也最旺盛，所以夏季是钓草鱼的黄金季节。

夏天，首先提供了适宜的水温，如果水温达到27℃~30℃时，草鱼就会贪婪地摄食；当然，同时还应具备充足的水中溶氧量。草鱼对氧的需求比鲤、鲫要高，而且水中的溶氧量愈多，草鱼的摄食量就愈大，长得也愈快。

所以，夏季钓草鱼有两个最重要的条件，就是水温和水中含氧。只有对这两者进行了成功的选择，才有可能钓到草鱼。

草鱼喜欢水温高，但当水温超过一定限度时，它又会避开高水温区，游到凉爽的水域乃至潜入到深水处。例如夏日的早晚水面温度适宜，草鱼会游到水面来摄食；当上午9点钟以后，太阳将水面晒热，它就会游到水的中下层避暑。所以我们在钓草鱼时，就要根据它喜温又怕热的习性，寻觅草鱼最适宜的水温区或水温层下钩。

水中的含氧量也不是均匀的，有的区域和水层含氧高，形成富氧区和富氧层。我们垂钓一定要找这些地方下钩。如何寻找氧气充足的地方呢？我们知道，水中氧气的生成，主要是靠水生植物的光合作用，而起主导作用的又是阳光，所以，白天水中的含氧比晚上高，阳光充足时比阴天高。还有少量的氧是经空气溶解而来的，如风吹浪打，水的流动，增氧机的喷搅等，都是溶氧的好时机，垂钓时遇到以上情况，切莫错过良机。一些有经验的钓手，懂得在平静的水面鱼不爱咬钩，就盼着有点风浪，能搅活一潭死水，引鱼摄食上钩。可也有少数钓友，似乎嫌有风浪影响观漂，于是就找背风的地方下钩，这就是说，他们是在躲着鱼儿钓鱼呢！其效果当然不及风浪区。

以上种种，均说明夏钓草鱼应追温、追氧，逐鱼下钩。

漾漾秋水好钓鲩

秋季是一个过渡性的节气，气温由热向凉转换。对垂钓者来说，秋钓比夏钓要复杂一些，既有和夏钓一样的高水温，又有临近初冬的低水温，要见机行事，运用不同的钓技才能奏效。

初秋，从季节上讲虽已进入秋季，但骄阳依旧，仍如夏日，各项钓事，悉如夏钓，此时还是垂钓草鱼的大好季节。到了仲秋，也就是每年的9月前后，暑气渐消，气温有一段相对稳定的时间，这时就明显地有了"秋"的感觉，潮湿闷热的天气减少，水中的氧气充足，草鱼通过夏季的增重，个头也长起来了，此时摄食积极，而且食量更大。这是全年钓草鱼最开心的时节，不论手竿、海竿或其他钓法，都大有用武之地。

秋钓草鱼，应具有季节的特色。如各式各样的秋虫，也都个个膘肥体壮，类似油葫芦、蚱蜢及大青虫等，都是一肚子黄油或虫卵，这正是草鱼的美味佳肴，且草鱼也急需摄取一些动物性饵料，

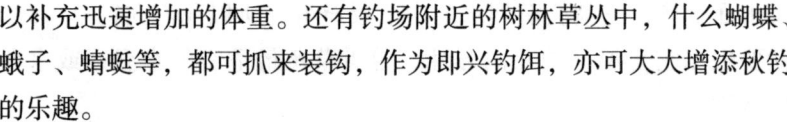

以补充迅速增加的体重。还有钓场附近的树林草丛中，什么蝴蝶、蛾子、蜻蜓等，都可抓来装钩，作为即兴钓饵，亦可大大增添秋钓的乐趣。

秋钓草鱼在钓点的选择上也有讲究。初秋时节，可按夏钓行事，水的上、中、下三层都能找到草鱼。天气转凉后，深水还可钓中层，如果水深在2米左右，则可钓底。同时，应选向阳水温高的水面下钩。

秋钓草鱼，好景不长，一场秋雨一场寒，气温降低，水温也随之下降，钓草鱼到此即将画上句号。草鱼在春季开口最晚，到秋天又禁口最早，在秋天有时能钓上鲢鳙，可就是钓不上草鱼，所以钓草鱼季节性是很强的。有人在冬钓和冰钓时偶然也能钓上一条草鱼，但这仅是非常非常偶然的机遇，切莫以此作为低温也可钓草鱼的依据。

钓草鱼用什么饵

草鱼钓饵，丰富多彩，有些特具情趣。

用草、叶为饵

草鱼吃草，以草为饵去钓草鱼，应该说正对草鱼的胃口。以草为饵本是钓界一个古董级的话题，问题虽老但有些钓友还是不够清楚。比如有的人就知道用苇尖苇芯做钓饵等。

什么样的草可以做饵

不少钓友最爱使用的草是嫩苇尖、苇芯。因为这种植物到处都有，尤其是在一些湿地、池塘，更是一片片一丛丛，生长茂密，给草鱼提供了充足的食物，成了草鱼的惯食之物，在这些地方钓草鱼，苇叶就成了最佳钓饵。

从我们多年垂钓的实践看，草鱼喜爱的草叶还有很多，许多瓜果草菜都可进入到草鱼的食谱中。究竟哪些草叶是草鱼的最爱呢？在这里先讲一个故事：前面提到了苇叶是草鱼爱食之物，于是有人到没有苇子的地方去钓草鱼，特地从别处采来嫩苇叶，怕它干了还特地用湿毛巾包着，到达钓场使用后，却大失所望，那里的草鱼根本不领情。后经证实，只喂颗粒不喂草的草鱼，一般对草不感兴趣。那么什么草是最好的钓饵呢？就一句话，鱼池边的草、叶就是最佳钓饵。原因就是鱼儿吃惯了的东西它才爱吃，并不爱尝新。有句俗话叫"兔子不吃窝边草"。可是这草鱼就爱吃"窝边草"，例如柳树叶本来苦涩，草鱼应该不会吃，但有的地方柳树倒在水中，这里的草鱼竟大口吞咽。有的池塘岸边有柳树，枝叶被风刮入水中，也会招来草鱼追咬。所以池边的各种鲜草以及杨树、榆树嫩叶和葡萄叶、拉拉秧甚至白菜、大葱等都可做饵，说不定能获得意想不到的结果。当然临场应变也很重要，如用某种草为饵，半小时鱼都不理，则要及时更换。

下面将我们用过的且有一定效果的草、叶等作鱼饵简介如下。

菜叶：我们常用的有大、小白菜叶、洋白菜叶、莴笋叶、韭菜等。在这里着重介绍我在2011年偶然发现草鱼爱吃大葱，在这之前我从未用过，也从没听说别人用过，之后有种"新发现"的感觉。

经过是这样的，一次我去钓草鱼，在岸边寻找嫩树叶，突然发现地下不知谁掉下的一棵鲜嫩大葱，当即拾起，突发奇想：能不能将它做钓饵？以前从未用过，也没听人说过。虽用过韭菜为饵，葱的气味也很大，不妨做个试验。我用的是串钩，掐了几段3厘米长的葱，葱白和葱叶都有，用海竿打出去，时间不长就上了两条草鱼，之后我特地用葱再做试钓，又钓上了草鱼。于是我将这一发现告诉了几位钓友，他们感到新奇，在不同的地方也进行了试钓，都钓上了草鱼。大家说以葱为饵，看来是可行的。

树叶：我们采集的都是水边各种树木的新鲜嫩叶，有杨树叶、槐树叶、榆树叶、桑叶和葡萄叶等。

鲜嫩野草：水边的嫩苇叶、苇芯，岸上的各种嫩鲜草我们都用过，使用时强调鲜嫩二字。在这里着重介绍一种叫"拉拉秧"的带刺的蔓生草，掐其嫩尖直接挂在钩上作钓饵。如有条件也可割下一捆置于水中打窝招鱼，效果也不错。

果实：我们用过桑葚、草莓等。

以上仅是我们用过的觉得有一定效果的植物钓饵。据报刊登载，各地钓友用过许许多多不同的草叶果实，有的用新嫩稻穗、麦穗钓上大鱼。当然，也要有"劳而无功"的思想准备，究竟是作试验，不论如何，都能收获一份野趣。

用草打窝子，这是以草为饵诱鱼聚集的最佳方法。

草窝子的具体做法是，先拔三四捆青草，用绳在中间捆扎，另找一块石头或砖块，用绳将其与草捆在一起，如果打水底窝子，可以把这种草捆沉入水底；如果打半浮草窝子，可将拴石块的绳子放长一些，例如50厘米左右，因为水草自身能向上漂浮，它就浮在距水底50厘米高的水中，成为一个半浮的草窝子。如果用手竿垂钓，因为距离近，可以将草捆直接抛入水中；如果用海竿钓远，可以乘橡皮船或者直接下水将草捆放置到预定的钓点上。一般说，最好不采取抛投方式，因为抛投时石块击水，发出很大的水响声，鱼儿受到惊吓，会远遁他处，长时间不会进窝摄食。所以，宜用最轻的方式，将草捆放置于水中。如果是用三捆草，则可摆成三角形，间隔为1~1.5米。若是海竿钓远，可将草捆间隔加大一些。如果用四捆草，可以摆成四方阵。垂钓时，也可以用青草、嫩苇尖当钓饵；用渔场平时投放的饵料当钓饵亦可。不论是水底草窝还是半浮草窝，下钩时一律钓半浮，即钓饵投在草捆上方约20厘米高的地方。

用这种方法打窝子钓草鱼，效果非常好。不过在垂钓时要注意，不要让钩子挂在草捆上，应当是在中钩之后，立即将鱼领出有草捆的地方。

怎样往钩上装草、叶

往钩上装草、叶，虽然有些方法可供借鉴，但就只有一条"装牢不掉下来，鱼咬着方便就行"。钓手可以充分发挥想象力，将这些或长或短的草叶牢牢地装到钩上。下面简单介绍一些装钩方法。

●长条草装钩方法:

(1) 根据草片的粗细用2~3片草叶绾成圈打一结,两端各留2厘米长,将钩扎入草结之中。

(2) 将草片叠2~3折,总长4厘米,钩从当中钩进去再钩出来,就是将钩两次穿过草片,这样不易脱落。也可将条状草缠绕在钩上。

(3) 用线将几棵草捆扎成草捆,也可用皮筋套颗粒的方法套成草捆。用这两种方法做成的草卷,两端各留2厘米长。将钩扎入草捆当中,钩尖要露出来。

●宽叶片装钩方法:

(1) 片状草及各种嫩树叶,可叠成2~3层,其形状为长、方、圆均可,但面积不可过大,有2~3厘米宽窄即可。有些菜叶、树叶比较厚,在钩上挂上单片叶子即可。

(2) 将宽叶卷成卷儿用线捆扎或用气门心套颗粒的方法套成草卷,将钩子连气门心及草卷儿一并钩住。

独棵草装钩方法:

如遇有3~4个叶片的独颗嫩草,或有3~4个叶片的带茎的草,可将钩钩在草茎上,不易脱落。但草叶不可留太长。

不论用什么草、叶装钩,不要顺着草叶的脉络下钩,这样易于将叶子撕裂。钩子要横跨叶脉,才能钩牢固。装钩之草不可过长,叶不可过宽,否则鱼儿只叼住了草叶的外缘,致漂竿有反应,而抬竿却刺不中鱼。

用草饵要找准水层

草鱼虽然是中下层鱼,但它趋温趋氧的习性十分明显,哪个地方水中的含氧量和水温对它最合适,它就会向哪里游,所以在水的上中下几个水层都能找到它。想要钓到它一定要找准它在哪个位置、哪个水层(当然,钓别的鱼也应如此)。夏日晴朗的早晚,水上层的温、氧对它最适合,这时能见到草鱼在水的最上层嬉游觅食,追咬浮于水面的各种食物。此时钩要下到距水面30~50厘米处,最好用海竿追着草鱼下钩。到上午10时以后,水面温度升高,草鱼开始下潜，水面已见不到它的身影，就追随草鱼将钩坠下调，调多深要根据所钓水域深度来选择。选好一个深度后，不上鱼还要再做调整。如天气湿闷，气压特别低，草鱼会下沉到较深的水层，如水深在两米左右的鱼塘，草鱼会趴底，这时贴底钓浮甚至直接钓底，都能钓上它。当然，如雨前气压特别低，草鱼会不爱咬钩，这时不论用什么饵，不论在哪个水层都很难钓到它了。另外，因水的温、氧、酸碱等多方面的变化，以及鱼的饱饿等原因，鱼都有可能不咬钩，这时，便是考验钓手的智慧和耐心的时候了。

用草喂鱼，最符合环保要求，养殖者亦可降低成本。食草的草鱼、鳊鱼也长得不错。

现在吃鱼的人有种这样的感觉：几种常吃的淡水鱼都一个味道，都是用颗粒精饲料喂出来的，鱼儿肥胖脂肪多，而吃草长大的草鱼，肉质口感都胜一筹。

用细小昆爬虫为饵

虫饵也称"活饵"或活食，它有两个明显的特点，一是之所以称"荤饵"，因为都是以各种虫体为饵，这当然是肉食。二是称"活饵"，活，就是能动的饵，以虫为饵将它装到钩上，下到水中，还会蠕动，显出虫子的本性。所以以虫为饵就要充分地展示出这两方面的特点。首先在选择和装钩时就要注意活，要选用活的小昆爬虫，要"用活不用死"。有的人在使用蚯蚓时，嫌它滑溜溜的不好装钩，就将它摔死，使它成为一根硬肉条，在水下不能动，失去诱鱼的效果。活饵在水中有两个最明显的作用，一是起指示目标的作用，例如我们在草丛中捉蚱蜢，它不动时很难发现，我们走过去惊动它跳动，就轻易地发现它。在那静寂的水底，如果虫饵还会蠕动，这就特别能引起鱼儿注意，我们还会经常见到这么一种情况：一只蛾子掉入水中，它拼命挣扎想离开水，在水面扑腾，结果不仅没有逃脱，反而命丧鱼口，因为它的动，就像是给鱼儿发出信息——这儿有食物，引得大鱼过来，一口将它吞下。另一个鱼儿也是爱吃活物。众钓友掌握了鱼儿这些特点之后，在使用虫饵时就尽量求活。一些有经验的钓友，即使在用不会动的钓饵时，也有意制造"动"感，逗钓就是这种经验的结晶，就是用动的方法，诱鱼上钩。

每到秋天，各种小的昆爬虫膘肥体胖，正好用它们钓草鱼，能做钓饵的虫子很多，天上飞的、地上跑的、土里钻的和水中游的，不论哪一种，只要能装到钩上去，就可以用做钓饵，不过在使用时应注意两个方面。

首先是用活不用死，就是要将各种虫子活着装钩，使它们在水中还能动。

其次要全，要将整条虫子装到钩上。有的钓友在使用油葫芦、蚱蜢时怕鱼儿不好咬，将它的肢翅都掐下去，成为一个肉疙瘩，这样反而会引起鱼儿的怀疑，不敢咬钩。因为在野外，经常有些虫子掉进水中，草鱼见到它们很自然，所以在用这类虫子做钓饵时，要将整条虫体都原样地挂在钩上，这样既省事，鱼儿吃着自然，它在水中还会动，有诱鱼作用。有人用掐去腿翅的虫体装钩，也可能钓上鱼来，但上鱼效果不及用整虫好。

下面介绍几种常用的并且效果较好的能做钓饵的昆爬虫。

油葫芦与蟋蟀

油葫芦也属蟋蟀科，而蟋蟀类的虫子又有许多不同的种类，但它们的身体颜色都是深紫色，只是油葫芦的身体大许多，最大的长可达3~4厘米，在郊野的草丛中到处都可找到。每到秋天，它们个个长得丰满，有的还有一肚子黄油，这正是草鱼的美味佳肴，在一定条件下其他钓饵不上鱼时，用它鱼儿最爱吃，这就显出虫饵的独特效果。

在捕捉和使用这种虫子有些事项应注意。这两种虫子口部都有锋利的夹钳，尤以油葫芦更甚，它能咬破纸、布及塑料袋，所以装它的容器既要不挤压又要不被咬破，有人临时用矿泉水瓶装它，将瓶壁钻一些孔，便于透气，不致将虫子闷死。在北京的一些花鸟市场有一种专装此类虫子的细铁丝小笼，俗称"亮子"，肚大口大，好装好取。油葫芦好斗，互相咬掐，弱小者常被咬断腿翅，甚至被咬死，所以笼内要放些草，青、干均可，既可给它们吃，又可以作为隔挡，将它们分开，减少咬斗。如果靠自己去捕捉这些虫子是非常费事的，到草丛一只一只去捉，难有成效。不过如果将这种捉虫子的事当成一种野趣，人们还是乐意接受的，在草丛中脚踩手抓，伴着一阵阵草香，这在城市中是难得享受到的乐趣。北京的一些花鸟市场及早市上有专卖这些虫子的农民，主要是为养鸟者准备活食，它的另一个大客户就是钓鱼人。不要小看这些虫子，价钱不菲，如油葫芦一元钱只买几只，如天气转凉时虫子不好抓，价钱更高，农民在晚上用密眼抄网捕捉，据说一晚上能捕几千只，只要有卖虫子的出现，就围着一堆人，有的提着亮子，有的临时用塑料袋，生意火红。这的确是件好事：富了农民，除了害虫，方便了渔人、养鸟人。

用油葫芦装钩手指最好捏住虫的头部两侧，不要放在嘴前，避免挨咬，当然，它咬人也不会皮破血流，但很痛，使人受惊。也不要怕它，否则战战兢兢，不是装不好钩就是让它跑掉。

使用虫饵最好选用带倒刺的钩，如能有钩背也带倒刺的则更好，可以减少虫子从钩上掉下去。用虫饵装钩，最好从它的上脖颈处钩入，从尾部透出钩尖，它肚子柔软带油的部位正好在钩尖上，而这个部位也正是鱼儿最爱吃的地方，吃必中钩。

用虫饵一般以钓浮为主，可以避免水底小杂鱼夺食。钓浮的深度通常为30~50厘米，如水面温度过高，还可下深一些，要根据钓点的鱼情水情而定。在一些自然水域或基本不投料的粗放养塘，用虫饵的确非常有效。但也应看到虫饵绝非万应灵饵，如在一些精养鱼池，由于投料多，又是单一的颗粒饵料，鱼儿很可能养成只认喂它的颗粒，不吃别的食物，完全养成偏食习性，到这些精养鱼池垂钓，虫饵也可能引不起鱼儿的兴趣。

蚱蜢与蝗虫

蚱蜢与蝗虫，它们的种类很多，有青色的，有灰色的，有肉多的，有干瘦的，大小形状各不相同，但在钓鱼人的眼中都是钓饵，而且统称"蚱蜢"。通过我们使用的实际看，它们中有的很受鱼儿喜爱，但也有那么几种，如那些干瘦"骨头"多的，还有那些土灰色的，鱼儿不爱吃。草鱼最爱吃的是那种皮薄肉多的青蚱蜢，它头尖肚子大，头上顶着两根须子，虫体长约3～4厘米，做钓饵正合适。垂钓装钩时要用整只虫体，钩尖从它的脖颈处钩进，从尾部透出来，要露出钩尖。

大小青虫

青虫的种类也是很多，小的仅2厘米长，细似牙签，大的长可达10厘米，粗赛过人的手指，不论大小青虫，都可做钓饵，而且是很不错的钓饵。

小青虫皮薄肉嫩，有的仅是一包"绿水"，只要弄破它，绿水流出，成为一张皮；有的能吐丝，把自己挂在树上，俗称"吊死鬼"；有的会"造桥"，将自己的身体弯成桥状。不论哪种青虫，都可用做钓饵。在使用时有两个问题要注意：一是收集和储存不易，这些小虫子既不易抓到，又不好保存，大多数钓友只是在钓场附近随抓随用。二是装钩时如遇上那种皮破即流水的，就只能钩它的头部，可以同时装两三条。

大青虫，有的人称它为大豆虫，它长可达10厘米。皮肤光亮，无毒无刺，也不咬人，只因为它个儿太大，吓得人们不敢下手抓，可草鱼特别喜欢吃它。在豆地或杨树、榆树上能找到它。备一小盒，放点菜叶，养数日不会死。

蝼蛄与蛴螬

蝼蛄，北京钓友称它为"拉拉蛄"。南方人称土狗子，怎么和狗字联系上不得而知，给它安上一个土字，倒也合适，它爱往潮湿的地底下钻，在一些湿润和疏松的地方，经常会发现一条条被什么动物拱起的裂缝，这就是蝼蛄钻地留出的轨迹，不过顺着这些裂缝也很难找到它们。

蝼蛄的种类很多，体型大小不一，小的仅3厘米长，有一种叫华北蝼蛄的，体型较大，长可达4.5厘米。蝼蛄口前有一对夹钳，着实厉害，能夹破手指皮肤，所以抓它时要格外小心，可捏住头部的两侧，但也不要过度惧怕它。由于虫体的大小及颜色与油葫芦相

似，使用时可完全与用油葫芦一样。

收集蝼蛄有一定难度，在夏秋野外的路灯下可以见到它，它趋光会扑到光亮的地方来。收藏的方法是找一个带盖的小盒，里面放一层土，它会钻到土里去，放三几天不会死。

蛴螬，长得白胖胖的，比家蚕还壮实，故称它为地蚕，其实它与蚕根本不搭界。地蚕大的长约5厘米，是金龟子的幼虫，它长年生活在地下，最后羽化成虫。它经常将身体卷起来成马蹄形，是农作物害虫。

许多钓友喜欢用它钓肉食性的鱼，如鲇、黑鱼、黄颡等，对钓草鱼也有一定效果，但不如蚱蜢、油葫芦。它的皮很厚，钩尖都不易扎进去，可用剪刀截成几段装钩，就像一块块白肥肉。

蝴蝶与蛾子

蝴蝶与蛾子，这些到处飞舞的小东西，数量更多，在郊野的草丛菜地里比比皆是，如若用它做钓饵，有些具体方法要弄对。蛾蝶分量很轻，有的身上还有虫粉，不沾水，装钩前要在钩柄上部的脑线上夹一块小铅片，才能将虫饵沉入水中，要将钩尖扎在它们的翅根部位，才不致脱落。

由于蛾蝶会飞，很不易捕捉，更不好携带，只能是在钓位附近临时抓临时用，作为一种助兴钓饵，增加一分垂钓野趣。

用面食钓饵

用各种粮食作物的产品及其副产品（豆粕、麦麸及米糠等）制作出各种饵料，统称"面食"，可用单一的某种粮食作钓饵，也可用多种原料混合配制。这些粮食原料中玉米可以说是"饵中之王"，大多数饵料中都离不开它，玉米的特点是不论生熟老嫩都可为饵，就是嫩玉米叶子也招草鱼喜爱。所有粮食有一个共同的特点，就是生料松散，熟料发黏，钓友们可利用这个特点制作出各式各样的钓饵，如制作出软、硬、糟、黏、蘸等不同的钓饵。

我们用过的感到有一定效果的几种面食钓饵,简介如下。

微酸发酵饵

草鱼喜微酸,尤其是对那些以粮食类为原料的如玉米粉、豆饼及菜籽饼等经发酵后,有轻微的酸香和酒香的饵料,作成炸弹钩及搓饵,很受草鱼喜爱。

具体的调制方法:熟玉米面(窝窝头或散蒸均可)加豆饼(菜子饼、糠饼亦可)加少量麦麸,调湿,以手捏不出水为度,用多层塑料袋包严,置太阳下曝晒,经一周左右能闻出酸味即可用。

制作时原料的种类和数量,由制作者认可就行,不必苛求精准,唯使用时应达到松散酸香的要求。

麸皮面粉饵

这是一款制作最简单、成本最低廉的钓草鱼的钓饵。

原料:新鲜麸皮+少许面粉。麸皮一定要新鲜,陈年旧料会有一股哈喇气味,不可使用。

制作方法:取麸皮少许(钓手当日用量),加一点面粉作黏合用。加水调湿,能捏成团,但挤不出水,入水能在2~3分钟散开,其功效近似炸弹钩。手竿装钩捏成指尖大小,也可略大点,尤其刚开始垂钓,大饵团有打窝子的作用。此饵最好是在山塘水库或水质较清亮的池塘使用。如在偏酸肥水中效果不如前者。

颗粒蘸面肥

颗粒:在任何渔具商店都可购得,如能有钓草鱼的颗粒则更好。

面肥:北方家庭蒸馒头时作发酵剂用。不过现在很多人都使用发酵粉,所以面肥这东西已成稀罕之物。

颗粒蘸面肥的使用方法:通常用于手竿配双钩,也可用于串钩,先在钩上挂上颗粒,后提着脑线连钩带颗粒在面肥中蘸一下,即下水垂钓。此法经我们多次使用,在水质较清亮的地方效果不错。

玉米面粘麸皮

粘和蘸，这是人们在使用钓饵时的制作方法，就是将各种能发出强烈诱鱼味道的物质制成粉状或液态，采用粘蘸的方法，增强饵料诱鱼的效果。粘：是用发黏的饵料去粘一些鱼儿喜爱味道的物质（如红虫粉、虾粉及麸皮面包渣等）。蘸：就是用较硬的钓饵去蘸那些味道浓烈的液体（如带酸、香、腥、臭各种味道的液体）。

玉米面粘麸皮就是这样一款钓草鱼比较有效的钓饵。

原料：熟玉米面，将窝窝头捏碎或用散蒸的玉米面均可。麸皮即麦麸，要当年的新品，带有一股粮食的清香味。

制作方法：将熟玉米面团着力搓揉，使之软而发黏，分捏成装钩时的饵团，在麸皮中滚动搓揉，就像摇元宵那样，使饵团粘上一层麸皮。也可将软玉米面团先装在钩上，连钩带饵在麸皮中滚动，将粘满麸皮的饵团下水垂钩。

此法的优点是饵团入水后，粘在上面的麸皮会慢慢地漂浮起来，使饵团上"起雾"，造成明显目标，招引草鱼前来摄食而中钩。

这种粘、蘸的办法，可试用多种原料，这主要靠钓手动脑筋发挥想象力，去创造更多更实用的草鱼钓饵。

醪糟玉米面软饵

醪糟又称江米酒，具有香甜酸三味，适合钓多种淡水鱼。轻微的酸和酒香，正对草鱼的味口。

原料：醪糟，许多副食店都有成品出售。前些年市场无成品，钓手只好自己动手做，制作亦简单，市场有甜酒糀出售。取糯米或油性较好的大米500克，温水泡1~2小时（多泡亦无妨），倒去水干蒸，熟后晾凉，将酒糀（用量可咨询商店）压碎掺入拌匀，取瓷罐装好，盖严使之不透气，夏季1~2天即成。玉米粉可蒸成窝窝头，亦可调湿散蒸。

钓饵调制方法：将醪糟加进熟玉米面中，着力搓揉，使饵团非常软，似人的耳垂，又有一定黏度，入水后随时间延长，更像一团稀泥，鱼儿吸入嘴中即化开，这时钩子直刺鱼嘴。

此饵可在微酸偏肥的水体中使用，有明显效果。我们在使用此饵时上鱼不错，同一时间用其他饵者不上鱼。

炸弹钩钓草鱼

配海竿所使用的炸弹钩，报刊上已有许多介绍，在这里不再将制作和使用方法作详细介绍，只就人们对它的误解作些说明。

什么是"炸弹钩"，有少数钓友尚未完全弄明白，他们甚至提出哪里有炸弹钩卖。其实它名称叫钩，实则为饵，只是一种装钩的方法。是将松散的钓饵捏成团，将并列的数只钩子都包在里面，入水后几分钟之内饵团慢慢化开，随着时间的推移，饵团会散得更宽。饵团散开取"爆炸"之象征，故称炸弹钩，有人也称爆炸钩。所以"炸弹"是指饵团，所配置的钩大家称之为"软脑线组钩"，这种组钩有6钩、8钩及10钩等，有人爱用钩多的，认为钩多饵团在抛投时不易散开，钩多也有利上鱼。喜用少钩的（如6钩）认为钩少一点脑线不易缠绕。总之，钩的多少各有利弊，究竟如何用由钓手按自己的理解和兴趣去选定。

另外，有人将散不开的饵团也叫炸弹钩。既然不炸，那就名、实不符，这是明显的误解。使用这种软脑线组钩的人也有用软而不化的饵团，如玉米面团（饼），有人还将这种软饵团捏成圆饼状或6角状，每只角上藏一只钩。还有人将面团捏成小球状，每球一钩，提起来像一串葡萄，也称"葡萄钩"。

调制炸弹钩的饵料有一定难度，软了硬了都不行，软了或过分松散，抛投时易于空中开花（散开），或入水时为水所拍碎。过硬过黏入水后又化不开，成为一颗不会爆炸的瞎弹，上鱼效果当然不好。所以作炸弹钩的饵料必须调制得松黏度合适，入水两三分钟就能化开。用此法钓草鱼有两大优点：一是钩多，又是软脑线结实，不易跑鱼；二是饵团大，入水散开，可起到打窝子的作用，故有人称其为是一种诱、钓合一的钓饵。

钓草鱼的商品饵

渔具店中草鱼钓饵非常之多,有干的湿的,有粉状的还有颗粒。向饵料中添加的调味调色的物质就更多。可以说凡生产商能做到的都做得非常完美,每款钓饵都是英雄好汉,使钓友在用饵的选择方面,有更大空间。

这里有个问题,在本书中已多次提到:鱼儿摄食受外部多种因素的影响,有气候方面的,有环境水质和喂养等多个方面影响,用饵时要了解各方面的情况,才能做到"对症下药"。有些垂钓高手他们根据自己的经验,将几种各有特点的钓饵混合在一起使用,产生更佳效果。建议钓友们在采购前多了解一些所钓水域的各种情况,做到投其所好,保证更佳成绩。

逗钓,让钓饵"活"起来

不论是肉食性的鱼,还是喜吃素食的鱼,它们都有一个共同的习性,就是爱吃活食。尤其是在天气湿闷水中缺氧,或水温较低,或鱼儿吃饱之后,对一般食物不感兴趣,但当见到活食时,仍然会追着去咬。于是一些老钓手创造了一种新奇的钓法,叫"逗钓"。逗,当然是引逗之意,就是在鱼儿不愿进食的时候,用提动钓饵的办法,使钓饵"活"起来,用活物去引诱鱼儿上钩。

逗钓,有的称引钓,还有的叫动态垂钓。简而言之,就是使水下的钓饵由死变活,让它动起来。作海钓的渔友他们用拟饵(也称"路亚")钓海鱼,就是这方面的行家。那么怎样才能使钓饵活起来呢?主要是通过钓手提动钓线,使静止中的钓饵处于动的状态。在水下有两种运动方式:一种是上下作垂直运动,使钓饵不移位,在原地以轻微的动作将钓饵上提15～20厘米,连续上提两三次,如果不上鱼,隔三两分钟,再上提几次。如经过几次这样的上提仍不上鱼,就要将钓饵作平面移动,改变钓点。

使用手竿垂钓,移位极方便,除可由远至近移动钓点外,还可作左右移位,即以钓手为中心,将钓竿在前方半圆范围内,作平面移动,当然要在左右无钓友的情况下才有移动的空间。

另一种方法就是使钓饵作前后移动,这是手竿采用长线(线和竿等长)时的一种逗钓方法。操作时先将钓饵抛投至最远处,待钓饵沉底后,数分钟内无鱼咬钩,即抬竿将钓饵拖回30厘米左右,远一点近一点都可以,主要是离开原钓点,再作逗钓,如仍无鱼,则继续拖动钓饵,直至将钓饵拖至最近处,然后将它提出水面,重新抛向最前方。钓手还可改变出竿方位,即以正前方为中心线,向左右移动钓竿,每次隔开30~50厘米,成扇面形向左右展开。如果再将前后钓点串连起来,成为串珠状,这样前后左右共划成一个扇面形的移动网,覆盖着钓竿所及的水面。

当然,在移动钓点过程中水的深浅会有变化,对看漂也会造成一些困难。所以最好是采用七星漂,以适应这种变化。南方钓友经常用8米以上的长竿,用中长线,即配钓线6~7米长,在竿长可及的范围内,提竿可使钓线直上直下地入水,改变钓点十分方便。故此,江南的长竿短线,七星漂配朝天钩,有"江南一绝"的美称。当然,这亦非他们的专利,全国其他地方也有不少钓友已掌握了这手绝活。

此种钓法虽然意在引逗鱼儿上钩,但主要的是找鱼下钩,它完全摆脱了定点垂钓的圈子,在竿长可及的范围内,主动下钩找鱼。此法在水温不高的春秋季节,在天气湿闷水中缺氧等鱼儿厌食的情况下使用,效果更加明显。此种钓法有人叫拖底钓,也有人叫珍珠串抛底,就是将前后的钓点,用移动的轨迹串连起来,的确也像是一串串珠子铺于水底。

用海竿垂钓,也可作逗钓。最好使用串钩,轻摇钓竿,使钓线时张时缩,带动钓饵作不移位的摆动。也是连晃几次不上鱼之后,就可摇轮紧线,将钩坠回拖50厘米左右,如还不上鱼,再晃竿,再摇轮收线。海竿作平面移动选钓点,由于它投得远,覆盖面大得多,因而更能显示海竿的优点。海竿还不受水的深浅限制,不存在移漂的问题。当然,作这种移位垂钓,最好还是选用软尖海竿,反应更灵敏些。

作逗钓必须不停地晃动钓饵，所以必须选择不易散开的饵食，用蚯蚓等活物比较理想，既不怕晃动，而且真正的活食在鱼不积极摄食的情况下更易招鱼。现在使用较普及的颗粒饲料，在养鱼池作逗钓用饵，也很不错。

钓草鱼用什么竿好

假如有钓友问钓草鱼用什么竿好，有的钓友可能会立即回答用海竿好，因为草鱼个体大，冲撞力强，用海竿钓它正合适。

这个回答略显简单。关于钓鱼用什么竿，可以从技术与目的两个方面来说，而用竿只是技术中的一种选择，就是按鱼选竿。还应根据季节气候及场地等多种情况综合考虑之后，再确定用什么竿。如仅从鱼的大小来说，钓草鱼以及青鲤鲢鳙等各种大型鱼当然是用海竿较好，用海竿钓鱼钓大钓小均可，钓远钓近随意，软硬脑线的组钩、长短不论的串钩都可选用，只要鱼儿上钩，难逃厄运，钓手稳当赢家。如果是这样，那么钓草鱼用海竿是无可争议之事。不，还有另一种较强的声音，与此相左。

从垂钓的目的来看，总体是"钓健康、钓快乐"，但从具体实践中看，存在较大差别，会出现重"结果"和重"过程"两种不同的理念，重结果者要求上鱼快，钓得多，鱼护鼓鼓囊囊，使感官受到刺激，心情得到满足。他们的用竿当然是海竿。

这重过程者他们只想逗鱼玩，享受垂钓过程，他们爱用手竿与大鱼逗乐，大鱼坠着竿，使竿弯似一张大弓，颤颤悠悠，鱼儿对竿的拉力保持在断和不断的临界线上，钓手使出万般力气与鱼周旋，始终处在紧张对抗中。有时不知钩竿线哪里出问题，鱼跑了，钓手都以非常平静的心情对待，和鱼共舞一回，过足了遛鱼瘾，值！没有遗憾。要是大鱼被钓上岸，也无更大欢喜，他觉得上鱼是必然，只是和鱼进进退退玩了一回，出身汗心情舒畅，回家多吃一碗饭。这拨渔友特别认同手竿。

还有一些实力派钓友，手、海竿都有，他们会根据季节气候、钓场情况，宜用什么竿就用什么竿。例如春秋水温低，鱼儿冲撞无力，这种天气鱼儿摄食不积极斯文至极，俗称"绵口"，用手竿能捕捉到鱼儿咬钩的轻微信息，所以这时用手竿钓大鱼亦无大碍。

根据以上各种情况，是否可以这样理解：钓什么鱼用什么竿，不能一概而论，要根据当时的季节气候、鱼的大小及渔场情况——水面宽窄、深浅、清浊等多种因素来选定用什么竿。

最后还有一种情况也可说是决定性的，就是钓手的用竿习惯：不论众人如何议论，也不分春夏秋冬，他自有用竿之规。遇上这种情况，当然只有他自己作主。

搭钩的用途

你想钓大鱼吗？多大的鱼，10公斤以上吧，钓这么大的鱼，必须准备一把大口抄网。不过这特大的抄网可能大多数钓友都不会有，至多有一柄60厘米口径的抄网到头了，碰上特大的鱼，也没有更大的抄网，即使有这种大抄网，携带也不方便。不要紧，还有件东西可以帮你解难，这就是搭钩，这是钓特大鱼有力帮手，携带也方便。

搭钩有多种型号，可作多种用途。

搭钩，在我们生活中到处可见，由于它们的用途不一样，所以其大小形状是有区别的，但它们的功能是同样的，都是锚搭其他物体。用于垂钓的搭钩，它虽称作"钩"，但不是一种直接用于垂钓的钓具，只是用于钓手上鱼时用搭钩将鱼提上岸来，其作用相当于抄网。所以它们只能算作垂钓中的辅助钓具。

在我们平常垂钓中使用搭钩的人不多，所以在国内很少有厂家正规生产这种产品。大多数搭钩是众钓友根据自己的需要制作的。不论哪种搭钩，在制作时为了使钩和柄连接得更牢固，可在钩柄的

顶端窝出一个呈90°的横档,并在木柄相应部位钻孔,连接时将钩头横档插入孔中,用粗渔线绑牢,刷上油漆。这样做出的搭钩,有更大的拉力。

由于搭钩的钩尖非常锋利,极易伤人,故此要用软塑料管做一个钩尖套,不用时将钩尖套紧,既保护钩尖不受损,又不易钩着人。这种搭钩钩条的粗细、钩门的宽窄以及柄的长短,可依据钓手实际需要去制作。

关于大搭钩的使用:通常用于船钓大鱼,尤其是钓大海鱼(如50千克以上),鱼大鱼重,抄网用不上,只有靠搭钩将鱼拖上船。我的那柄大搭钩是在十多年前为钓大鳡鱼时制作的,柄的长短正适合在船上操作。

小搭钩是钓淡水鱼时用途最广的辅助钓具,遇到10千克以下的大鱼,用小搭钩能不费劲地拽鱼上岸。

在北方冰钓时小搭钩是最有用的工具,因为冰钓时在冰上打洞不可能太大,钓上大鱼抄网伸不进冰洞,如直接拽线,很可能将钩线弄断,这时小搭钩就可大显身手,将它伸进冰洞,就能将鱼轻松地提出来。在用小搭钩钩鱼时也和用抄网抄鱼一样,一定要将鱼遛乏,使之不乱动才可下钩。冰钓时由于水温低,上钩的鱼不甚挣扎,只要钩线结实,两三个回合下来,鱼儿即可就范,用小搭钩将鱼拖至冰面。

在池塘水库和江河等处钓鱼时,只要水面距岸不高,都可使用小搭钩,非常方便,带一支小搭钩比带一柄大抄网省事。

关于小搭钩的使用方面,钓友间有些不同见解:如用搭钩钩鱼时应钩在鱼的什么部位,有的钓友认为应将小搭钩伸进鱼嘴或鳃孔,这样钩得最牢,最有把握。他们认为搭钩小而轻,从鱼身体的外部很难扎进去。另一种意见是搭钩虽小,但锋利无比,只要条件合适,可采取任何方法去钩鱼。

在小搭钩的制作方面也有不同的见解,首先就是对小搭钩的大小之争。有的主张小搭钩的钩尖长度应在6厘米以上,钩门的宽度也不能小于6厘米,他们认为小搭钩大一些钩鱼方便。另一种意见认为既是小搭钩应以小巧为主,使用时不是往鱼身上扎,而是将钩伸进鱼嘴、鱼鳃孔，这类小搭钩的钩尖长及钩门的宽度都以3~4厘米为宜。

还有一个不同的见解就是钩尖的走向，有的主张钩尖与钩柄平行；有的主张钩尖内扣一点；还有的主张钩尖应向外偏，因为搭钩向上钩鱼时钩尖向外的钩会更深地扎入鱼体。

以上各种不同见解，都是各家经验之谈，极具参考价值。我个人认为大小搭钩的制作，应遵循"合理"，这个理就是从选材到制作，都要符合常规。在使用时讲究熟练，熟能生巧，能随机应变，解决棘手的问题。不可小瞧这小搭钩，生手有时真玩不转。我有几次上鱼时别人帮我用搭钩向上提鱼，就是对不准鱼口和鱼鳃，他就用小搭钩往鱼背上扎，因为小搭钩小而轻，使不上劲，又由于鱼背的鳞厚肉硬，搭钩扎不进去，几乎造成跑鱼。所以用小搭钩的关键是先将鱼遛乏，使它失去挣扎能力，而后沉着准确地下钩。

钓草鱼

钓鲤鱼

目 录

鲤鱼习性及其他 37

锦鲤 39

寻找鲤鱼 40

钓鲤用饵的选择与使用 42

鲤鱼喜欢什么样的香甜饵 46

野生鲤的习性及垂钓用饵 48

鲤鱼的冲撞力会随条件而改变 49

鲤鱼习性及其他

鲤鱼，分食用鲤和观赏鲤，这两种鱼在水族中都是声名显赫。它是一种最古老的鱼种。据 2009 年 7 月报载：对北京周口店古人类化石检测，得出中国人在 4 万年前就开始吃鱼。还说吃鱼促进大脑发育，对人类进化意义重大。这 4 万年前的鱼当然也包括鲤鱼。

鱼在我国传统文化中占有一个非常重要的位置，如古代许多器皿上刻鱼形图案，尤以鲤鱼最为突出，在我国民间绘画剪刻中，大都以鲤鱼为主，如娃娃抢鲤图，寓意多子多孙；鲤鱼跳龙门，寓意克服艰难险阻，奋勇向上。关于鲤鱼的故事非常之多，颇具情趣。

唐朝皇家姓李，据说就因鲤鱼的鲤字与李同音，犯了忌讳，不准称鲤鱼，改为"赤鲜"，将四大养殖鱼种草鲤鲢鳙中的"鲤"去掉，改为青草鲢鳙，足显当时皇家的霸道。

在京城许多老钓友中，对鲤鱼并不叫鲤鱼，而称"拐子"，这是源于我国"八仙过海"的神话故事，八仙中有一位李铁拐（也称铁拐李），是一位瘸腿，鲤谐李，所以戏称鲤鱼为拐子，对小鲤鱼则称"拐尖"。当然，在这里绝无歧视残疾人之意。

关于鲤鱼，它有许多超群之处，深受人们喜爱，有四种人对它是爱之甚深。

第一种是水产养殖人员及其专家眼中的鲤鱼。

鲤鱼是我国淡水养殖的主要鱼种，它有许多优点，如食性杂，适应性强，什么都能吃，生长速度快，耐低温，而耐缺氧能力更优于其它淡水鱼。鲤鱼的另一大优势就是能自行繁殖，凡是鲤鱼存活的地方，都可以产卵，所以就保证了鲤鱼有足够的子孙后代。正由于鲤鱼有这许多优点，所以我国北方、南方都可养殖，江河湖塘，甚至网箱、稻田都可见到它的踪迹。

目前世界上许多国家都养殖鲤鱼。近年来经过人工杂交繁殖，培育出许多新的品种，如有的仅十几个鳞片，有的是两个鳞片相

连，酷似一副不带镜框的镜片，有的竟一个鳞片都没有，成为裸鲤。加上原有的兴国红鲤、荷包鲤、湘江鲤及黄河鲤，真是家族兴旺。甚至连吃的味道都发生了一些变化，有的竟能吃出一点别的鱼的味道。

近年水产养殖专家们培养出一些新的品种，据说中国水产研究所和中科院北京基因组研究室共同开展"鲤鱼基因计划"，启动于2009年，经研究有望培养出肉多刺少的新的鲤鱼品种，正是鲤鱼的前途无限。

第二种是医疗药物方面人员眼中的鲤鱼。

据《本草纲目》中记载，说鲤鱼是"诸鱼中唯此鱼最佳，形态可爱变化多端，甚至可以超越江河"。说鲤鱼"味甘性平"医疗作用显著，它身体的多个部分皆可入药。

鲤鱼的食疗价值显著，据说它的药用方法有近30种，食疗方法有近40道。

第三种是美食家眼中的鲤鱼。

鲤鱼，肉肥味美，大多成为各餐厅的招牌菜，什么西湖醋鱼、清蒸鲤、干炸鲤和腊鱼等，煎炖蒸炸样样都有，据一本鱼餐的食谱介绍，用鲤鱼作原料的菜不下40道。

普通的美食家只能听从餐馆的食谱安排，但有一种美食家他们完全摆脱了餐馆的食谱，这就是钓友中的美食家，他们独享自钓自食之乐，他们不仅会食，而且钓技高明，到他们认为最洁净的水域去垂钓，钓他们认为是最肥美的鱼。这种口福非一般食客可及。

也毋庸讳言，现在人们对油、糖比较忌口，加之什么砂锅鱼头、石锅鱼、乌江鱼等一大批优质的少油糖的特色鱼，夺去了许多鲤鱼食客。正因为如此，现在对曾经受宠的鲤鱼，出现微词，因肉质嫩的鱼还有许多，一些人认为鲤鱼的肉较粗，尤其是2千克以上的大鲤鱼，钓友中就有"钓时开心，吃不中意"之说。尤其因现代人讲究健康饮食，油重味甜的糖醋鲤鱼，于是不再受宠。

鲤鱼还有一条令人想不到的罪状，说它是环境的破坏者。据说因鲤鱼样子美观，被一些国家引去放养，在一些清沏的池塘中放鲤鱼作为观赏。但是鲤鱼有拱泥觅食的习惯，经常拱泥将水搅混，受到人们的指责。据前些年的媒体报道，说某处因鲤鱼拱食水底食物，将植物的根茎拔起，堤岸被掏空坍塌。加之鲤鱼能自行生育，繁殖快，激增之后，危害其他水生物。又因有的国家因饮食习惯的不同，认为鲤鱼拱泥不干净，还说它刺多不好吃。共此数条，将鲤鱼贬为祸害，把它捞起来当肥料。这些涉及环保、涉及生态平衡的大问题，我们这些钓鱼人只能是说说听听，其功过是非尚需专家们去论证。

第四种对鲤鱼有独特看法的人就是我们这些钓翁。

前些年如果钓到一尾野生鲤，哪怕只有250克重的拐尖子，也会感到非常珍贵。现在养殖鲤鱼的多了，尤其是一些垂钓场所，鲤鱼更多。在一些混养的垂钓渔场，一般来说草、鲫鱼的价格均高于鲤鱼，渔场往往将所有的鱼都一个价，无形中就提高了鲤鱼的身价，而且池塘中的鲤鱼更多于其它鱼，使钓友有一种吃亏的感觉。

不过真正想去钓鲤鱼，的确还要有一些对鲤鱼的了解和钓技知识。

锦　鲤

鲤鱼中一个高贵的成员锦鲤，就是我们平常所说的观赏鲤。锦鲤的原始品种是红鲤，我国西晋时代就有记载，据说至明朝已相当普遍。这锦鲤要是有一群在水中游动起来，十分美观，宛如一幅在水中飘动的彩带，也有人称之为"游动的宝石"。锦鲤也是鱼中寿星，据说能活百岁。锦鲤在日本身价很高，人们不仅喜爱还会养殖，培养许多著名品种。在日本"鲤"与"恋"同音，所以对它又加了一层喜庆幸福的色彩。广岛市还称为"鲤城"。

锦鲤颜色艳丽，十分招人喜爱，一些大商店及殷实户盆养鲤鱼，以显门楣。正由于人们喜爱它，其身价也是了得，报载十年前一条1.2米长、重35公斤的巨锦鲤，身价高达百万元。

北京有些养殖锦鲤的地方，由于在培养中淘汰率非常高，一些

优良品种万中选一甚至更高。那些被淘汰的其貌不扬者沦为食鲤,有时也投到钓场,因此我们这些钓翁,偶尔能钓上一尾红鲤或花鲤。具体来说锦鲤是中看不能钓。

寻找鲤鱼

钓鲤必须首先知道什么地方有鲤鱼。鲤鱼为底栖性的鱼,一般情况下不轻易上浮,芳容难露。其实它虽有水作掩护,有两点最易暴露身份:一为泥汤,二为气泡。泥汤就是鲤鱼在水底用嘴拱泥时将水的底层搅混,只要见到水底泛黄,并伴有泥浪,这大都是鲤鱼所为。第二个特征水中升起气泡——也称鱼星,有的还叫"起筋",这是鱼儿换气或拱泥升出水面的气泡。由于每种鱼习性不同,弄出的气泡就不一样,例如鱼儿大小不一,或接触水底轻重快慢不一,水泡的大小和密度就不一样。有些老钓手他们有"辨泡识鱼"的本领,只要见到不同气泡,就能准确地判断出下面是什么鱼。例如鲤鱼的气泡通常是每簇七八个(也有多的时候),而且水泡的个儿比较大。鱼吐气成泡时,在水面停留的时间长一些,如果是拱泥产生的气泡,出水即破。所以通过观察水底的泥浪和水面的气泡,就能较准确地判断出鲤鱼的踪迹。

鲤鱼虽为底栖性的鱼,但它对那些平整无起伏的水底并不感兴趣,只到那些有淤泥杂草、或坑凹不平的地方去,因为那些地方易孳生虫虾,这是鲤鱼及其它许多鱼最爱聚集的地方,这是鱼儿的大餐厅。

鲤鱼还有一个身份大暴露的季节,那就是雌鲤产卵、雄鲤追尾的婚配时候。北京地区大约在每年的"五一"前后雌鲤甩籽,届时雄鲤不顾一切地追逐,水中所有的鲤鱼都会参加这次盛会。这种相亲婚配大多在天刚亮时进行,它们一反常态,游到水面来,在那些水草杂物中产卵,这时它们可以说毫无顾忌,当然也就完全暴露了它们的身份。这正是判断这个水域鲤鱼个体大小及数量多少的好机会。

鲤鱼的家族壮大了，成员也发生了很大的变化，但它们的基本习性并没有发生大的变化。从我们所钓的各种各样的鲤鱼来看，仍和原来一样，例如对水温、水中含氧的要求、对食物的选择、咬钩后的反应等等，看不出任何明显的差别。

鲤鱼对水温的适应性很强，在我国炎热的南方，以及冰凉的北国水泽，它们都可生存，但是它们最适宜的水温是20℃～25℃，这当然也是最佳的垂钓水温。鲤鱼对各种水的质量的要求也不甚严，清水混水、肥水瘦水、活水静水等，都可存活生长。当然，它们在不同的水质中增长的速度是不一样的。

鲤鱼对水中含氧的需求，与一般淡水鱼无明显差异，抗缺氧的能力超过鲢、鳙、草鱼。例如在一些密养池内因气压低缺氧时，首先抗不住的是鲢、鳙鱼，只有在缺氧较严重时，鲤鱼才会上浮。

鲤鱼属底层鱼，可以说它这一辈子都是长期幽居水底。这对钓鱼者来说是非常有利的，这也是鲤鱼易钓的原因之一。例如一个3米深的鱼池，鲢、鳙、草鱼等可能在水的上中下三层水中游弋，鱼儿相对分散，垂钓时要判断鱼在哪个水层，才能有所收获。而钓鲤鱼时根本不用考虑鱼在哪里，往底层下钩就是。也是由于鲤鱼聚居水底，所以鱼的密度相对也大了许多，这是施钓最有利的条件。

鲤鱼难道永远不游到水的中上层来吗？不，在一定条件下它们会游上来的。一种是游到边浅处来，但是这时它们虽已离开深水的底层，但旧习不改，游到上层之后，仍在边浅处的水底，这就叫"离深不离底"。这是因为鲤鱼追逐水温，自动离深赴浅。"三月三，鲤鱼上河滩"，它们是受升高了的水温的调遣，追逐最适宜的水温。这时它们上来之后，仍会咬钩摄食。

还有因产卵雌雄鱼互相追逐，这时它们也是离深不离底，在一些杂草及水下树枝间追逐甩籽，它们虽然忙于婚配产卵，但还能咬钩。还有一种属觅食性的洄游，它们也不会离底。

在养鱼池喂鱼时是人工用手抛投，或用机械喷投，引起鱼儿上浮接食，久而久之，连鲤鱼也会浮到水面夺食。但在不喂食时，它又回到底层。下次投食，它又上浮。

另一种属非主动的被迫上浮，那就是水中缺氧或水质被污染，它们被迫游到水的上层来。一个池塘如果连鲤鱼都出现上浮，说明水下缺氧或污染严重，这时那些最不耐缺氧的鲢鳙，恐怕早已生命垂危。在这种情况下的鲤鱼，它们命尚难保，所以也绝不会张口进食，这时你将钓饵递到它的嘴边，它也会躲着游开。一个水体翻坑之后，经过严重缺氧的鱼，即使存活下来，也等于大病一场，一两天之内不会好好进食，这时，对钓鱼人来说，可以作出一个准确无误判断：正在翻坑或严重翻坑后的一两日之内，鱼儿不会咬钩。

鲤鱼属大型鱼，据记载，最大个体可长至35千克。现在钓鲤记录（截至2012年1月）为湖北钓友于2000年5月2日所创，当时钓起一尾重32.5千克重的巨鲤。这个纪录也和体育比赛中所创纪录一样，可随时被打破。世界上最大的鲤鱼恐怕要数巨型逻罗鲤，据报载2007年7月泰国某垂钓俱乐部的人员陪客人钓起一尾重116千克的逻罗巨鲤。这条鱼是在23年前该场投放的5尾大鱼中的一条。据说这种鱼最大可长到3米长，重达300千克。

钓鲤用饵的选择与使用

前面已经谈到鲤鱼为杂食性的鱼，那么"杂"究竟表现在哪里呢？就是鲤鱼对各种不同类型的食物它都吃，如对以粮食为原料的各种面食，对红虫、蚯蚓、蛆虫等活食，对水中的苔藓、微生的水生动植物，它都吃，对香、甜、酸、辣（蒜味）都喜欢。那么鲤鱼的食谱既然这么广，是不是随便用点什么都能将它钓上来，否！绝不是这样，这是因为鲤鱼进食易受外部条件的影响，最能影响它进食的当首推水温和水中含氧。水温在20℃~25℃时，如加上水中含氧充足，这正是鲤鱼胃口大开的时候。不过鲤鱼对水温和氧的要求较鲢鳙草鱼要宽松许多，水温低一些它照样进食咬钩，就是在北方冬钓冰钓的时候，有时也能钓上鲤鱼来。鲤鱼有较强的抗缺氧能力，在夏季天气湿闷、水中轻度缺氧时，鲢鳙早已不咬钩，但鲤鱼有可能还叼一口。如果外部发生变化，就会使鲤鱼摄食不正常。

　　肥水，会使鲤鱼的口味发生变化。对垂钓影响最大除"温"、"氧"之外，就是水体的富营养化，如果换成钓鱼人的语言，就是水太肥了。这对钓者来说，可以称为"最难捉摸的水"。尤其是在一些养鱼池，水的面积小，投放的饵料多，更易使水变肥。可养鱼者需要这样的肥水来养鱼，尤其是鲢鳙鱼，就靠吃在肥水中繁殖的水生动植物生长。而肥水只要不过量，对其它淡水鱼的生长影响不是很大，因为鱼儿长期生活在这样的条件下，已非常适应。养鱼者还可通过放养不同的鱼来调节水，如鲢鳙鱼就有"净水使者"的美称，它们吸食水中的微生动植物，起到净化水的作用，鲢鳙在肥水中还长得快，凸显经济利益。但是肥水对钓者来说是一种非常难对付的水，这是因为各处肥水偏酸的程度不同，造成鱼儿口味的变化，而破译这种变化又十分困难，垂钓时如不能使用与这种水相适应的饵料，鱼儿就会拒食。肥水使钓友捉摸不定的另一个原因，就是它易受气候的影响，随时发生变化。如早晚气温不同，出太阳与阴天不同，在一天中上下午还不一样，这就是气温引起水温的变化，水温又影响水生微生物的变化，因此水的酸度也在不停地发生变化。这些变化钓手虽不易直接感受到，但从每个阶段上鱼的情况来看，会明显地察觉到这种变化：上鱼时多时少，甚至原来上鱼很好，后来不知什么原因鱼儿突然不咬钩了，当然，这时鱼不咬钩的原因很多，如鱼的饱饿情况，水温的变化等都有关，但水的质量的变化，也在起着潜在的作用。

　　在肥水中的鲤鱼，如果用饵对路，它还是会咬钩的，在各种不同质量的水体中，鲤鱼对食物的选择也是不同的，下面列举一些不同质量的水体中鲤鱼摄食的情况，以及垂钓用饵的最佳方法。

　　全人工饲养的鲤鱼最易产生偏食，因为各种养殖场饲养鲤鱼，大多以颗粒饲料为主，经过这样长期的喂养，鲤鱼已养成偏食习惯，对不是吃惯的饵料，也可能叼一口，但总的还是不感兴趣。而且鲤鱼对饵料的辨别能力很强，例如各饲料厂生产喂鱼的颗粒，其配制的原料不尽相同，其味道也有差异，鲤鱼能精明地识别出来，对不是吃惯的颗粒，取排斥态度。许多钓友都明白鲤鱼的这种脾气，总是用喂它的饵料当钓饵。

所有的动物，当然也包括人在内，对食物有非常明显的选择性。有的是从小养成，对某些食物经长期食用，就养成偏食嗜好。但是这习惯，在一定条件下又可以转变。这就是动物求生的本能所致：爱吃的没有了，为了活命，不爱吃的也吃。鱼儿在这一点上表现明显。

现在京城开办了许多这样的钓场，自己不养鱼，从外面购鱼放在池塘内供钓客钓取。这就是刚来的鱼一般都是用颗粒饲料喂大的，虽然换了水域，但它们还是对颗粒感兴趣，虽味道多少有些不对，在没有原味颗粒的条件下，对其他颗粒也得吃。钓友们从中探索出，钓场新放的鱼偏爱吃颗粒，这是鱼的习惯仍在起作用。如果投放的鱼一时未被钓走，而钓场又不专门投料喂鱼，鱼儿为了生存，会逐渐地吃众钓友的钓饵，这就改变了它原来的摄食习惯。各钓友的钓饵质量有很大的区别，鱼儿会专挑可口的吃，这就出现了钓友们常说的鱼儿被钓"滑"了。从这又总结出一套在开放的垂钓场用饵之道，就是钓新放进的鱼用颗粒，钓原有的鱼用精饵。这就是渔友们发挥了人的聪明才智，智斗老油条鱼。

人工饲养的鲤鱼与野生鲤鱼有很多不同的表现。

在人工养殖下的鲤鱼，正像一群娇生惯养的宝宝，它们过惯了饮食丰足的生活，对于它们新寓居的水，养殖人还会尽最大努力创造出最优质的水，以满足鲤鱼的需求。在这样优越的条件下，使本来机警胆小只在水底活动的鲤鱼，在生活习惯等方面发生了非常大的变化，有些变化甚至连一些老钓手都难以破解。突出的表现大致有以下几种。

懒散，竞食性不强。池养鲤的活动很小，不必成天为嘴而四处觅食，就等主人投放的饲料，食来就张口，竞食拼抢不积极，这在钓友们垂钓鲤鱼时会感到池养鲤咬钩无力，更没有多大冲撞力，就是一条2.5千克重的大鲤鱼，也就仅以其体重坠着钓线，并没有那种生死较劲的场面，绝没有野鲤那种求生的猛撞，只是叼着饵慢慢游动，将漂缓慢的拉黑，钓手很难从漂态上感觉出是大鲤咬钩。

池养鲤由于长期吃颗粒，而且是长期吃一种型号的颗粒，会产生挑食的习惯，就认主人喂它的那一种，对别的颗粒（原料配方有异的）不感兴趣，在众钓友的实践中也明显感到这一点。于是在钓友群中广泛流传着一条用饵经验：用现场喂鱼的料作钓饵，远胜其它钓饵。

在养鱼池钓鲤（也包括钓其它鱼）打窝时不怕惊鱼。平时在自然水域打窝，尽量降低声响。而在养鱼池钓鱼，不必有任何顾忌，可以往水中重砸诱饵，不仅不会惊鱼，鱼儿反而会将这击水之声作为一种"开饭"的信号，它们会闻声聚过来接食。鱼儿之所以能这样，这要从塘主喂鱼的方式说起。每个养鱼池都设有喂料台，塘主定时定点投料，一般每天2～4次，装有投料机的也是这样抛投。塘主喂鱼时有的主动敲击喂料台的木桩，使之发出声响；有的敲击盆桶，这就等于发出投料的信号，鱼儿听到这些声响不仅不惊，反而会马上循声过来摄食。这些喂食的动作，等于对鱼在进行两种训练，一是闻声就餐，二是上浮接食。这就是有意制造出一些响声，召鱼过来就食。在投饵的方法上也不是整桶整袋地往水中倒，而是一小把一小把地往水面抛撒，让鱼儿在水上层接食，不致使饵料沉入水底，鱼儿找不到。机械喷投也是一次喷出一小把。所以，即使是底栖性的鲤鱼，经过这样的训练，也学会了上浮接食。因此，钓友们在养鱼池钓鱼时打窝不仅不必静悄悄地进行，而且还要有意高抛饵料，使之击水出声，向鱼儿发出就餐的召唤。更有趣的是有些熟知此道的钓友，他们垂钓时在没有带诱饵的时候，竟抓一把沙土往水中抛投，也是击水出声，这一回鱼儿上当了，等待它们的只有暗藏险机的钓饵。

池养鲤上浮接食的习惯形成后，改变了原来只爬底的习惯，在春秋季节水面温度高时，它们会趋温上游，例如我们曾在春秋天用钓浮的方式钓草鱼的，经常有鲤鱼上钩。我们原来的看法是春秋天水深的地方水温低，鲤鱼会趋温游到边浅处来，仅是离深不离底，仍呆在边浅处的水底，渔谚中也有"三月三，鲤鱼上河滩"之说。现在证明，池养的鲤鱼经过那些训练之后，还会浮到水的表层来接食。

不过鲤鱼终究是底栖性的鱼，即使是在养鱼池，正常情况下它还是在水的底层,所以在养鱼池钓鲤鱼,还是应以钓底为主。有的钓友想用钓浮的方法躲开鲤鱼钓草鱼,如果是在养鱼池垂钓,即使是钓浮,仍可能有鲤鱼上浮咬钩。

鲤鱼喜欢什么样的香甜饵

使用香味钓饵,和水温及水的质量——酸碱肥瘦清混有密切关系。那么鲤鱼究竟喜欢哪类香型呢,在我们长期垂钓的实践中,觉得鲤鱼喜温香型的味道,就是香气不燥不浓,如曲酒香味,中药丁香、山奈和香草的味道,最轻微的奶蛋型香味和香兰素的味道,还有鱼腥味、猪血腥(颗粒饲料中有这种味道),有时大蒜的味道它也喜爱,这些香型分别在不同的水体中使用,有一定效果。

钓鲤使用的香料,最忌过浓过杂,这样香味除鲤不爱摄取之处,还会招来大量杂鱼,钓鲤不成反遭小鱼袭击。味道杂,什么都掺合,变成了"13香",什么鱼都不爱吃。有些钓友在不上鱼时总觉得钓饵有问题,于是拼命往钓饵中加香料,使钓饵达到呛人的程度。有一个很有意思的情况,就是钓手老在闻这些香气,鼻子的嗅觉已产生疲劳,闻不出香气的浓淡,老觉得香气不浓,误将钓饵调成浓香。从我们经常使用香料的情况看,过度的香鱼儿的确不喜爱,从上鱼的情况看,香重的饵上鱼并不多,这足以证明在使用香料时不能以香浓制胜,应重在巧用。所谓"巧",就是香型能使鲤鱼喜欢,而且与当时的气温水质相符合,浓淡相宜。

甜味,这是鲤鱼喜欢的味道。可是甜味的原料不多,垂钓时经常使用的就是红白糖和蜂蜜,国外钓手爱用蜂蜜,这可能是他们有意的选择,在国外寻找蜂蜜也比较容易。对这三种甜味物我们觉得红白糖携带和使用都很方便。北京地区的许多老钓手爱用红糖,因为它还带有蔗香味。往钓饵加甜味物也不是愈甜愈好,略为加一点起到提味作用即可。

人的食物中,带香甜的种类很多,有人考虑这样一个问题:这些香甜食物大都是以粮食作物及果类为原料制成，而鱼的饲料主要也是粮食作物，因此人的香甜食物能否作到人、鱼共享呢？有人真的就进行了这方面的尝试，他们将带香甜食物直接加到钓饵中使用，这些食物有的是液体状的，如各种香甜饮料，还有更多种香甜食品如糕点等。

使用的方法有两种，一种是直接掺入到饵料中。有这么一个用饵的趣闻，某钓友调制钓饵时正在喝随身携带的饮料，打开饮料罐一股香气扑鼻而来，他灵机一动，随手将这种饮料倒入一些作调饵用。垂钓时得到意想不到的结果：大小鲤鱼频频上钩，使他获得大丰收。之后，他曾多次试用，都有不错的效果。

有许多固态状的食物更可直接用到钓饵中去。在20世纪60年代，就有人用点心渣子加到钓饵中去，我也曾在作鲢鳙钓饵时特地到副食店买一些点心渣，这东西不值钱，花少量钱即可买回一大包，将它掺到饵料中使之一道发酵，效果特好。后来我们在调制鲤鱼钓饵，也加入点心渣子，效果也不错。

另一种是针对各种不同形态的香甜物采用沾、蘸等方法为钓饵增味。

所谓"沾"，就是将带香味的液体或粉状物粘在饵团外边。这种沾的方法最大的优点是装好钩的饵团粘上这些香甜物入水后，能很快挥发或飘浮开，起到快速诱鱼的作用。前些年的一个深秋，我用红虫钓鲤鱼，由于水温低，上鱼很不理想。当时我带了一瓶三香酒（用曲酒泡丁香、山奈和香草），我想可能这香味会起到诱鱼的作用，于是我将装好钩的红虫在香酒中沾一下，即投入水中待鱼上钩，不一会儿漂儿点动，鲤鱼上钩。运用此招连上几条鲤鱼，还获得当时钓赛的较好名次。之后，曾多次用此法，都有较好的效果。

能作沾饵的液体原料很多，有曲酒、中药泡制的香酒，各种稀释的香精水等。沾液体的钓饵，要求略微硬一些，如以颗粒沾液体最方便，使香味蘸在钓饵的外表，入水后其香味即分解于水中，使鱼儿循味而来，将它引到钓饵跟前。如用软饵去沾香液，软饵可能被泡散，或香液浸润到钓饵之中，使钓饵香味过浓，反而不受鱼的欢迎。

钓鲤鱼还有一种古老的使用钓饵的方法，叫"蘸饵"。现在听来可能对它感到很陌生，其实我们生活中经常见到有人利用这一原理，如许多人见过元宵的制作方法：先将馅沾上水，到米粉中摇滚，使它蘸上米粉，再沾水，再到米粉中摇，如此反复，元宵越滚越大，就这样被摇制出来。蘸饵的制作原理与摇元宵无异，它先将空钩沾水，再蘸饵料粉，干粉被水蘸住，有一部分附着在空钩上，再沾水，再蘸粉，直至饵团的大小符合需要为止。这种蘸饵入水后也不是能马上散开，与手搓饵相差无几。

蘸饵的关键是原料，原料对路自然有鱼咬钩。以前制作的原料，大都是豌豆、蚕豆及芝麻等磨粉而成，这在一定的条件下，是有较好的效果。但现在钓手的经验更丰富，作蘸饵的原料增加了许多，所以给蘸饵赋予更好的效果。

现在做蘸饵时有的先将原料喷上曲酒或滴上食用香精，待焙干磨成粉后，散发浓郁的香味。有的还直接加入丁香、山奈粉。有的事先在钩上装上蚯蚓或红虫后再沾水蘸饵，使蘸饵变成"肉包子"。正由于蘸饵有了这许多的变化，显出它特殊的效果。

蘸饵当然也可钓其它鱼，可是对钓鲤鱼来说，有它独特的作用。鲤鱼是底层鱼，如果蘸饵采用手竿配长脑线悬坠，反应特别灵敏。所以钓底层鱼时此法尤佳。南方钓友对蘸饵的使用甚为熟悉，他们用来得心应手。北方钓友虽有用蘸饵者，但不普遍。如有兴趣，不妨一试，说不定还能从中悟出些什么新玩艺。

野生鲤的习性及垂钓用饵

在天然水域，只要水质未被污染，当水温达到合适的时候，鲤鱼能自行繁殖，鱼苗来源有保证。它是定居性的鱼，不会远遁他乡。这些土生土长的鲤鱼，十分机警，胆小怕人，在这些地方垂钓、打窝都要以静为好。野鲤总的性格还是温顺的。它们在鱼苗阶段以食水下的各种微生动物为主，长大后食性就很杂。在不投放饵料的天然及半天然的各种水域中,鲤鱼的食性有明显的差别,它们总是摄取自己水域中的各种食物,如各种藻类、水底淤泥中的虫虾等。每个水域的具体条件不同,这就造成了各个水域鲤鱼摄食的差异性。

在这些天然水域钓鲤鱼,其钓饵也要以"天然"为好。这里所说的天然,就是不加任何香甜的添加剂,如用纯玉米面饵、纯豆饼糟食,还有蚯蚓及各种虫饵等,这些乡土钓饵不带任何异味,使这些没有吃过香甜饵的鲤鱼,吃得习惯,这是我们多年在野钓中的体会。当然,在这里我不是主张到天然水域钓野鲤不用香甜饵,我们通常的做法是"先土后洋",先用各种乡土钓饵,有时效果非常好。又由于野水百样,也养育出百种口味的鱼,所以有时用素饵就是不上鱼,这时就要添加香甜饵,以增强诱鱼的效果。这是与鱼斗智,总要千方百计将它钓上来。

在天然水域钓鲤鱼,其兴趣远远大于钓池塘的养殖鲤。现在到计竿论价的地方去钓鱼,仍以钓鲤为主,因其进价较低,塘主合算。如果去计斤的地方垂钓,钓友们通常选择草、鲫鱼为钓取对象。如果是在天然水域能钓到鲤鱼,钓友们会特别高兴,这是因为野生鲤难钓,越难钓的鱼,钓手越觉得珍贵。野生鲤冲撞力大,垂钓时和大鲤角力,更是非常开心。再者野鲤的味道很纯。众钓友鱼吃多了也都有了经验,成了美食家(钓手中不吃鱼的居多),他们认为鱼池养出的鱼,不论草鲤鲢鳙,都是喂同一种饲料,吃这些鱼都是一个味道,所以对野鲤特别赏识。市场上也有些号称是某某水库打上的鱼,其实这都是商人们给塘养鲤戴上野鲤的帽子。只有钓鱼人才能真正享受到野鲤的滋味。

鲤鱼的冲撞力会随条件而改变

如果将草鱼的冲撞力比作一匹桀骜不驯的野马,那么鲤鱼咬钩后就像一头性情倔犟的老驴。鲤鱼就是这样一种鱼,不听牵引,爱和你较死劲。这也难怪，在这生死关头，鲤鱼自当会全力相拼。有人会这样说：怎么我钓的鲤鱼一点力量都没有，小钩细线就将它制服了。可也有人说他钓上一条鲤鱼可出了一身大汗，也就2.5千克重，竟折腾了近一个小时才弄上来。为什么会有如此截然不同的反应呢？这就是因为鲤鱼的大小不同、雌雄不同以及气候水温、水的质量不同等等，都能使鲤鱼的冲撞力有所区别，下面就是鲤鱼在各种不同条件下的表现。

大鲤坠线、小鲤乱窜

1.5千克以上的鲤鱼上钩后，极不愿离开水底，这时因它的体重较大，不会作快速的冲撞，只是以它自身的重量坠着钓线，就在水底盘绕，甚至扎入泥中不动（有的人称"鲤鱼栽桩"），这时如领不好，可能发生断线折钩。经过一番较量之后，将它牵离水底，这意味着鲤鱼已开始疲劳，到水的中上层之后，只要领鱼得法，不难将它遛翻。鱼的重量越大，其坠线的力量也愈大，只要这种大鱼上钩，钓手马上能感到它的力量。

最活跃的就是那些500克左右的小鲤鱼，它们上钩后即飞速逃窜，一会儿东一会儿西，拉得钓线嗡嗡作响，有时甚至跃出水面。在钓手不注意的时候，钓竿可能被拉下水，这大多数是这些小家伙所为（上钩的草鱼也是突然拖竿入水的能手）。这些小鲤鱼虽拽竿很凶，但一些有经验的钓手，一个回合下来，就能分辨出它们的大小。这种小鲤鱼无后力，易离水底，几个回合下来，就显出原形。不过它开头还是有些力量，有的新钓手会被它弄得手忙脚乱。

大鲤冲撞凶狠

每到夏秋间，水温较高，达到鱼儿最适宜的温度，如水中含氧充足，这时钓上一条2.5千克以上的大鲤鱼，会感到它的力量特别大。尤其是遇上那些身体修长、体格健壮的"男子汉"，更显出力大无比，它发起突然的冲撞，与草鱼无异，坠着钓线只在水底打转，又似犟驴，不肯就范。在水不深或钓线牵得过紧的时候，它在离底的瞬间，可能会直接跃出水面，这时如果钩线不结实，或鱼儿咬钩不牢，它从空中摔落到水中的时候，很可能出现断钩折线，或鱼被钩豁逃跑，非常不好对付。钓手要运用遛鱼的技巧与它周旋。这时即使是一条怀胎的母鲤，也十分活跃，仍有较大的冲撞力。

野鲤较池养鲤冲撞有力

野鲤，就是指那些在不投放饵料的河川、水库中的鲤鱼，在这些较大的水体中，鱼的食物一般不很充足，这种野鲤体形单瘦，更便于快速游动。正由于食物不足，使它们养成很强的竞食性，加之在这些宽阔水面中，它们可任意冲撞。许多钓友都有这样的体会：野鲤冲撞力大。

而池养鲤呢，在塘主百般的呵护下就盼它赶快长大，优质的颗粒饲料一天喂几次。在这种优越的条件下，鲤鱼长得膘肥体胖，腹腔内一层油。鱼儿不愁吃，失去强烈的竞食意识，变得温文尔雅，一派绅士气，这种塘鲤即使上钩，也显得傻乎乎的，没有多少冲撞力。

雌鲤怀卵身体笨重

即使母鲤不在排卵期，也常常腹中带籽。尤其是在春天产卵之前，更是一肚子的小宝贝，母鲤的外形都变样了，原来流线形的腹部，现在变成一个鼓包，那真是大腹便便。这对它来说，是个很大的累赘，使它的游动受到影响，吃食咬钩处处显出"慢三步"的架式，就是上钩之后，在这生死攸关的时候，它也冲不起来，一条2.5千克的带籽母鲤咬钩之后，除了重量压线之外，感觉不出它的冲撞力，一旦出水，才惊奇地发现怎么是这么一条大鱼，仔细观看它的腹部，疑团自然消失。

雄鲤就不受这拖儿带女之累，即使体形增大，仍保持着优美的流线形体型，上钩之后，火气十足，那真是拼死相抗，你才真正领会到怒鲤的本领。

水肥鱼发蔫

水肥泥肥，促使水中的各种微生物大量繁殖，给鱼儿提供了丰富的食物，爱拱泥的鲤鱼当然也得到充足的食物。吃饱了整天懒洋洋地不爱动。在肥水中的鱼普遍的表现就是不爱咬钩。鱼摄食最易受外部条件的影响，其中影响最大的还是水温和水中缺氧，而肥水大多为含氧不足，这是因为肥水中的微生物太多，有些死亡的微生物不仅不能光合成氧，反而使水体浑浊，影响通光量，使光合作用降低，水中更加缺氧。这就使得鱼儿更不愿摄食，即使贪吃中钩，也显得行动迟缓，冲撞无力，所以在这些地方钓上大鱼，不须费多大力量，就能将鱼擒获。

水凉鱼不动

在低水温环境中的鱼，一般都不爱活动，也不爱进食，这是因为鱼是变温性动物，水温低时它的体温也随之降低。猪狗牛羊则不然，它们为了维持身体较高的体温，所以冬天也需大量进食，而鱼则无此需要，所以冬天水凉时，鱼可不进食，冬天进行冰钓时用打窝子的办法很难将远处的鱼招过来。

当水温降至15℃时，鱼儿的食欲也随之下降。水温在6℃以下时，它处于冬眠状态。鲤鱼耐低水温的能力强于鲢鳙草鱼，即使在水温很低的条件下，如果将钓饵送到它的跟前，还是会咬钩的，例如冰钓能大量地将鲤鱼钓上来，当然，必须是鲤鱼密度要大，在那些鱼儿稀少的自然水域中不用说冰钓，就是夏天也不易有鲤鱼上钩。水温低钓上鲤鱼和夏钓情况大不一样，主要表现在吃食动作非常轻，且慢而无力，即使1.5千克重的大鲤鱼，上钩之后能轻易地随线牵动，不会快速逃窜和冲撞，手感也是轻飘飘的，很难分辨出它的重量。但是提鱼出水时,正由于鱼儿老实不动,有的人就直接提线想将鱼提上岸,冰钓时也想从冰洞中将鱼直接提上来,这时鱼虽不挣扎,但它自身的体重大,经常发生断线折钩。所以水钓时就是鱼儿不动也应用抄网,冰钓要用搭钩将鱼在冰洞中搭出来。

水缺氧,鱼遭殃

水下的鱼,也是有氧则欢,缺氧则死,当水中含氧充足时,鱼儿不仅吃得多,而且还长得快。还有一个特别有意思的事,如果水中的氧太多的话,鱼儿也会得病,甚至死亡。比如说在北方的冬天,水面结冰,在水比较浅,冰面的透明度好的条件下,冰下水层中的光合作用好,溶氧量会过度累积,鱼儿在这种高氧的水中会得气泡病,皮肤下面,甚至血液中都会出现气泡,重则死亡,就是鲤鱼也不可避免。

鲤鱼耐缺氧的能力也强于鲢鳙,在水中轻度缺氧鲢鳙不咬钩的时候,鲤鱼还会摄食,只是摄食无力。如夏天垂钓赶上阴天,气压低或雨前湿闷,鲤鱼也不会好好咬钩,即使上钩,也显得毫无挣扎的力量。所以千万不要以此为标准去判断鲤鱼的力量。这就是条件不同,鲤鱼所表现的力量也不一样。

以上所谈虽主要是针对鲤鱼而言,但大多数淡水鱼都有相同的表现,只是由于鱼的品种不同,在不同的条件表现有所不同,因此,以上各点,也可作钓其他淡水鱼的参考。

钓鲢鳙

目 录

鲢鳙习性 57

鲢鳙有哪些区别 59

奇特摄食受人关注 61

鲢鳙三部曲
　　——不会钓、会钓、禁钓 62

钓鲢三选
　　——选竿、选饵、选钓点 63

几种特殊的钓鲢钓具 65

海竿钓鲢·先中钩后提竿

手竿钓鲢·先提竿后中钩 68

飞钩钓鲢，鱼儿认饵不惧钩 68

水温和氧是鲢鳙咬钩重要条件 69

钓鲢鳙仅有好饵还不行 71

酸饵的选择和使用 72

酸水区——
　　钓鲢鳙的超级大窝子 75

鲢鳙为什么不咬钩 76

鲢鳙习性

钓界对钓鲢鳙有这样一种说法,不会钓的人说鲢鳙难钓;会钓的人说鲢鳙最容易钓。看来两个极端分外鲜明,这层窗糊纸障碍着不会钓的人。本专题权充这捅破障碍者,在这里将钓鲢之事说个明白。

要想钓到鲢鳙,首先要了解它们的习性,例如它们的生活有哪些特点,喜欢吃哪些食物,它们对气候对水质有什么要求等,弄明白了这些事,钓它们就不难。

鲢鱼档案

鲢鱼古称鲐,又称白鲢,在不同地区还有许多其他名称,如水鲢、跳鲢、白鱼及家鱼等。

鲢鱼生性活泼,喜跳跃,有时成群跃出水面,银光闪闪,甚为壮观。在拦网围捕它的时候,它就像跳高运动员一样,突然腾空而起,越网逃生。更为有趣的是在有些公园水塘中,当游客在划船行驶中,突有一条白鲢蹿出水面而直落到船上,使游客大为惊奇。

白鲢(也包括花鲢)在我国分布很广,是淡水养殖的主要鱼种,青草鲢鳙合称为"四大家鱼"。它生长快,3龄鱼即可达4千克左右。可见它在淡水养殖中的地位。

白鲢既生长快,肉质还细嫩,含脂量高,据说用它自身的脂肪就能将整条鱼做成油炸鱼。我国西南和中南地区的群众爱食白鲢。前些年北京地区的人对它并不很赏识,但近年食鲢者增多,有许多钓友特爱钓鲢。

白鲢居中上层鱼,喜较高水温,它最适宜的水温是22℃~32℃。故夏季是钓鲢最佳时间。

鲢鱼的鳃耙细密，进食时是从口中汲入水，从鳃孔中排出，靠鳃耙将食物滤下。它喜酸、香和甜味。鲢和鳙都是滤食性的鱼，由于白鲢鳃耙细密，滤食水中微生植物，如各种藻类。鳙鱼鳃耙稀粗，只能滤食个体稍大的各种水生微生动物。所以鲢、鳙都有净化水的功能，被人称为"水中清洁工"。中国水科部科学研究院曾作过"以鱼养水"的试验，并获得成功。这预示着我国淡水养殖将发生根本性变化，为解决淡水养殖水的富营养化开创了一条新的途径。正由于鲢鳙有养水功能，现在许多城市中的湖泊河道都养殖鲢鳙。许多垂钓场所，也都禁钓鲢鳙，这当然除了它们的环保作用之外，其经济利益也是极为可观的。

鳙（花鲢）档案

鳙，也称花鲢。还有麻鲢、胖头鱼等别称。它是白鲢的姊妹鱼，长像和习惯有许多相似之处。但它们仍有明显差别。

鳙鱼，我们的前人已经为它因性格而定了名：鳙，平庸之意，说它不活泼，性格温和，不善跳跃。但它生长速度快于白鲢。

它最突出之处，就是头大，它的头部是整个身长的1/3。背脊颜色较暗，并有不规则小黑斑花纹。它的鳃耙比白鲢稀，进食时一些细小的水藻留不住，只能将那些个体较大的水生动物留下来。所以白鲢和花鲢这两种极其相似的鱼，它们的食性就不同了，概括地说，白鲢吸食的是水生微生植物；花鲢吸食的则是水中的微生动物。

鳙鱼喜酸臭香甜，贪吃，长得快，其重量远远超白鲢，它最大可长至50千克。但据朝鲜媒体2012年1月20日报道：朝领导人将一尾重量超过60千克的大花鲢送部队，可见巨大的花鲢到处都有。

鳙鱼也是中上层鱼，但个体较大的鳙鱼，仍喜欢在深一些的水层中游动。它对水的质量要求与白鲢无多大差异。农村养鱼一般将鲢鱼（包括白鲢和花鲢）和草鱼混养，因草鱼吃得多拉得多，其粪便又是鲢鱼的食物，故有"一草养三鲢"之说。

鲢鳙有哪些区别

鲢鳙虽都称鲢，它们的区别还是很大，懂行的人一眼就能认出它是哪一种鲢，不懂行的人要分清鲢鳙还是有些困难。在这里讲一个真实的故事：那是 2001 年的春天，一位北京钓友钓获一尾大鲢鱼，重达 20.75 千克，巨大的鱼，身上银光闪闪，背脊上似有几撮黑纹，也就是说它既具白鲢本色，又似有鳙的特点，真是鲢鳙难辨。钓友们就拉着这条大鱼直奔《中国钓鱼》杂志的后院，和这里的人共同鉴定此鱼的身份。为什么这事弄得如此认真，是因为与钓白鲢的全国纪录有关，如果是鳙离纪录还差很多，若是白鲢，就创下全国钓鲢新纪录。后经《中国钓鱼》杂志社的同志和有经验的人共同观看检验，证实此鱼为白鲢，成为全国纪录，此纪录一直保持到 2007 年 7 月，才被山东钓友以 23.24 千克超出。

白鲢花鲢它俩在身体方面究竟有哪些不同，如不用专业的目光去看，的确是有些鲢鳙难辨，它们有四个不相同的地方。

头部的区别

鳙，称胖头，名符其实，它的头最突出，与身体极不相称，占整个身躯的三分之一。它的头大嘴也大，一尾千克以上的花鲢，张嘴能塞进一个拳头。

白鲢，头较小，占身躯的四分之一，显得均匀。

颜色的区别

白鲢从头到尾一身银白，正体现其名称，非常漂亮。花鲢背上有不规则的小花斑，远看背部稍显发暗，不过比较难以分辨。

腹棱长短有别

腹棱，就是鱼的下腹部边缘，由于鲢鳙都是扁平体型，所以下腹部更显扁窄。白鲢的整个下腹部非常扁窄，似一把刀。鳙的这条腹棱线也不如白鲢明显，而且还短，只到肛门处。

鳃耙疏密不同

鳃耙，就是鱼的鳃片。白鲢鳃盖下的鳃耙每片都很细密，所以它能滤食水中各种细小的水生物。鳙的鳃耙稀疏，那些细小的水生物都漏掉了，只留下那些体型相对较大的水生动物。正由于有此不同，它们的食性才有区别。

以上四点就是区别鲢鳙的基本方法。

喜获大『胖头』

奇特摄食受人关注

用过滤方法进食的鱼有多种，但离我们最近、最受人们关注的就是鲢鳙。有几种人如养殖、环保和钓鱼爱好者，对鲢鳙的摄食就特别关注，尽管关注的目的完全不同。养殖专家研究的是它们如何才能吃得多长得快。环保专家研究的是怎样才能使鲢鳙更好地成为水中的清洁工。钓鱼爱好者研究的是怎样才能使鲢鳙更快地咬钩。三个方面的研究，集中到一点，都是它的"吃"。

鲢鳙的进食的确有许多值得人们研究的地方，如鲢鳙喜欢较高的水温，那么它在水温较低的条件下会不会进食？冬天它会不会长个儿？它既是滤食性的鱼，它会不会咬钩？这许多奥秘已被人们逐渐破译，但还有些情况引起人们对它的不同见解。

关于养殖和环保专家们研究鲢鳙的"吃"，离我们略显远了一点，**我们关心的还是一个"钓"字。钓友们的确将鲢鳙"喝食"的情况研究透了，鲢鳙既然对饵团只喝不咬**，在最初大家用海竿配硬饵飞钩，钩子就散布在饵团的周围，只要鲢鳙到饵团旁边去喝，就很容易地将钩子吸入口中。当然，在钓鱼的选择上钓友也下了一番工夫，如深水钓浮，浅水钓底，表层水温高时钓深浮等，已总结了一整套钓鲢鳙的经验，运用这些成熟的经验，很少使钓友失望。

后来用手竿的钓友也摸透了鲢鳙"喝"饵的经过，能准确地判断出鲢鳙喝饵时漂子的反应，一般鱼摄食是将饵团吸入口中，而后往下咽或含着饵团游走，浮漂会被拉入水中或被鱼拖着走，或将漂送出水面，非常容易判断鱼咬钩。而鲢鳙喝食全不是这些表现，它见到饵团后将饵团吸吸吐吐，反应到漂上的信号是漂尖在一目半目间升降，而且显得沉稳有力。这又和小杂鱼闹漂有明显区别，小杂鱼拱漂是无规则的乱悬乱动，表现较浮无力，所以，只要熟悉了以上这些情况，就能准确地判断鲢鳙喝饵，所以不论使用手竿或海竿，都能有把握地将它们钓上来。

在低水温条件下，喜高水温的鲢鳙会不会进食，能不能将它钓上来，这是一个很大的疑问。在许多人的心目中，凉水中的鲢鳙是不可能被钓上来的。北京地区的钓友每年9月初就很难用海竿钓上它们。可也有一个令人不解的事，就是在每年冬季的冰钓中，总有人钓上鲢鳙，而且钩子都是钩在口中，并不是外搭钩被挂上来的。有人认为那是因为鲢鳙张着嘴吸水，钩子顺水进入鱼嘴，并非鱼有意咬钩，在很长时间内存在疑惑。后来一位水户养殖专家谈到鲢鳙在冬天不仅主动进食，而且还长个儿增加体重。这就解开了低水温条件下鲢鳙被钓上之谜。

钓鲢三部曲——不会钓、会钓、禁钓

在30多年前，大多数人不会钓鲢鳙，认为这种鱼不咬钩，有位水产养殖专家也谈过钓鲢鳙的事，他肯定地说：鲢鳙为滤食性的鱼，它们怎么会咬钩呢。那时仅有个别人会钓鲢鳙，他们受到钓友称赞，有的还被称为"钓鲢王"，或称为胖头张、胖头李等。把他们传得也很神，如有人问他们要点钓饵，他们说：要鱼可以，要钓饵不给。

当时钓不上鲢鳙主要是对它们的摄食习惯不了解，对它们嘬吸饵料时浮漂的那些特殊反应弄不清，所以在当时鲢鳙成为最难钓的鱼。

时间推移到20多年前，众钓友经过钻研实践，以及众多媒体的推介，对鲢鳙食性及摄食时的表现掌握得非常清楚，这时钓鲢已成为最普通的技术。

在初期钓友们大都以海竿为主，配硬饵飞钩，当时这是钓鲢最基本的有效方法。后来随着手竿悬坠钓法的普及，有些钓友利用其精准的调漂及细腻的操作手法，能较准确地捕捉到鲢鳙吸饵的信息，使钓鲢成为非常容易的事，据说有的钓友一天能钓数百千克。事情往往就是这样，当你尚未完全了解它的时候，总要想法去探个究竟，不少人为之钻研，为之奋斗。当情况完全清楚，失去了神秘感，对它也失去兴趣。钓鲢就是这样，太容易钓，反而不为钓友所重视。后来发现鲢鳙有净水功能，对它非常爱护。还有因它长得快，经济利益凸显，所以不少地方禁钓鲢鳙。

钓鲢三选——选竿、选饵、选钓点

钓鲢鳙是手竿好，还是海竿好？

手竿海竿都可用于钓鲢鳙，它们各有特点，选择合适的时、地，可大展各自的特长。

早期钓鲢鳙大都是采用海竿，一般都是配硬饵飞钩，饵料以酸臭为主。之后，有人用手竿配悬坠，用香甜饵，也钓到鲢鳙。钓友也摸透了鲢鳙吸食时的漂态：吸饵时浮漂不是大升大降，只是在一目半目间跳动。当破译了它们吸饵的信息之后，用手竿配悬坠用香甜饵，效果极佳。

如果所钓水域，水面不太大，也不太深，这最适于用手竿。在一些较大的湖泊水库，如岸边有湾有汊及夹沟等适于用手竿，所以也是手竿施展才华的地方。为什么强调使用手竿？这是因为手竿灵敏，浮漂又能准确地反应出鲢鳙吸饵的信息，所以只要有使用手竿的地方尽量用手竿。

在一些水面较大的地方，钓点处水又很深，加上岸边的条件又不太好，这当然宜使用海竿。如果鲢鳙的个体比较大，搏大鱼也是海竿的强项。

综上所述，不论手竿或海竿，都是钓鲢的有效钓具。

钓鲢鳙是香饵好，还是酸臭饵好？

鲢鳙对饵料味道的选择比较宽，既喜香甜，也爱酸臭。以前用海竿钓鲢的时候，还是酸臭饵一统天下。到后来用手竿钓鲢鳙时，大多数人用的是香甜饵。说明这两种味道完全不同的饵料，都是鲢鳙所喜爱。在酸臭饵中加入香料，鲢鳙更喜爱。这是很多钓友做过的成功实验。

肥水中的鲢鳙不爱咬钩，即使是用较浓的酸臭饵，效果也不好。有人主张在偏酸的水体中钓鲢，用手竿配香甜饵，因香甜味在酸水中更多显出其特色，易为鲢鳙发现。再者手竿反应灵敏，一般来说酸水中的鱼，咬钩轻微缓慢，配置得当的浮漂就能逮住它们咬钩的信息。

钓鲢鳙是钓底好，还是钓浮好？

钓浮钓底不由钓手主观确定，鱼在哪个水层就往哪里下钩，一定要钩随鱼走。那么你怎么知道鱼在哪个水层呢？可以根据以下几方面去作判断。

目测：这是有效地观察方法，根据当时的气温水温，以及空气中的干湿度，还要参考水质，结合这多个方面的情况，作出分析，也就不难找到鱼所处水层。

目测中有些假象最易迷惑钓友，例如水面有大量的鱼在游动，鱼儿差不多将水面都盖满了，这么多，定获丰收。实际情况正相反，有一句渔谚，叫"看见的鱼钓不着"，鱼儿为什么不在水中而游到水面来呢，甚至把嘴都伸出水面，它不是出来戏耍，而是水中缺氧，鱼儿憋得难受，它逃到水面来是为了消灾免难，这时它们命尚不保，更无摄食欲望，所以即使你将钓饵下到它的嘴边，它们都会躲着游开。

夏日的中午，水面被晒得很热，鱼儿潜到深水区避暑，尤其是一些大的鲢鳙（如2千克以上），它们更会藏身于深水层。夏天早晚则是另一番景象，水面温度不高，鱼儿都游到上面来，当然，它们上浮主要还是觅食吸氧，这时当然是钓浮好，这与前边所说的完全不同，前面说的是鱼儿因水中缺氧，被迫上浮，它不咬钩。现在上浮是来找吃的，正是好钓的时候。所以钓鲢鳙找水层非常重要。

试钓：另一个找鱼的方法就是试钓，先从深处钓，逐渐向上移，反之亦可，这方法看似笨，但很好把握，开头耽误一点找鱼的时间，但能比较准确地找到鱼层。

几种特殊的钓鲢钓具

小罐飞钩

这种小罐飞钩是在硬饵飞钩的基础上设计出来的。

硬饵配飞钩本来是钓鲢鳙的有效钓具，因饵料团中不带钩，仅是用饵团夹住脑线，所以装钩时既费时又很费力。用小罐飞钩，这些问题都解决了。具体的制作方法是先找一只高6~8厘米、直径4~5厘米的塑料小瓶，尺寸无严格要求，大小均可。罐口安一提梁，用软线或铁丝均可。在小罐的四周及底部钻0.5厘米直径的小孔，做钓饵渗出用。由罐内向外引出脑线8~10条，拴钩后罐外脑线留长至4~5厘米。在罐内的脑线并起来绾结与主线连接，即完成制作。

此钓具最大的优点是，集钓、诱饵于一体。由于饵料从罐壁的小孔中漏出，形成饵雾，最适合鲢鳙吸食，它们在吸食罐外的碎饵时，由于飞钩也混迹其中，吸必中钩，所以其中钩率也是很高的。再者用罐装饵，软、硬不拒，十分方便，免去硬饵飞钩捏团装饵之劳。至于效果，从我们多年来使用的情况看，和硬饵飞钩的效果一样，但在调饵装钩等方面省事不少。

现在各地钓友设计制作出创意相近似的钓、诱饵随钩走的飞钩组合，如用稀纱布、破丝袜子及塑料网布等软式材料，做成口袋状，用于包裹饵料，在袋外装飞钩，据使用这些钓具的人说，新创制出的这些钓具，不仅制作简单，装饵方便，还节省饵料，效果挺不错。现渔具商店也有多款罐钩、花篮钩出售。

管钩

还有一种钓鲢鳙用的"管钩",其制作原理与小罐飞钩相同,只是钓饵改为"线虫"。找一个长10厘米直径2厘米粗的小塑料管,尺寸大小无严格要求。也在管壁上钻许多0.2厘米大小的孔,供线虫钻出用。

线虫,就是水丝蚓,它长5~6厘米,体粗约2厘米,通体呈暗红色,它生长在水浅的稀泥中,通常将头埋入泥中,尾部在水中摆动,远望似一片红色波浪。线虫是许多鱼的美食。有些养观赏鱼的人用一种新奇的办法喂鱼:找一个破乒乓球(其他塑料容器均可),剪一口,便于装虫,在球的下半部钻许多小孔,用线做一提梁,装入线虫后,将它挂在养鱼缸上,其球悬于水中,线虫则会从这些小孔中伸出半截在水中摆动,鱼儿被吸引过来,像吃面条一样,一根根被拖出来吃掉。制作钓鲢管钩也从此招中受到启发。又在小罐飞钩的基础上制作出用于钓鲢鳙的线虫管式飞钩。

用管钩钓鲢鳙,应钓浮,效果不错。它唯一的不足是线虫在水中摆动,目标明显,易招小杂鱼夺食,有时拖着管钩四处乱跑。这时钓手可不予理睬,这些小鱼夺食,也可认为是给大鱼指示目标,故此也要看到有益的方面。大鱼中钩动静大,易于与小杂鱼区别开,并不影响上鱼。

连钓带诱的方法还有一些,如东北地区钓友们用的豆饼飞钩,湖广地区钓友们用的糠砣钩等,都可称为诱、钓合一的钓具,当然也都称得上是"窝子跟着钩子走"的钓法。

海竿钓鲢·先中钩后提竿
手竿钓鲢·先提竿后中钩

有的钓友对这样一种现象百思不得其解,用海竿配飞钩钓鲢鲢鳙，总是漂被拉黑，甚至竿被拖倒；用手竿钓鲢鳙时，总感它们在轻吸细嘬，动作很斯文，这是什么原因？

　　这个问题，在我们钓鲢实践中，也经历过一个疑惑的阶段。我钓鲢鳙开始是用拉砣和海竿，用硬酸饵，装成飞钩。说起来真可笑，我之所以喜欢钓鲢鳙，竟是因为它们吃食咬钩狠，拉得海竿东倒西歪，使感官很受刺激，使精神为之兴奋。给我印象最深刻的是鲢鳙的耐力差，但它咬钩后开头三板斧可厉害，拉倒海竿，稍不注意就能拖竿下水。

　　之后，用手竿钓鲤鲫时也偶尔钓上鲢鳙，吃食的反应，近似小鱼闹漂。开始也没有太在意，觉得是碰巧偶然钓上来的。后来用香饵钓鲫鱼时，经常钓上鲢鳙来，这时我就开始注意了，有两个问题是非常明确的：一是鲢鳙也爱吃香甜饵；二是用手竿钓鲢鳙时咬钩吃食非常轻，在漂上的反应既不同于鲫鱼送漂，也不同于鲤鱼拉黑漂，而且和小鱼闹漂还不一样，总是使漂子在上下1目左右跳动一两次，漂子的升降略显缓慢，尤其在水温低的时候，这种表现更加明显。

　　用手竿钓鲢鳙，它们的反应为什么这样轻，这就引起我的怀疑。之后，经多次实践和反复研究分析，才将它们咬钩的轻重情况弄清楚。

　　首先是分析鲢鳙进食的习性，它们进食时是用"吸"食的方法，从嘴中吸入水，从鳃盖中吐出来，靠鳃耙滤食水中的微生动植物。它们见到钓饵也采用这种方式摄食，总是嘬、吸。用手竿垂钓，从漂子的反应上就能明显地察觉出来，那就是漂子上下跳动一两次，如果不提钩，它还会回过头来再吃。当然，极个别的情况也偶然出现。总之它摄食的基本动态就是如此。

　　那么用海竿为什么会出现截然相反的情况呢？用海竿钓鲢鳙，不论是钓浮还是钓底，通常是采用硬酸食，装成飞钩，就是将钩裸露在饵团之外，鲢鳙过来吸食时，首先吸到嘴中的是钩子，当钩子进入鱼嘴后，它肯定会负痛带着钩拼命逃窜，反应到岸上的，自然是将海竿拉弯拉倒。所以用海竿钓鲢鳙就这样出现了与手竿完全不同的反应。那么用海竿不装成飞钩，而将鱼钩嵌入到饵团之内，会不会出现这种猛烈的拉竿动作呢？会的。因为靠看海竿竿尖的反应，是十分迟钝的。即使加漂，那也是加大漂投在比较远的地方，绝赶不上手竿漂的灵敏，那些细微的吸食动作，在竿尖和大漂上根本反应不出来，只有待鱼将钩子吸入嘴中，负痛逃逸时拖动钓线，竿尖或大漂才有反应。

简而言之，海竿钓鲢鳙时是它们将钩子吸到口中，拖着钩线跑，岸上才有反应；而手竿则是鲢鳙在嘬吸钓饵时，漂子就有反应。这就是垂钓的方式不同，钓具的反应也就不一样。

飞钩钓鲢，鱼儿认饵不惧钩

飞钩，从现在钓友们的垂钓实践来看，凡钩、饵分离者，都可称飞钩，即鱼钩不镶嵌在饵料之中，而是在饵料之外。

飞钩不是锚钩，锚钩虽然也是不装钓饵，但它是由钓手将空钩投入水中，而后用力牵动钓线，使钩子在水中快速划行，碰着鱼后就将鱼挂上来。而飞钩则是鱼在摄食中将钩子吸入嘴中，正正经经地将鱼钓上来。

飞钩最大的优点是钩子不被饵料裹着，裸钩易为鱼儿咬中，而且裸钩进入鱼口后，钩尖易于刺入鱼的口腔，还不易被鱼吐出来。有的人顾虑钩子明摆在饵料外边，鱼儿看得见还会咬钩吗？通过众多钓友长年使用飞钩垂钓的情况看，鱼儿尚无此等智力，仍然是见饵就来，不惧飞钩。

将钩、饵分离的飞钩装饵方法，现在使用得比较广泛。如有名的飞钩钓鲢，就是将硬的酸臭饵捏成团，装成飞钩，既可钓底，也可钓浮，堪称一绝。现在有的钓友用同样的方法，改换饵料钓其他的鱼，效果也不错。在我国东北地区，钓友们使用豆饼飞钩，亦是一绝。找一块直径3厘米的圆薄金属片，在它的四周均匀地打6～8个小孔拴钩用，再在当中打1个孔穿连接线用；然后用一块直径3厘米长的圆薄铁片，其重量在50～60克，做坠子用；将豆饼锯成6

厘米见方的小方块，中间打孔，将钩盘和片坠夹住豆饼，中间用连接线穿起来，投入水中后因后面有金属片坠，钩盘会自动上仰，钓手将钓组投出之后，可回收50厘米钓线，使钩盘更不易下扣。

现在全国普遍使用颗粒饲料喂鱼，钓友也很喜欢用颗粒当钓饵，由于颗粒饲料很硬，无法穿钩，就用一小段气门心套在颗粒上，用鱼钩钩在皮筋上，这样虽然钩与饵没有完全分开，但鱼钩仍是裸露在钓饵旁边。有些喂草鱼的颗粒较粗，直径在0.6厘米以上，这么粗的颗粒根本嵌不进钩门，钓手也是先用线拴在颗粒当中，尔后用鱼钩钩在线上，形成钩在上，饵在下的飞钩，再用浮钓法钓草鱼，效果特好。

还有的钓友把草卷成小卷，也用皮筋套起来，和使用颗粒一样，钓草鱼的效果非常好。

现在飞钩垂钓已被广泛使用，你有兴趣吗，不妨一试。

水温和氧是鲢鳙咬钩重要条件

虽然对鲢鳙生活习性及进食等情况了解得很透彻，而且在钓具的配置、钓饵的选择都很对路，可还是有些人钓不上鲢鳙，这是什么原因？

当然，钓鲢用饵是非常重要，钓具也必须配置得当，但仅有这些还是不够，在一些特殊条件下，鲢鳙是不会咬钩的。这就是钓鲢时外部条件非常重要，最突出的就是水温和水中溶氧一定要合适，这是钓鲢鳙成功的关键。

水温和水中含氧的高低，对钓任何淡水鱼都有影响，但鲢鳙鱼对这两者更加敏感，以水温来说，如果达不到它们适宜的标准，就会拒食，成为钓不上鲢鳙的重要原因。

鲢鳙适宜的水温为22～32℃，如果有了这样的水温，水中也不缺氧，再用上对路的钓饵，肯定会大获丰收。如果水温达不到这个标准，那就是越接近这个温度，效果越好；差距越大，其效果当然更不好。例如北京地区，每到10月水温明显下降，这时如果再用海竿配硬饵飞钩，用大漂去钓鲢鳙，就不易钓到。夏天鲢鳙那种拉黑大漂拽倒竿的动人情景不见了，打下钓饵，它们也可能会过来拱嗫，但非常轻，大漂没有反应。再用这种技法，是钓不到低水温中的鲢鳙，这时绝不能从钓饵上去寻找不咬钩的原因。

前面已经谈到，在低水温条件下鲢鳙仍会摄食，只是力量非常小，吸吐的动作很轻，这就要采用低水温条件下钓鲢鳙的方法：用手竿配反应灵敏的悬坠和细尾风漂，用松散的香甜饵，完全采用竞技钓鲫的方法，在有鲢鳙的池塘，选水浅向阳的边岸，就可能钓到它们。只是观察浮漂反应时有一种特殊判断方法，它们咬钩时漂上的反应为一目半目间缓慢地跳动，漂子显得沉稳有力，不似小杂鱼闹漂那样轻飘飘地无规则乱跳，这两者不难区别。

水中含氧高，鲢鳙（包括所有淡水鱼）欢畅，四处觅食，如果水中含氧不足，鲢鳙憋闷，不爱咬钩，就是用最好的钓饵，也钓不上鱼来。

哪些情况可能造成水中缺氧呢？雨前湿闷，天阴少风，水面纹丝不动，是造成水中缺氧的主要原因。这些情况不难判断，人感到憋闷时，水中的这些生灵，它们甚至比人对缺氧更加敏感。我们经常遇到这种情况，在钓鲢时开始上鱼很好，可突然鱼不咬钩了，天气又无明显变化，我们正在冥思苦想分析鲢鳙不咬钩的原因，这时天空出现一层薄薄的白雾，人感到憋闷，疑团顷解，是水中缺氧，给鲢鳙下了这么一道无声的"禁食令"。这种征兆，鱼在人之前就感受到了。

水中缺氧时鲢鳙还有一些最明显的表现，轻度缺氧时它们只是不咬钩，继而显得迟钝发呆，在水的上层懒洋洋地不爱动。如果进一步缺氧，它们就会浮头，将嘴伸出水面，从空气中吸氧，这时只见满池都是鲢鳙，可就是不咬钩，将钓饵递过去，它们会躲着游开。有些水面不大的池塘，如水太肥，或鱼的密度太大，最易造成水中缺氧，严重时会发生翻塘死鱼。

池水过肥，是水中微生动植物过多所致，这是养鲢鳙的人最高兴的事，如水不肥，他们还会投放各种肥料，使水增肥，这是滤食性鲢鳙的美食，它们成天张着大嘴，不费气力就吃得饱饱的，对钓友们投去的饵料，毫无兴趣。不少钓友想方设法改进钓饵，仍无济于事。此时鱼不咬钩，千万别错怨饵不对路。

那么肥水鲢根本不咬钩吗？如果单从钓饵上找原因，那不会有收获。真的没有好办法吗？不然，我们可以另找出路：雨后出钓，或钓大风天，钓进水口等，采取这些方法，有时也能将肥水中的鲢鳙钓上来。不过对钓肥水鲢这个课题，的确是一道难题，这就希望钓友多实践，多钻研，去破译这肥水鲢难钓之谜。

钓鲢鳙仅有好饵还不行

几位钓友说：他们钓鲢时也用了酸臭饵，可就是钓不上鱼来，不知是何原因。

钓鲢用饵的确很重要，许多钓友都下过苦工夫并取得很好成效。但是钓鲢除钓饵之外，其外部条件非常重要，如气候、水质及钓点选择等任何不当，即使用上很好的钓饵，鲢鳙也可能不咬钩。下面就是我们钓鲢失败的典型事例。

前些年我们到一处去钓鲢鳙，当时天气湿闷，只见水面上漂着一群群鲢鳙，它们个个张着嘴，从空气中吸氧。有位新钓友说：唷，这么多鱼，我们得准备用麻袋装鱼。我说这是气压低，水中缺氧，鱼儿像得病一样，很难受，这时它们只图活命，不会张嘴进食。果然，在垂钓中即使将饵团递到鱼的嘴边，它们扭头游开，这是缺氧所致。使这位新钓友领悟到仅钓饵好不一定能钓上鱼来。

又一次我们到某处专钓鲢鳙，据说那里的鱼个头挺大，一般都在3千克左右，也不乏5千克以上的大家伙。我们欣然前往，到那里一看，只见水色呈深绿，的确也见到不少大鲢鱼在水中慢悠悠地游动，当时我见这情况，觉得有两个问题是非常清楚的：一是水太肥；二是鲢鳙可能不咬钩。既来之则钓之，几个人下了一大堆竿，我们用的是海竿配硬饵飞钩，应该说这是钓鲢鳙钓具的最佳组合。

钓了半天鲢鳙果真不咬钩，倒是上了不少白鲦和小鲫鱼，这就是因为水肥鲢鳙不爱咬钩。鲢鳙是属滤食性的鱼，它们成天生活在肥水中，随时随地都在滤食着水中丰富的微生动植物，肚子充得饱饱的，无须四处觅食，成天懒洋洋地呆在水中，这就是典型的肥水鲢鳙不咬钩。

又一次我们到一个山间小水库去钓鲢鳙，正是雨后初晴，有人说今天水中的温、氧都不缺，就等着上鱼吧。几个人打下20多副竿，一大排，甚是好看。可是一支支竿，都和电线杆立在那里一样，纹丝不动，我们改换了多种钓法，钓浮钓底，钓深钓浅，也换了多种钓饵，就是无鱼咬钩。后经打听，原来是这个水库小，前两天下大雨将水库中原有的水都换走了，使水质骤然发生变化，各种鱼都不适应，所以我们开始钓鲢鳙不咬钩，后改钓鲤鲫，仍无鱼咬钩，这说明绝不是饵不对路，而是水温突降，变温性的鱼在水温骤变中十分不适，它们要慢慢调整和适应新的水温，这时不咬钩很正常。

以上这几个例子说明在天闷缺氧、肥水和新水的情况下，很难钓到鱼，但是这些情况又经常被钓友遇到，这时不论用什么神验钓饵，都很难将鱼钓上来。所以钓鲢鳙除要有对路的钓饵之外，尚须要有好的外部条件。

酸饵的选择和使用

酸饵，是钓鲢鳙的主要用料，在挑选、制作和使用方面，有许多不同的选择，只有完全弄清这些有关的问题，才能使钓鲢鳙获得成功。

酸饵的选择

能做酸饵的酸味物质有很多，大致有三大类，人工发酵的酸饵，天然带酸味的干鲜果品和化工产品。在这个"酸"味王国中，有许多是可用作钓饵的。有的虽很酸，但鱼儿并不喜欢，当然，有些化工产品中的酸性物质，还可能造成对环境的污染，以不用做钓饵为宜。所以，对酸性物质的挑选，就成为垂钓者在选择钓饵时的一个非常重要的前提。既要选择鱼儿喜欢的，又要没有不良影响。

在我们人类的食谱中，带酸味的食品非常多，而且多数可用作钓饵，人、鱼共享。下面介绍几种我们经常使用且效果较好的酸饵。

醪糟：它具有甜、酸和酒香，是多种淡水鱼喜爱的味道，我们长期用它做钓饵辅料，效果很好，尤其表现在别的钓饵不上鱼时，唯它独显神效。

醪糟也称江米酒，它原本是以江米制作。其实用油性较好的普通大米亦可制作，质量不相上下。现在北京许多副食商店及超市都有成品出售，有袋装和瓶装，携带、使用都很方便，如买回后暂时不用，可置于冰箱的冷冻室中冻藏，长久不会变质。

糖蒜汤：糖蒜是北方人喜爱的食物，它的汤具有蒜香、微酸和甜，是鲢鳙鲩鲤多种淡水鱼喜爱的味道。许多家庭自己腌制糖蒜，出钓时取汤少许，掺于饵中，即成为蒜香甜饵。

如果家中不做糖蒜，又想使用这种糖蒜汤时，可采用最简便的方法，调制出味道相同的仿糖蒜汤。取生蒜瓣若干，砸碎成茸，加糖加醋，置于玻璃瓶中，数量依使用需要而定，可多可少。这样调制出的糖蒜汤效果也很好，制作、携带和使用都很方便。

面肥：这是北方做面食的一种发酵添加剂。可是现在大多改用发酵粉，真正的面肥不易找到。采用水泡面粉的方法，能取得类似面肥的酸面汁。制作的具体方法是：找一能盖严的小瓶（容水 200～300 克为佳），装入 1/3 干面粉，再灌水至八成，盖严后置通风处任其自然发酵，春秋季节 20 天左右即可发酵变酸。夏天急用时可置太阳下曝晒，能缩短发酵时间。已发酵好的酸面汁，香酸扑鼻，可长期保存不坏，如果制作过程不干净，会导致酸面汁变质发臭，千万不要倒掉，它是钓鳙的好钓饵，可另作酸面汁。

这种酸面汁的用途非常广，能做鲢鳙鲩钓饵的辅料，可以直接掺到面食中使用。钓鲢鳙时将酸面汁加到饵料中，可增强钓饵的酸香味。钓草鱼时在饵料中加入少量酸面汁，可调制出微酸面食。如果是用皮筋套好的颗粒，将颗粒挂在钩上，提着脑线，将颗粒放到酸面汁中蘸一下，有时会收到很好的效果。

剩饵作酸饵：有一个制作酸饵最简便的方法，就是每次出钓收竿时总会有些剩饵，很多钓友往往将它扔掉，其实这是制作酸饵最好的原料。找一能盖严的陶罐，将每次剩饵倒入其中，为防止霉变，可洒些白酒或酒精，既可防污染，还可促进剩饵发酵，置于阴凉处，促其自然发酵变酸。

在积攒剩饵时宜干不宜湿，如感到剩饵太少，或者太湿，可以掺一些豆饼、麦麸或米糠，发酵好的剩饵，会有酸香味。这样制作的酸饵，非常适合嗜酸鱼类的喜爱，是钓鲢鳙鲩最好的钓饵。当然，在使用时应依随水温的变化，调制出浓淡不同的酸味，才能适应鱼儿的口味。

有些酸性化工产品，如柠檬酸、醋精、醋酸类等，有的钓友也来做调制酸饵的原料。我们在钓鲢鳙时也用醋和醋精等做过试验，总觉得这些酸性物质仅是一股寡酸味道，不如自己用粮食类做原料经自然发酵的酸饵好。自己制作的酸饵酸味醇厚，且酸中透出香甜，这是那些化工产品所不具有的。此外，使用化工产品有可能对水质造成污染，对人、鱼造成损害，所以不用为宜。

酸饵的使用

由于垂钓时各种客观条件的不同，使用酸饵时就有很大区别，集中表现在酸味的浓淡度上，如水温的不同、水的肥瘦不同，使用酸饵就要有区别。总的原则是水温高时酸味应轻一些，水温低可以加重酸味。在肥水中使用酸饵是水肥酸味重一些，要根据水的肥瘦程度，使钓饵的酸度与之相适应。垂钓时下竿前就要能正确判断所钓水域的水温高低及它的肥瘦情况。垂钓中又要能及时发现问题，随时调整钓饵的酸度，做到随机应变。

夏天使用酸饵的另一个重大变化就是酸饵本身，因天气炎热，调制出的酸饵会因气温高而发酵，使酸味加重，鱼不咬钩。我们在夏天垂钓时就经常遇到这样的情况，因用饵得当，酸味浓淡度很对鱼的口味，上鱼特别好。可随着太阳上升，气温水温增高，尤其是放在太阳光下的钓饵，在快速发酵变酸，这过度的酸饵，已不再受鱼儿的欢迎，它们停止咬钩。这时在分析不咬钩的原因时往往只将注意力集中在钓点的选择上，忽略酸饵的变化。这时如果及时根据外部和钓饵本身的变化，调整钓饵酸味的浓淡，就能保持上鱼的势头。

酸水区——钓鲢鳙的超级大窝子

钓鲢鳙时，窝子打成一个"酸水区"，能迅速将它们招过来。

用海竿钓鲢鳙时，在选好钓点之后，是立即装钩下竿垂钓，还是先打窝子后钓鱼，在很长一段时间内，我们是采用前者，经常是到达钓场后，争分夺秒地将钩饵迅速投到钓点上，等鱼上钩。之后，才抛投诱饵。如果钓点较远，还会用海竿连续投出多团钓饵，作打窝子用。

通过较长时间的实践，我们将先下竿后投诱饵的顺序作一个颠倒，改为先打窝子后下竿。改动之后，我们觉得优点很多，首先不将精工细作的钓饵当诱饵，配制一种好的鲢鳙钓饵，非常费时费料，如果将它投到水中当诱饵很可惜。再者水中的好钓饵过多，会分散鱼儿的咬钩。要是钓手先下竿，他到钓场后，又忙又急，要用许多时间去配料装钩，这段时间一般要 15~20 分钟，可这时人在岸上忙碌，与水下的鱼不发生任何联系。如果到达钓场选定钓点之后，立即先抛投诱饵，将钓手的这段准备时间，作为招鱼聚鱼的时间，做到先招后钓，这将会缩短上鱼的时间。钓手还可用宽松的心情去精细地配饵装钩。这时可以顺便观察鲢鳙进窝的情况，如发现水面有浪花，水底有大团水泡冒起，这就证明鱼已进窝，下竿用不了几分钟，就会上鱼。

以前打窝子，总是遵循"钩不离窝"的原则，不论是先打窝和后补窝，总是要千方百计地将诱饵投到钩坠跟前。认为窝子越小越好，使鱼儿更集中，更易于上钩。这种做法在钓鲫鱼等小型鱼时其效果可能更好。但在我们钓鲢的实践中，觉得大窝子的作用好，尤其是用酸食打大窝子，能使远处的鱼在较短的时间内发现窝子，并进窝觅食。在鲢鳙密度大的水域，一般在打大窝之后，5分钟左右即可发现它们前来就食，即使是在水阔鱼稀的地方，也只需30分钟左右，就可见到它们的踪迹。这使我们进一步体会到大窝子的好处。

我们觉得鲢鳙鱼能如此迅速地前来就饵，那是受酸味的引诱，如若造成一片更大的酸水区，肯定会能更快地将鲢鳙招过来，当它们过来之后，在酸香甜味更佳的钓饵面前，不愁它们不咬钩。在此之后，果然屡试不爽。

这酸水区面积以多大为好，要根据钓场水面而定，一般在15~20平方米范围之内。而且还要根据地形来设窝，方、圆形池塘可将窝子打成一片，长条坑随坑打成一横，为的是能更快地使鱼儿发现窝子。

由于钓鲢鳙鱼以浅为主，钓点一般都选在边浅处，距岸大都在20米以内，在这个距离内完全可以用手抛投，做成8~10厘米大小的诱饵团，一次抛出10多团，如诱饵充足，还可多投，不要顾忌鱼儿吃饱不咬钩。当然诱饵不宜过硬，入水时能为水所拍散，使鱼儿闻其味，它会在这里游弋寻找。在这个酸水区内，只有钓饵才是实饵，这样它们自然会直奔钓饵而去。

钓鲢鳙的窝子食，以酸饵为主，原料可选择糠、麸、酒糟、豆腐渣等廉价之物，掺一些起黏合作用的玉米面，调湿经发酵，即成为酸中透香的诱饵。

关于打窝子的问题，概括地说有三好：先打窝子后钓鱼好；大窝子比小窝子好；造成一片酸水区又更好。

鲢鳙为什么不咬钩

在别的章节中也曾提到在某些条件下,鲢鳙可能不会好好咬钩,在这里将一些不利于钓鲢的情况归纳为四忌,即水温低,天气闷,水太深,味太重。这些是钓鲢鱼时经常遇到的一些情况,对这些问题如果处理不当,很可能导致钓鲢失败。

一忌水温低:鲢鱼喜高温,它最适宜的水温为22~32℃,在这样的水温下钓鲢,如果方法和钓饵对路,定会大获丰收。水温低于20℃时,鲢鱼咬钩率明显降低。水温在17℃以下时,鲢鱼一般就不咬了。但由于鲢鱼为滤食性鱼类,如果在较低水温下,用易于散开成雾状的钓饵,在鲢鱼密集的地方还有可能钓到鲢鱼。所以说水温是决定钓鲢成功与否的前提。

盛夏当然是钓鲢的黄金季节。初夏或秋天,水面温度高于水底时,鲢鱼会趋温游到水面来活动。如果水温已达到17℃时,它有可能咬钩,但咬钩的力量很轻,只有用带漂钓浮的方法才能从漂子微弱的晃动中捕捉到这种咬钩的信息。此时钓鲢手法也应与夏天有别。夏日鲢鱼咬钩时叼着饵料扭头就跑,表现为拉黑漂或拉倒海竿,钓手不见到这种情况可以不提竿,提竿时的上钩率可达100%。而水温在17~20℃时,鲢鱼咬钩特别斯文,只是拱、嗡,不正经摄食,这时漂子表现为轻微晃动,当出现这种情况时钓手切莫错过机会,应立即提竿,上钩率可达60%左右。如判断准确,上钩率还可能高一些,这与盛夏钓鲢区别明显。

炎热的盛夏,许多钓友喜欢早晚垂钓,中午睡一大觉。其实夏天中午也是钓鲢的好时间,不过这时水面温度太高,钓手应将钓饵下到1.5米左右的深度,如水深在1.5~2.5米之间,就可以直接钓底,鲢鱼在钓饵的引诱下,会沉底摄食。如果水太深,就要选在鲢鱼的适温水层下钩。钓手可以通过几个深度进行试钓,以寻求最佳深度。

二忌天气闷：许多有经验的钓鲢者都知道鲢鱼不怕热，就怕天气闷。闷，就是气压低，水中缺氧，鲢鱼最不耐缺氧。有时人尚感觉不到憋气，但鲢鱼已不咬钩。

水中的氧，大部分靠水生植物的光合作用产生，少量是靠从空气中溶解。晚上没有阳光，光合作用消失，水中的氧或被鱼吸取，或为其他原因所分解，故下半夜至天亮这段时间，水中一般是氧不足，如赶上天气闷，又无风，在鲢鱼密度大的池内，就可能出现翻坑——鲢鱼浮在水面且将嘴伸出水面从空气中吸氧，如缺氧严重时，轻则昏迷，重则死亡。

解除缺氧的办法有天然的，如太阳出来，水生植物经光合作用产生氧。刮风将水吹起浪花，也可将空气中的氧溶解于水中。人为的办法是开增氧机，将水推动或使之喷飞散落，使空气中的氧溶于水；也可开动水泵强制池水流动，使水的上下层交换，均衡水的含氧量。

外出钓鲢，如赶上天气闷，尤其是雷雨前湿闷天，鲢鱼一般不会咬钩，即使鲤鲫等底层鱼，它们耐缺氧的能力比鲢鳙强一些，但在湿闷天气缺氧时，同样不咬钩，缺氧严重时同样昏迷或死亡。

还有一种情况，开始钓鲢鳙鱼时，上钩的情况不错，但在钓饵、场地等方面毫无变化的情况下，鲢鱼突然不咬钩了，钓手必定会从多方面去寻找不咬钩的原因，如改变钓点改换钓饵，甚至改变垂钓方法，做了许多努力，鲢鱼仍不咬钩，这时钓手往往忽略了天气变闷促使鲢鱼不咬钩的原因。雷雨前的闷，有天象的征兆，有些明显的闷湿，人也能感受到；但有时，人尚未察觉，而鲢鱼已感受到了，它们的表现就是不咬钩。遇上这种情况，只有等待气压低天气闷得到解除，才有可能钓到鲢鱼，如果这种闷湿天气不转变，鲢鱼是不会咬钩的。所以说闷热缺氧，实为钓鲢之大忌。

三忌深水钓鲢：这里所说的深水忌钓鲢，是指在深水中忌用底钩钓鲢。如果水深在 2.5~3 米深，多撒些酸味较重的诱饵，有可能引诱鲢鱼沉底摄食，这时用底钩也能钓到鲢鱼，如果超过这个深度或在更深的水底，是钓不到鲢鱼的。尤其在水底有冷泉渗出的池塘，鲢鱼更不会呆在水底。鲢鱼为中上层鱼，加之它喜高温，深层水底的水温，要低于水表层的水温，所以鲢鱼一定会趋温游向水表层。再者水表层水温高。各种浮游动植物也多聚集在水表层，鲢鳙鱼也在这里追捕食物。所以在深水处钓鲢鳙时，不能钓底，一定要钓浮，至于钓多深，就要根据水的表层温度来选择，如水表层温度过高，就要将钓饵下到离水面1~1.5米，这个深度要根据每个水域的具体情况而定，如用多副钓竿垂钓，可分别在几个深度试钓，从中筛选出最佳水深钓点。

四忌酸臭味过重：这里主要是指用酸臭饵钓鲢而言。

提到酸臭饵能钓鲢鳙时，个别钓友有种误解，认为鲢鳙钓饵愈酸愈好，愈臭愈佳。于是他们将目光投向那些奇酸异臭之物。如有的寻求酸味物质时，选用醋精、柠檬酸等化工产品，选用臭味物质时，甚至使用人畜粪便做钓饵，这实不可取，这些东西所带病菌很多，钓手自己易为感染，而且这些污秽之物会造成环境污染，有碍文明垂钓。也有人用酸臭味极浓的饵钓，偶然钓上鲢鱼，但这毕竟不是好钓饵。鲢鳙所喜爱的是带微酸微臭的钓饵。在使用酸臭饵料时，其酸臭的浓淡程度，还受当时气温和垂钓水域水的肥瘦的影响，气温高和在肥水中钓鲢时，酸臭味应稍微浓一点。由于钓场情况不同，所以钓手每到一个新的水域垂钓时，应先少量调制钓饵做试钓，根据鱼咬钩的情况，对酸臭味进行调整。夏日钓鲢，随着一天气温的变化，也应有所不同，早晚凉快水温低一些，中午天气热水温高，对饵料酸臭应做增减。夏天钓鲢时，钓饵应放在阴凉处或太阳晒不到的地方，防止酸臭饵料遇高温进一步发酵变酸，影响上鱼。

白鲢花鲢对饵料的选择有明显区别，白鲢喜酸，爱吃浮游植物；花鲢（胖头）爱臭，喜食浮游生物。其他生活习性则基本相同。除以上各点外，影响钓鲢的还有钓具组装匹配是否合理，钓点选择是否得当等，但这些与钓其他鱼无异，按常规垂钓方法处理即可。

钓鲫鱼

目 录

鲫鱼概况 83

鲫鱼的习性 84

钓鲫钓具 87

钓鲫饵料 90

香饵 95

三款异样钓鲫饵 98

对商品饵的认识 102

施诱打窝技巧 110

鲫鱼概况

鲫鱼是我国一个古老的鱼种，古人曾以鲫比拟当时的事物，如东晋琅邪王司马睿在建康（南京）即位，北方众多名士往投，当时有人形象地说"过江名士多如鲫"。我们从这句话中感觉出当时人们对鲫鱼的特点有深刻认识，就是鲫鱼数量多和爱聚群。时至1000多年后的今天，鲫鱼的这两个特点仍然存在。由于鲫鱼能自己繁殖，凡有水之处大都可见其踪迹。爱聚群的特点，钓手们对它更是了解。

鲫鱼以其乖巧俊俏，博得人们对它的喜爱。如果是供观赏的锦鲫，更是五彩斑斓，身价高于普通鲫百倍。鲫鱼有很高的营养价值，有人说"鲫鱼头上四两参"，奶白的鱼汤似牛奶。鲫鱼的食疗作用很突出，它的某些部位通过特殊的烹调处理，可治疗内、外、妇、幼诸症，所以人们对它关爱有加。

以前的鲫鱼，个头都不大，小巧精致。正由于它有许多优点，所以我国从20世纪60年代就开展对它的育种研究，采用多种杂交手段，使这些小精灵长个了，具说现在最大巨鲫，其单尾可重达6.5千克，实在是鲫中巨无霸。现在钓鲫纪录为4.8千克，是2006年9月16日由湖南钓友创造。

经现代手段繁殖的鲫鱼，的确十分出采，就其形状看，有细长的，有高背的，有缩项的，有噘嘴的。其颜色有的洁白如银，酷似白鲢，有的全身微黄，就是鲤鱼的化身。我于前几年曾在京郊一大棚冬钓，钓上的鲫鱼实在出奇，每尾的个头大都在0.5～1千克间，似鲤非鲤，似鲫非鲫，全身微黄，长着一身鲤鱼鳞片，可又没有胡须，长像实在不像鲫鱼。人家说这就是鲫鱼，是杂交鲫，它长得快，肉质嫩。现在京郊各钓坊，0.5千克的大鲫鱼比比皆是。

大鲫鱼招人喜爱，可小鲫鱼并未失宠，自1984年台湾钓鲫队

在杭、京等地与大陆钓手竞钓之后,掀起了一个钓鲫高潮,以竞速为主,要求鲫鱼不宜过大,因为大鲫鱼从上钩到提上岸,要经过一番折腾,而小鲫鱼则可直接飞鱼入护,能大大提高上鱼速度,所以竞技钓大都以小鲫鱼为主。一些聪明的塘主看准了小鲫鱼仍然大有"钱图",于是在全国各地出现许多专养小鲫鱼的竞钓池和竞钓练地,放养的大都是每尾50克左右的小鲫鱼,供比赛和给钓手练习手艺用。这些地方通常是计时收费,每人一竿,每日收20~100元不等。一律使用无倒刺小钩。收竿时不准带走鱼,先要将鱼倒入淡盐水盆中涮一下,进行消毒,再倒回池中。所以这些地方的鱼大都经多次擒纵,成为"滑头鱼",它们咬钩既轻又滑,不易上钩。但去钓这些鱼的人乐意与之过招,就是要破译它们逗钩脱逃之术,以提高自己的钓技。

鲫鱼的习性

"知彼知己,百战不殆",这是处理各种事务能够取胜的经典名言,钓鱼亦然。鲫鱼既有许多淡水鱼的共性,又有许多自己的独特个性。要想取得钓鲫的"自由",只有详细了解它的生活习性。那么鲫鱼究竟有哪些特点?

有适应高、低水温的超强能力

鲫鱼是一种存活能力极强的鱼,具有很高的忍耐力。一般淡水鱼,有喜爱高水温的,如罗非、白鲳,它们最适宜的水温为28~30℃。但它们扛不住18℃以下的低水温。也有喜低水温的鱼,如虹鳟、狗鱼等,虹鳟最适宜的水温为16~18℃,水温超过24℃停止进食,甚至死亡。我们平时常见的鲢鳙鳇,它们最适宜的水温为20~30℃,如果不在这适宜温度之中,这些鱼不爱进食,所以也难钓取。但是也有人认为鲢鳙在冰下的凉水中仍会咬钩。

鲫鱼的适温能力特强，高至38℃的水温，低至冰封下的水体，不仅能存活，甚至还能进食长个。对鲫鱼这种超强存活能力，我曾遇到这样令人吃惊的事，大约在2000年的9月，我钓有5千克鲫鱼，平均每尾在300克左右，回家后经冲洗，条条活蹦乱跳，我即装入一只大塑料袋，将其置于冰柜之中。到第二天取出后虽被冻僵，经凉水泡化后，奇迹出现了，它们都活着。由此可见其耐寒本领。所以它是北方冬钓冰钓的主要对象鱼。当然，鲫鱼最适宜的水温为25～30℃，由于地区及鲫鱼的品种不同，它们适温程度还是有些差别。

抗低氧能力强

鲫鱼抗低溶氧能力非常突出，在夏季出现湿闷天气，别的鱼都感到受不了，有的甚至将嘴伸出水面，从空气中吸氧。只有鲫鱼仍能生活如旧。所以在那样的气候条件下钓鱼，陪你玩的只有鲫鱼。当然，氧气对任何动物都是非常重要的，鲫鱼只是能承受低氧的鱼种之一。

肥水之中，一般大都是溶氧不足，可是在肥水中的鲫鱼咬钩仍然很欢实。例如我们钓鲢时，遇到肥水池塘，鲢鳙根本不咬钩，就是草鱼也不张嘴。唯独在肥水中的鲫鱼，它们照吃不误。有很多次我们钓鲢落空，可鱼护中装了不少鲫鱼。

爱扎堆，大小分群

前面已提到鲫鱼爱合群，但有个特别有意思的事，它们也和人一样，大人找大人，小孩和小孩玩，鲫鱼大小分群活动，这在我们垂钓时能清楚地感到这种情况，上的鲫鱼如果是大的，都是一般大，遇上小鲫鱼，都是一水的小字辈。但有时会遇到这种情况，开始来的是小鲫鱼，后来上的又都是大鲫鱼。这是因为鱼儿也有"以大欺小"的习性，来了大的，赶跑小的。

在一定条件下也会上浮

鲫鱼属底栖性的鱼，钓鲫鱼要钓底，这恐怕是垂钓中的常识性问题。如何能用钓浮的方法将鲫鱼钓上来，这可能只有一些老钓手才知道。用钓浮的方法，的确能将鲫鱼钓上来。这是因外部条件发生变化，诱使鲫鱼离底上浮。这些条件就是水温、水中溶氧、食物及喂食方法，使鱼儿产生趋温、趋氧和趋食而上浮到水的上层来。当然，产生这些趋势的不仅仅是鲫鱼，其他鱼在适合的条件下同样会上浮。

这要从鱼儿自身的基本情况来说。鱼儿是一种变温性的动物，何谓"变温"？就是它的体温随水温高低而变化。一般相差 0.5～1℃，所以它对水温的变化十分敏感。在任何一处水塘，由于太阳照射的方向不同，以及风向等条件的不同，使水的上下层及各个部位的水温是不相同的。鱼儿是哪里水温对它最合适，它就会向哪里游。这就是鲫鱼也会上浮的根本原因。春秋季节，鲫鱼也会游到边浅处找温暖的地方，刚开春，水面的水温开始增高，但水底泥层仍无变化，那是整个水域水温最低的地方，这也正是底栖性鲫鱼寓居的地方。当开春水温稍有变化时，鲫鱼它能感知到，也会游离泥层。这时一些老钓手有高招，他们有一种钓法叫"钓抬头"，或称之为"贴底浮"，这前者是按鲫鱼的动态而言，说它们已抬头离底了，钩坠也要下到鱼儿正好抬头的地方。这后者更好理解，"贴底浮"就是贴着水底钓浮，钩坠不要下到底，距水底 6～10 厘米的高度，这只是说明距水底不高的一种"书面读数"，其实就是将钩坠稍微离开一点水底即可。

不少钓友都有这样的体会，在钓鲫时，如果水温合适，鱼儿又多，钓手又不停地下钩，钓点上会形成一个窝子，鲫鱼越聚越多，它们竞争食物，会逐渐离开水底向上接食。于是钓友们也将钩坠上移，采用钓浮的方法，这时上鱼的速度会更快。

还有一些养殖鲫鱼的池塘，经常抛饵喂食，鲫鱼也会上浮到水面来接食。久而久之它们已养成习惯，只要听到有往水中投饵的声音，就会上浮觅食。所以有人就说"扔把沙子，养鱼塘的鱼都会浮起来"。有的钓友正是利用了鱼儿听水声能上浮的习惯，就有意用饵料或用沙子砸水出声，诱使鱼儿上浮，鱼儿上当，渔人得手。

咬钩抬头

有人形容鲫鱼是"蹶着尾巴游，咬钩就抬头"，这句话的由来是因为使用传统钓技钓鲫时，它咬钩的漂态是"托漂"，也有人称送漂，就是浮漂向上升。鲫鱼本来是贴着水底游，咬钩后它就抬头，反应漂子上的信号是浮漂上升。它这个习惯，不论水的深浅、凉热，也不论鱼的大小，只要咬钩，就是这种情况，漂态非常稳定。

如果是用悬坠，配细长脑线，其漂态则完全相反，会出现"黑漂"，就是向下沉。为什么会出现这种情况呢？这是因使用很细的长脑线，在鲫鱼咬钩抬头时，由于脑线过细，没有向上顶的力量，当鱼儿叼着饵上抬细脑线就会拐着弯向上抬，使钓线形成一个钩子样，在脑线的这个"钩底"上，存在着水向下的压力，抬竿的速度愈快，这种压力愈大，所以用悬坠的方法钓鲫也会出现黑漂。

钓鲫钓具

由于现在的鲫鱼大小不均，小的每尾不足 10 克，最大者每尾重量在 5 千克左右，不论大小鲫鱼都受人喜爱。可是在垂钓方法及选用钓具——包括竿、线、钩、漂、坠这五大件都有较大区别，不可混用。

为了便于分别使用钓具，在这里姑且将鲫鱼的大小分三个档次，最小鲫鱼每尾仅 20 克；中型鲫每尾 250 克左右；大型鲫每尾 500 克以上。从鲫鱼的重量上看，如果想用一种钓具通钓这三种鱼，当然是行不通，所以必须选用相适应的钓具。另外又因垂钓的目的不同，在钓具的选择上亦有差别，这里既有如何正确发挥钓具

的功能，也还有钓手对垂钓的理解不同，在钓具的使用上会有明显差别。就这些问题在此谈一些最普通的钓鲫钓具的配置方法。

钓最小鲫鱼的钓具

钓这种小鲫鱼有来自多方面的要求，钓鲫竞技比赛，比的就是速度，看谁上的尾数最多。别看鱼小，对钓技要求甚高。首先是对钓具的要求是"轻、细、灵"。

轻：使用的手竿更应从轻，因为钓鲫时抛、扬竿的频率很高，一次2～4小时的比赛，抛扬竿可能达到几百次，钓手疲劳可想而知。所以一般选用3.6～4.5米的长节碳纤竿，甚至根据钓场情况还可选用2.7米长的短竿，竿短必轻，更加轻巧灵便。

细：就是钓线鱼钩都应从细，钓这等大小的鲫鱼，用线越细越好，线细如发丝，优质的高档线，仍具较高拉力。鱼钩也应从小，钩要小钩条要细，小钩能随着鱼儿的吸食随水流进入鱼口，选用无倒刺钩，有些钓友认为无倒刺钩爱跑鱼，使用时总有一种不踏实的感觉。其实用无倒刺钩在上鱼遛鱼时只要钓线不松塌，鱼儿是脱不了钩的。无倒刺摘钩快，尤其是钓小鱼，摘钩非常方便，用它还可演变出多种快速摘钩方法。无倒刺钩挂上衣物或钩着人，退钩极方便。

灵：除了由细线小钩带来的灵敏之外，还要有一支反应灵敏的漂。另一获得灵敏的途径是漂坠的配匹要恰当。

但是在实际垂钓时，仅有灵敏是不够的，在水温气压正常、水中含氧充足的条件下，鱼儿游动迅速，窜来窜去在钩饵边形成道道水流，调得特别灵敏的漂子，这时会受到水流的影响，出现漂动，提竿肯定无鱼。有时遇有风浪，过于灵敏的漂，也会受到影响，甚至漂子还会随波逐流。遇到以上这些情况，迟钝一点儿的漂子就特别适宜，所以在垂钓时一定要根据实际情况，选择相应的钓具和采用恰当的钓技。

另外，"灵敏"与别的一些问题也有关联，如"结实"与"灵敏"有时就是一对矛盾，结实往往又是迟钝的代名词，线粗了钩大了，获得了较大的钓力，当然这也意味着迟钝。不过现在有许多优质的钩、线，这对矛盾易于解决，只不过多花点钱。还有"灵敏"与钓手的身体状况也有关系，细尖风漂反应倒是很灵敏，可钓手眼力不济，空有好漂，有时眼看得见，但手却跟不上，也是枉然。所以在追求灵敏时还要考虑许多其他因素。

钓单尾重 250 克左右的鲫鱼

对竞技钓手来说，钓这个档次鲫鱼最难办，这鱼大不算大，小不算小，用钓大钓小的钓具都是两头够不着，所以就出现了"好手难钓 4 两鱼（200 克）"，难在对钓具的选择上。有的休闲钓友选用"中"性钓具，想大小通钓，作为业余钓手怎么玩都可以，只要高兴就行，如若作为参赛的竞技钓手，就不能凑合了事，钓大钓小一定要选配最合适的钓具。通常来说钓大鱼讲究结实，钓小鱼要求灵敏。在解决"结实"与"灵敏"这对矛盾的方法上有多种不同理解和做法，有的偏重于用稍微粗大一点的钩线，想用减少断钩折线的时间，换取等鱼上鱼的时间；还有的因钩线结实了，就采用"飞鱼入护"的手段，以求缩短上鱼的时间，这个程式就是这样，用结实的钓具换取时间，用时间换取效果。也有这样的钓友，他们不愿摒弃"灵敏"，继续使用小钩细线去钓这种大小的鱼，他们在操作上特别小心与鱼周旋。还会见到一种别人难以理解的动作：钓这等小鱼竟动用抄网抄鱼。其实这种 250 克左右的鱼同草鲤相比，的确显得太小，但是与钓手的细如发丝的钓线相比，那就好比用草绳拴一头牛，那就是小钩细线钓这种的鱼，动用抄网抄鱼，正合时宜。

钓 500 克重的大鲫鱼

钓这种大鲫鱼，在钓具的选择上可能会偏重结实，可是作为竞技钓手，他永远不会放弃灵敏，不论在钓具的选择上和操作技法等方面，只有看谁先于对手发现鱼讯才有获胜的可能。

按鱼的大小分别使用不同的钓具，在一定程度上讲，这和教科

书一般的正确。可是另有一些有经验的钓友，他们除了遵循"量鱼施钓"的原则外，他们最有成就之处就是垂钓时还要参考天时地利及钓场鱼儿的具体情况来选用钓具，例如刮风下雨湿闷天、春秋水凉等具体情况来改变钓具使用的方法，这是他们致胜的重要原因。

钓鲫饵料

鲫鱼食性很杂，各种粮食类的食物及蚯蚓、线虫等活食，它都爱吃。香、甜、腥、酸、臭各味都喜爱。鲫鱼的食谱虽然很广，但它在不同季节、不同水质及各个不同的生长阶段，对食物还是有很强的选择性。这就给钓友留下不尽的选择，靠发挥自己的聪明才智，去寻找对口味的饵料。

商品钓鲫饵

商品饵最早在内地兴起是外来饵，这些外来钓鲫饵有两个很显著的特点，价高、质优，在20年前每袋钓饵几元至几十元，这在当时也是令人乍舌。但它的效果非常好，就是在混养池中使用，钓上的依然是鲫鱼居多。因此它的优质冲淡了它的高价，人们心平气和地接受了这些钓饵。之后，境外的、国内的各式各样的钓饵，如潮水一般涌向市场，在这里找不出一句恰当的词来形容当时钓饵发展的情况，就以"爆炸"来形容其来势之突然。没有几年工夫，全国各大小渔具店摆满了各式各样的钓饵，在当时最多的还是钓鲫饵，这给钓鱼爱好者带来了极大的方便。

鲫鱼商品饵，就其基本原料来说，与钓其他鱼的钓饵原料，亦无更大差别，也是以粮食产品为基本原料，同时也加入动物蛋白类物质，也加入维生素、酵母等。它有别于钓其他鱼钓饵的地方，就是添加了鲫鱼最喜爱味道的添加剂，如有各式浓香型、淡香型饵料，还有蛋奶香、麝香型等，这是针对鲫鱼投其所好。现在钓鲫商品饵分得很细,大概有以下一些区分。

有的钓鲫饵以某种颜色命名,如红鲫、金鲫、白鲫及蓝鲫等,但称之为某种颜色的钓鲫饵,并非调制出的钓饵就是什么颜色,也不是专钓某种颜色的鲫鱼,只是一种钓鲫品牌的钓饵。

有按香型区分的钓鲫饵,如麝香型、蛋奶香型、甜腥型及麸香型等。

还有一种不加任何味道的素饵,这种纯素饵的用途很广,可单独使用,在普遍使用香饵的地方,突然出现一份素饵,有可能起到出奇制胜的作用。素饵的另一用途,就是能和任何一种香型相匹配,变成该香型的伴侣饵,而且还是一款不走味的原配香饵。

钓鲫饵还有按装钩方式区分的,有搓饵、拉饵、粘饵和蘸饵等。

还有另一大类就是钓鲫颗粒,有膨化和非膨化两种。既有不同颜色的,如白、红、青等;也有不同香型的,如蛋奶香、麝香、浓香及淡香等。每个颗粒都已套上皮筋,多以小袋包装,非常方便。使用这种钓鲫颗粒,它的优点和不足都很突出,适宜钓较大的鲫鱼,方便省事,可以提动钓线,施行"逗钓"。在气压低水温低的时候,逗钓是非常好的手段。用颗粒不怕闹小鱼,硬颗粒小鱼啃不动,可能招来大鲫鱼及别的什么鱼。用颗粒和用软饵相比,上鱼慢,这是不争的事实。用颗粒大家称之为"抠门钓饵",因为不用勤换饵料,一粒饵料用很长时间,甚至连上几条鱼都不用换食,倒是真省事。但其不足也正是留不下饵渣,使钓点不能形成窝子,起不到诱鱼的作用,当然,如果是做游钓、逗钓,或在小杂鱼多的地方,用颗粒是一种不错的选择。

使用商品钓饵钓鲫,这是最有讲究的,下面的一些方法,可供参考。

水质清亮的地方,应选用味道清淡的钓饵,如山塘水库这样一些自然水域,不少钓友说在这些地方窝窝头比香食好。这就说明在清亮的水中垂钓,宜用无味饵或淡香型的钓饵。反之,如果在水质偏肥的地方,肥水往往偏酸,用味道较浓的饵料。可用"清对淡,肥对浓"这么一句简缩的语言来概括用饵之谋略。什么事都有"反串"的,有的钓友他们采用的反用法,即"清对浓,肥对淡"。不

管怎么说，一切要从实际出发，根据水的质量，灵活使用钓饵，不拘泥于一法，这样就将钓饵用活了。

商品钓鲫饵，既可单独使用某一种，又可以多种搭配。单独使用的最大优点是香型味道不杂不串。如果这种钓饵与当时的水质及其他外部条件相吻合，将会显示它独到的本领。通常也是使用一种钓饵最为稳妥，不会产生乱窝串窝等不利情况。当然，如果感到自己所选用的某种饵料总的方面是对路的，只是缺少某一种味道，适时地加入一些，那也是非常合理的，如虾粉味，既是鲫鱼喜欢的味道，又不会与主料顶牛。这里所说只是一个例证，加什么一定要从当时的具体情况去调理钓饵。

用几种钓鲫饵混合使用，这也是众钓友当前广泛采用的一种手段。为什么要进行这种掺兑，这是因为钓手在垂钓时根据当时鱼情水情的具体情况，将所使用的钓饵进行新味道新的组合，更强化钓饵的作用。能及时将钓饵进行新的组合或调整者，大都是一些经验丰富的老钓手，首先他们对鱼、对水都有较好的认识，对钓饵的组合也有一定经验，一些初涉钓事者，很不易做出合理的调配。

自制钓鲫饵

如果将各种钓鲫饵一款款列出来，恐怕一百条也写不完。这说明两个问题，一是鲫鱼食性杂，二是钓鲫鱼的饵料多。除前面说过的商品钓鲫饵以外，还有更多的休闲垂钓者，他们乐意自己制作钓饵，也从制作的过程中享受垂钓之乐。这一部分钓友他们各有各的经验体会，制出的钓饵更是五花八门，概括地说，有以下几类。

第一类是以粮食类为原料的钓鲫饵，用我们古称的"稻、粱、菽（豆类总称）、麦、黍（包括黄米、玉米等）、稷（谷黍总称），还有各种薯类，这些食物还包括加工后的副产品如谷壳糠麸等，经调制，都是鲫鱼喜爱的食物。还有的钓友直接用米饭粒、窝窝头、熟面条等当钓饵，人、鱼共享，休闲情趣更浓。

第二类统称"活食"的昆爬虫，它们只是这些动物中的微小一簇，如蚯蚓、红虫、蛆虫、苍蝇等。

第三类称之为不是钓饵的钓饵，就是花骨朵和塑料球等，都可用作钓饵，而且还是不错的钓鲫饵。如有一种观赏植物叫"珍珠梅"，花朵小，很像梅花，夏日开花，一片洁白。它在开放前花骨朵极小，其直径在2～3毫米，圆溜溜地很像一颗颗小珍珠，也可能因此得名。将它装在钩尖上是一款清洁卫生的钓鲫饵。还有一种更新鲜的鲫鱼钓饵——塑料小球，很多是用发泡塑料制作出的包装材料，它是由一粒粒小球组成，由于材料不同，其大小也不同，每粒直径在3～4毫米。使用前将它们一颗颗掰下来，用曲酒或其他香液浸泡一下，即可装钩钓鲫。此饵有一些独有的特点，由于它有漂浮力，装在钩尖下到水底后，不会死沉于泥底，用传统的方法钩子着底后，钩尖会朝上，这是其他钓饵不具备的功能。此饵还有一特点，不爱招小杂鱼。还有一种包装水果的软塑料网袋，由一根根面条粗细的网线组成，有红、白等几种颜色。将它们剪成一条条像蚯蚓似软塑条，沾曲酒或其他香液，其功能与塑料珠无异。

属于这些不是钓饵的钓饵中有一种叫"拟饵"，有的称假饵，专用于钓鲫的"毛钩"，在小钩的柄部绑上不吸水且有支撑力的羽毛、毛线，甚至头发，像一只小虫。这是钓白鲦最好的钓饵，也可用于钓鲫。

这些不是钓饵的钓饵，在我们生活中会遇到许多，只要钓友们动脑子又敢于动手去制作，还可能创造出更多更好的钓饵，当然，也会得到一份好心情，一份成就感。

鲫鱼喜爱的味道

鲫鱼喜爱的味道主要是香、甜，但对腥、酸、臭也很感兴趣。现在商店出售的钓鲫饵，基本上是以香甜为主，有少数几款不带任何味道的素饵。据说买这种素饵的人还不少，这是因为有不少水质清亮的自然水域中的鲫鱼对这些素饵很喜欢，有欣赏的自然就有采购的。另一部分人购买素饵是作基本原料，而后添加其他增味品，使之成为其他鱼的钓饵。

在钓鲫饵中添加甜味物质者有之，比较讲究的人爱用蜂蜜和红糖，前者有花香味，后者有甘蔗香。

关于添加酸味的问题，鲫鱼嗜酸这是事实，我们在用酸臭饵钓链鳙时，经常钓到鲫鱼，只是它们在那个时候来咬钩，并不受钓友的欢迎，将它当破坏情绪者看待。但是主钓鲫鱼时，很少有人往钓饵中添加酸味辅料。在这里我作个提议：如果在偏酸的水体中钓鲫，用香甜饵效果不好的情况下，不妨加些发酵的酸味饵试试，说不定会取得意想不到的效果。

鲫鱼嗜臭。我先讲个故事，多年前，我和钓友们一道去钓鱼，我钓胖头（鳙），另一人钓鲫鱼。半日之后，钓鲫的朋友过来说，鲫鱼一口也不咬，向我讨要钓鲫饵。可我当时并未带钓鲫饵，我想平时用酸臭饵钓链鳙时经常钓到鲫鱼，何不用臭饵试试钓鲫。我叫他将调好的钓鲫饵拿过来，将带去的"阿魏"水（将阿魏片放入用软木塞盖严的小玻璃瓶内，加水泡成乳白色浓液，有烂葱臭味）滴了几滴在里面，叫他拿去试试。一小时后他兴冲冲地跑过来说：真神，你用的什么水，一个小时不停地上鱼，有时一对对上。我当时分析，我们钓的这个地方水太肥，水体偏酸，用一般香甜饵调不起鲫鱼胃口，加上阿魏后，出现这种特殊的味道，鲫鱼敏感，过来夺食。之后，这位钓友多次向我索要阿魏水（当时药店无货）。他说在肥水中使用效果的确好。加上我以前钓鳙时经常约上鲫鱼，由此判断，在外部条件合适的情况下，鲫鱼真的嗜臭。当然，在这里我并不是主张钓友们用臭饵去钓鲫鱼，只是希望钓友多了解一些鲫鱼的习性，对以后钓鲫可能会有些帮助。

鲫鱼也爱虾腥味。虾粉，带鱼腥味，但更有一股特殊的虾香，这是鲫鱼和其它一些鱼喜欢的味道。现在商店里出售的南极虾粉，味道纯正，只是价格贵一些。市场上还有多种低价的鱼、虾粉，虾味小，鱼腥重，对钓鲫鱼效果稍差，钓罗非甚好。有些池塘养的鱼喂惯了腥味的颗料，在这些地方垂钓，加一些腥味鱼粉，对钓鲤、鲫效果还是不错的。

即使是优质的南极虾粉，在钓鲫时也不是加得愈多愈好，应根据当时不同的水温、水质（肥瘦）适量增减，重在按实情调饵。

香　饵

当你走进任何一家渔具店的时候，总会有一股香气扑面而来，香香的甜甜的，仿佛走进了面包坊，这就是各式各样的钓饵及钓鱼香精所散发出的香气。在 20 年前，有个别人会使用食品添加的香料，如香兰素、香蕉、柠檬香精等加到钓饵中，会成为一种"秘密武器"，在大家不上鱼的时候，只见有人从口袋中取出一个小小的瓶子，滴上几滴什么液体，他果真上鱼了，群众哗然，神了！大家想了解点什么，当然这是秘密，秘而不宣，其实就是往饵料中滴入了几滴香精。如果放在今天，那真是小巫见大巫。现在的渔具店里，专用于钓鱼的香料可能就有近百种，有各式各样的香型，既有专用钓哪种鱼的，也有什么鱼都喜欢的广普型的，还有一些带特殊气味的，如蒜粉、阿魏液等。钓饵中也是香气四溢，现在可以说"无香不成饵"。这些香料的效果，在选择和使用对路的情况下，是非常不错的。

香气的确是一种好东西，我们人类也在广泛使用，用它来调剂精神、增强食欲、治疗疾病等，可以说我们生活在充满香气的世界中。

动物——人类的这些不会说话的朋友，它们中也有不少嗜香者，我们这些钓翁的游戏对象——鱼，它们对"香"就十分喜爱。我国古代的钓者，就曾提出"香其饵"，以"桂"为饵，准确地指出以香诱鱼的方法。

在这里，还应明白地回答另一个问题，就是鱼能嗅到香味吗？回答应该是肯定的。鱼的感觉是由视、听、嗅、触等感觉器官组成，十分灵敏。鱼能在水中找到食物，是由各种感觉器官相互作用的结果。

鱼的嗅觉功能，是相当发达的，如海中的鲨鱼，对血腥味就十分敏感，在很远的地方，就能循味前来。淡水鱼中的黄颡、鳙鱼等肉食性的鱼，以及甲鱼（不是鱼类）等，它们对血腥味也很敏感。还有鲢、鳙对酸味特别敏感，用酸饵打窝子，鲢鱼一般在 15～20 分钟就能进窝摄食。国外有人做过实验，主要靠嗅觉摄取食物的可钓的淡水鱼中，有颡、鲇鱼和鳊鱼等。鲤、鲫、青、草鱼等在摄食时，嗅觉也起重要作用。

综上所述，有两点是可以肯定的：一是鱼的嗅觉灵敏；二是鱼对香味十分敏感。因此钓手们选择了香味物质诱鱼。

香气的来源，大致有三类：一是天然香料，据说可供提取香料的植物就有三千多种；第二类是化工合成香料；第三类为调合香料，它是由天然和化工的香料调合而成。以上各种香料已有不少为钓友用于钓饵。

从植物中提取香料，现在有最先进的工艺，但这过程非常复杂，价格昂贵，如大家熟知的玫瑰香精，据说如要提炼 1 千克，就需用 5000 千克花瓣，它的价格是黄金的 2.5 倍。既称为"精"，其质量自不待言，对于我们这些钓翁来说，不必用其精，只要价格适度，提取方法简便，即使香的纯度不高，作为钓饵的添加剂，完全可用。就以使用玫瑰的香气来说，我们曾用过最简单的办法——将花瓣直接搓到钓饵中，同样可起到增添香气的作用。

自然界的香源，有的还来自动物，如龙涎香、灵貓香、麝香等，这后者我们钓友接触最多，如渔具店柜台上带麝香味的钓诱饵比比皆是。

在这里介绍一些香料的选择制作和使用方法。

用带芳香味的中草药入饵，这类植物数量很多，如钓友们常用的有山奈、丁香、香茅、香薷、木香、肉桂、花椒等，使用这些香料，大多以钓鲤鲫为主。

从这些香料中提取香味的方法有磨、泡、煮三种。

磨：就是将香料碾磨成粉，将香粉掺于钓饵中使用。此法制作麻烦，但使用方便，不过刚开始使用时，极易过量。

泡：一般都是用曲酒浸泡，药香酒香其味更醇厚。通常泡制的三香酒，即用山奈、丁香和香草合泡（也有用其他香料组合），如用 500 克曲酒——不必用价高的优等酒，有曲香的就可以。将这三种香料各放少许，万不可一瓶酒泡半瓶药，否则泡出的酒苦涩难尝。也可单用一种原料浸泡，如泡成山奈酒、丁香酒效果也不错。不可将许多种香料泡于一瓶之中，变成十三香，谁都不领情。

泡香酒一般三五日就可使用，泡的时间长或药物放得多，其味愈浓，使用时就要少放。

煮：将香料加水用锅熬成香汤，此法主要用于调制钓诱饵用量大时使用，一般一次熬2千克，原料可用花椒、大料和桂皮，也可熬成丁香山奈汤等。这种汤的特点是味香而不浓，用量容易掌握。

用生鲜带香味的植物，其中包括人类食用的一些蔬菜，都可直接掺入钓饵之中，例如紫苏，它干鲜均可做饵，取鲜紫苏叶搓碎，揉入饵中，使饵料带较浓的香味，可钓鲤草鱼。

生韭菜捣碎掺于饵中，可钓鲤草鱼。

生蒜，有特殊蒜香，近年来不少钓友用它来钓鲤鲢鲫，效果不错。使用的方法是，将生蒜剥去外皮，砸碎，最好是用"蒜捣子"将蒜捣成蒜茸，蒜汁全部渗去，比切碎的味道浓得多。

鲜玫瑰也可掺入钓饵中使用，玫瑰香味醇和，取花瓣搓碎入饵，钓鲤鲫效果不错。

还有鲜桂花、茉莉等，均可将鲜花瓣揉入钓饵中增添香味。

也有些钓友他们使用食用香精，通常选用的有香草、玫瑰等香型，在用量和香型对路时，有较好的效果。

用香料作钓诱饵，有些事项应予以注意，如所使用的香料首先应该是无毒的，不应对环境、对水资源造成污染，更不可对人、畜造成毒害。

使用香味物质钓、诱鱼，绝不是不分环境，不计客观条件，一律施之以浓香。我们不妨以山奈或丁香泡的曲酒为例，用量适中时，香味醇和，诱鱼效果好；如果用量过大——包括泡制时用药多和使用时用量大，其钓诱饵就会苦涩难尝。每种香料都有其最佳用量标准，这要求钓手在使用中不断研究总结，掌握在不同环境条件下的最佳用量标准。

使用香饵，和当时的气压、水温、水的酸碱度及水的肥瘦等外部条件有十分密切的关系。一般来说，天气炎热水温高时，用饵以

清淡为好。可我们在垂钓的实践中，也经常遇到虽然水温较高，但仍需使用浓味钓饵。这就是说，客观条件的不同，用饵也应有新变化，必须随时调整钓诱饵的味道，以适应世间外部客观条件的变化。

三款异样钓鲫饵

红 虫

红虫是摇蚊的幼虫，据说在我国有500余种，北京地区常见的红虫就有大小数种。大红虫中有一种体长2~3厘米，身体粗壮硬朗、头呈蓝黑色，这就是被当作钓饵的大红虫。渔友们都称它为公虫。另一种大红虫，体长亦有3厘米，但身体纤细瘦软，节较长，黑头，大家称母虫。虽说也可勉强装钩，但极不好使。还有一种小红虫，体长仅1厘米，主要用于喂观赏鱼，也可砸碎掺于面食中做钓饵。

红虫，可以说是冬钓的最佳钓饵，有渔谚说"春秋蚯蚓夏日面，冬钓唯独用红虫"，这唯独二字说明了红虫在冬钓中的重要作用。这里所指的冬钓，应包括入冬后的水面垂钓，结冰后的冰上垂钓，还应包括初春冰化后的水面垂钓。以北京地区为例，每年的10月下旬到第二年的"五一"前，均可使用红虫。因为在这段时间内，小鱼不甚活跃，钓友们大都以红虫为饵。"五一"之后呢，小鱼活跃起来，它们见到红虫之后，会大群大群地窜过来捣乱，只好弃而不用。

红虫的用法

用红虫作钓饵，有多种使用方法，在这里将几种主要的用法介绍如下。

（1）红线捆把：通常的做法是用红线捆扎成把。装钩前，先用软纸吸干红虫身上的水分,否则滑溜溜地不好抓。而后根据所钓鱼之大小,将红虫 5~8 条,长短比齐,拦腰横捆,要捆紧一些,以不勒破红虫为原则,并且还可用红线多绕几道,虫不易跑,小鱼也抽不出去。垂钓时钩就钩在线圈上,露钩尖亦无妨碍。

还有一种槽模红线捆扎的方法。取旧圆珠笔杆一支,以细杆为好。用小刀顺杆削去 1/3,使它成一个槽形,再用小锯条骑槽口锯进 1/3,就这样一个装红虫的工具制成了。操作时用一条红线夹于锯缝中,而后将红虫一条条平放槽内,并压在红线的当中,待红虫的数量合适后,即将线提起,拦腰将红虫捆紧即成。

此法与手工捆扎红虫的效果一样,只是多一个工具,捆扎方便许多。

还有"十字槽"捆扎法。取一 10 厘米长、1 厘米见方的小木棍(竹筷亦可),在上端用小锯锯一深 2 厘米的十字口,下找一木块做底座。拴红虫时,先用一条红线卡在槽内,而后在另一槽内夹入红虫。与前法相似,只是工具不同。

(2) 气门芯圈套红虫:借用气门芯套颗粒的方法套红虫。也是将气门芯的小胶皮管剪成 0.1 厘米宽的小圈,将它预先套在铜笔帽上,而后将红虫数条理齐,塞一半于笔帽口上,将气门芯圈自笔帽口上捋下来,正好拦腰箍在红虫上即可,垂钓时将钩钩在气门芯上即可。

(3) 散装:就是不将红虫用任何方式捆扎,而是将它散装在钩上。这也有两种方法。一种是先横装三条于钩上,再顺钩尖竖穿一条,钩尖刺入一半,留半截耷拉于钩外,它仍能蠕动。这种装法叫"三横一竖"装钩法。

还有一种散装法叫"散挂",就是一手提着带钩的脑线,一手拿着整包红虫。将钩子在红虫堆连拖几次,钩着谁算谁。此法的优点是省事,不足的是虫在钩上七长八短,鱼有可能仅将长出的虫子叼走,而未能中钩。

(4) 红虫酱:可用小红虫捣碎成泥。具体操作方法是将小红虫置于干净的水泥地上或石片上,另用石片磨碾,使之成为红虫酱。将它掺于面食中,使面饵变红,其中仍有不少残肢。这在初春时节垂钓效果甚好。此法只是在制作和使用时，有不惯者会有恶心感。

（5）红虫沾香液：将捆好的红虫把，装在钩上之后，在山奈酒、丁香酒或其味道浓烈的香甜液中沾一下，再入水垂钓。此饵不仅有红虫鲜红的色，更有诱鱼香味。可谓色香俱全，效果甚好。作者曾用此饵参加冬春钓赛，均获得较好成绩。

如何收藏红虫

红虫怕热不怕冷，临时收藏，就用塑料袋装着红虫，置于冰箱的低温格中，可保存十天半月。如要保存更长的时间，可将红虫放入注水的小盆内，放在冰箱的低温格中，或置于冬天的室外，不令其冻冰，每日换水，将变黑的死虫挑出去，这样可保存多日。

猴顶珠

猴顶珠是最老的叫法，它是一种非常独特的装钩方法。用小号钩，先在钩上装蚯蚓，选小的红蚯蚓，将钩条穿满，露出钩尖，再在钩尖上装一粒如胡椒大小的玉米面软饵。此种装钩的意图是，蚯蚓既能钓鱼，又可起诱鱼作用，遇上大鱼咬蚯蚓时，将整个钩子吸入嘴中，所以它可以钓大鱼；如果遇上小鲫鱼吃钩尖上的软面饵时，也能将小鱼钓上来。所以这是一种钓大小鱼两宜的装钩方法。

现在这种装钩方法，从名称到内容，都有较大变化，如原来叫"猴顶珠"，是因为蚯蚓装在钩上，随钩条弯曲，宛若一只蹲着的小猴，再者钩尖上装一粒小面球，恰似一粒珠子顶在猴头上，因此得名为猴顶珠。

现在不少钓友称其为"龙顶珠"，在我国民间将蛇称作"小龙"，长长的蚯蚓似蛇称龙，非常贴切。在我国古老的神话中，又有龙戏珠之说，所以改称"龙顶珠"，名称古色古香，将它移植到钓鱼技艺之中，给我国传统的渔文化增添风韵。

使用的原料也在发生变化，原来使用的玉米面球，现在不少钓友改用泡沫塑料的小球：发泡塑料由一个个小珠组成，这些小球又能一个个地掰下来，将这些小粒塑料球，或用曲酒浸泡，或喷洒一些其他香料，这是一种时尚钓饵，钓鲫鱼的效果不错，既可与蚯蚓混合用，也可单用它装钩钓鲫鱼。这种泡沫塑料，乃废弃之物，俯拾即得，用它做钓饵，变废为饵，大可提倡。

现在还有人用"珍珠梅"的花骨朵代替面球。珍珠梅为一种观赏植物，夏季开小白花，花苞开放前为一粒粒比胡椒还小的小圆豆，有淡淡清香，有些钓友用它钓鲫鱼，效果也不错，将它与蚯蚓配合用，取代面球。

用珍珠梅花骨朵做钓饵，虽有一定钓效，但如果摘取城市中人工种植的珍珠梅做钓饵，有损花木，甚是不妥。

盒　饭

这是近年新兴起的一种海竿垂钓的装钩方法。由于它的形式很像人们使用的饭盒，所以大家叫它"盒饭"。

具体的组装方法是，取一直径约5厘米、边高2厘米左右的小圆盒，或用截去上口的塑料瓶，在它的底部加一片稍重的坠，大小与盒底基本相同（如找不到合适的铁片，用铅坠也可）。在铁片与盒底的中央打孔，用一小螺栓连接固定。而后再在盒壁上打一稍大的主线穿孔。取一30厘米长、与主线粗细相等线作连接线，一端穿入盒内与脑线连接，一端留在盒外与主线连接。

另取用软脑线拴成小钩6~8枚。脑线长10厘米左右，将盒内的脑线与自外引入的主线连接在一起，使它形成一个大的线疙瘩，或用卡子连接均可，起一个挡头的作用，使主线能挡住盒子而脑线上鱼后又能直接牵动主线，保持一定的灵敏度。饭盒全部组装完毕，很像挂在钓线上的一只盒子。使用时，在盒内装入有一定黏度的软食，将盒子填满，而后将钩均匀地平摆在钓饵之上，稍为压紧，即可投入水中垂钓。鱼吃食咬钩，会牵动钓钱，在竿尖上会有反应，钓手即可提竿上鱼。

现在大家所使用的饭盒，有两种不同的组装方法，最早的一种是小盒的盒壁上四周打6~8个小孔，脑线由内向外穿出，拴钩后脑线留6~8厘米长，小盒填上钓饵后，将钩插入饵盒中，平躺或

钩尖朝上均可。这种组装的方法要使脑线通过盒壁,鱼咬钩后牵动脑线,还要经盒壁小孔再传到主线上。这就使脑线的动向增加了不必要的程序,盒边上的小孔还可能对脑线起阻滞作用,降低了它的灵敏度。

第二种装置就是脑线不经盒壁,直接与主线相通,鱼咬钩后其灵敏度大大提高。

这种钓具有许多优点。如装钩换食方便,特别节省钓饵,它最突出的优点,还是由于钓饵被盒托着,即使水底有杂草淤泥,钓饵也不会散落造成钩饵分离;饵料也不会被淤泥覆盖。又由于盒下有坠,抛投后盒口始终向上,所以上鱼效果很不错,现已被许多钓友采用。

所谓跟着钓饵走的"窝子",其实盒饭就是诱饵、钓饵合二为一的具体做法。

对商品饵的认识

商品饵,这在 30 年前对众钓友来说,可能还是个"陌生词"。30 年后的今天,成了钓友们离不开的必备品。这商品饵最初是从钓鲫饵开始,之后普及到各种淡水鱼都有它们的专用钓饵。所以钓友们了解并掌握一些商品饵的调制和使用方法大有必要,将有助于提高钓获量和增加钓趣。

商品饵的特点

现代人垂钓,不论是休闲钓或竞技钓,大多数人都是使用袋装商品饵。那么人们为什么喜用它呢?这是因为它的优点非常突出,主要有以下几个方面:

● 携带调制方便;
● 清洁卫生无污染;

● 效果好；

● 钓饵和添加剂种类齐全。

现在出售的商品钓饵，首先突出地表现携带方便、调制简单。例如在30年前，有人要去钓鱼，就得早做准备，从采购到调制，还要蒸煮炒等，制作特别麻烦，费时费事。而现在使用商品钓饵，这一切均可免去，出钓前到渔具商店转个圈，一切都有了。到水边就着钓场的水，现调现用，方便自不待说，更有用原塘原水调出的钓饵，更适合鱼儿的口味。

第二关于钓饵的清洁无污染问题。应该说袋装商品饵料，绝大多数是清洁无污染的，前些年有位外商在作钓饵的推销工作中，曾当众吞食钓饵，以示其无毒无害。

当然，袋装商品钓饵，对我们这些钓鱼人来说，关心的总是它的功效，能不能钓上鱼来，这是硬指标。在这里建议众多钓友关心另一个问题，就是钓饵的安全无毒，这也是当前最受关注的事。近30年来，我们都在使用商品钓饵，绝大多数是无毒无害的，可以放心使用。可也有极少数品种，对有皮肤过敏的人会有些麻烦，在调制、使用这些钓饵时可能对皮肤（主要是手背及手指间）有刺激，使手发痒发红，甚至起水泡。如果出现这样的情况，使用者就要注意，使手尽量少接触钓饵，或者改用其他品牌的钓饵。

关于商品饵的效果问题，总的来说是非常之好，有两个最突出的特点：一是品种齐全，想钓什么鱼就有什么样的钓饵，而且同一种鱼的钓饵品牌很多，有足够的选择余地。二是各种辅料（添加剂）更是非常之多，香、甜、酸、辣（蒜粉）一应俱全，什么味都能调出来。

但是也应看到，钓饵的好坏——不应说"坏"，最好是用"不对路"为宜，这是因为钓饵受外部条件的影响，用对了，真叫好；使用不当时无鱼问饵。那么钓饵究竟有没有一个好的标准？

如果简单回答这个问题并不难，就是说某种钓饵有针对性较强的配方，选用优质原料，并且还有优良的制作工艺，钓手如果按照制造者所试验的条件进行垂钓，比较有把握地能钓上鱼来。对这样的钓饵就可以称为好钓饵。

但是钓饵是种特有意思的商品,它的质量和使用效果往往不是一回事,例如即使是按前边提到的条件所生产出的好钓饵,使用时如果离开了研制时的特定条件,这样的好钓饵可能难有作为。有人说"三分钓,七分饵",这种说法如果是泛指钓饵的重要,我想是可以的,但是如果将钓上鱼的功劳大部分都归到钓饵上,那有失公允。垂钓时如果离开了钓饵以外的这个"三",那么它这个"七"可能成为"零"。因为要将鱼钓上来,是一种综合技能,靠多方面的知识技术,如对钓具的使用,对当时鱼情水情的准确判断,采用正确的垂钓方法,如钓远钓近、钓底钓浮、饵的软硬大小等,这些看似小事,其实都是影响上鱼的重要因素。下面就这个问题作一个详细探讨。

许多动物(当然也包括人在内)饿了就要进食,饿急了还会饥不择食,只要能填饱肚子什么都能吃,而且还不论外部的客观条件如何,只有进食,才能解除饥饿,才能生存下去。而鱼就不是这样,它进食和外部的客观条件有密切关系,例如水温过高过低,水中含氧足不足等,和一些别的因素,都影响它们进食。如果条件不对,即使饿着肚子,也不张嘴。

鱼有一个习惯,没有吃惯的东西,或不对口味的食物,也不爱吃。当然,它们这些挑食的习惯,经过训练可以改变,例如草鱼本来喜欢吃草,可许多养殖场只喂单一的颗粒饲料,所以这些地方的草鱼大都不爱吃草,但是经过几天不投颗粒,只投青草,草鱼又会恢复吃草的习惯。

我们在垂钓时还发现一个特有意思的现象,同是一种鱼,由于地点不同或喂养的方法不同,它们的食性也有区别,如有的地方鲤鱼喜食酸臭,有的鲤鱼偏爱香甜,有些鲤鱼只吃不带任何味道的玉米面钓饵。所以说不仅是鱼的品种不同食性有别,就是同一种鱼,换个地点口味也不一样。

鉴于以上种种情况,所以某些认为是最好的钓饵,就有不上鱼的时候。在钓友中还有一种很求实的说法,就是"能钓上鱼来的都是好饵"。由此又引出了另一种说法:什么饵都能钓上鱼来,但是要使用得当。这"得当"二字指钓饵以外(甚至钓饵也包括在内)

的各种条件。这种见解强调钓饵的针对性，为大多数钓友所接受。

为了达到能钓上鱼来的目的，鱼饵生产厂家也在做多方实验，有的生产促鱼儿饥饿的促饿钓饵，有的生产增氧钓饵，还有些钓饵能刺激鱼的感官，使之增加食欲，进食上钩。这些钓饵在一定条件下会有作用，但它仍改变不了鱼儿摄食的习惯。只有适于外部客观条件，又顺乎鱼的口味，这样才能钓上鱼来。

好饵还要会调制。以粮食为主要原料的袋装钓饵，它的优点之一就是调制方便，出钓时无须事前为制作钓饵而忙碌，到达钓场取出饵料，用那里的水，原食原汤，随调随用。但是凡用粉状原料调制钓饵时，看似简单，其实大有讲究，要根据鱼情水情，调制出软硬不同的具有极强针对性的钓饵。仅是制作中的这些小小不同，上鱼的效果就大不一样，制作对路的频频上鱼，使用不当者可能钓不上鱼来。例如有些袋装钓饵，加水湿透，轻拌几下，即成为松散型的钓饵，它的特点是雾化性很好，入水后即开始掉渣，对鱼儿有极大诱惑力。在水不太深，又无小杂鱼捣乱的前提下，用这种钓饵效果特好。反之，如水太深，钩尚未到底，松散的钓饵已完全脱落。如水中小杂鱼多，钓饵在下落的途中或沉底后，会遭小鱼夺食，很快将钩上之饵拱散。

较软的钓饵，软似人的耳垂，它不起雾不掉渣，但由于它柔软，鱼吸进钓饵，鱼钩很容易透过软面团扎进鱼嘴，所以这种软食上鱼率也比较高。当然，此类软饵也怕小杂鱼捣乱。

粉状原料的钓饵，可以调成很硬的面团，在正常情况下许多钓友都不愿使用。因为它硬，将鱼钩紧紧地裹着，鱼咬饵团钩子透不出来，很快被鱼吐出来。但是硬面团也是功不可没，有一些特殊条件下，那是非它莫属。如在闹小杂鱼的地方，用硬饵最合适，面团硬小鱼咬不散招来一堆小鱼，这时会引起大鱼的注意，正好利用小鱼为大鱼作向导。在水流不太急的地方，也可使用硬饵。

商品饵的分类

袋装商品饵由于种类繁多，钓友们在"选"和"用"方面还有

些值得注意的地方，如果将这些问题弄明白了，将会使钓饵发挥更好的作用。

现在渔具店出售的饵料，大致可以分为三大类，钓饵、添加剂（酸甜香臭腥等各种带气味的粉液）、颗粒饲料。下面分别介绍。

钓饵

钓饵有多种分类方法。一种是按定向和广谱型分类。所谓定向钓饵就是钓某种鱼的专用饵，如钓鲫饵、钓鲤饵等。有的是在包装袋上先冠厂牌名，后注明钓什么鱼。有的则标明钓什么鱼，在包装袋上分别标明鲤、鲫及草等字样，使购者一目了然。

与定向钓饵相对应的另一类则属广谱型钓饵，大多在包装袋上注明能钓哪些鱼，有的还标出"通吃""绝杀"等字样。钓友在采购时从说明中也可辨别其作用。

钓饵中另一种分类则是以气味来区分，如分浓香、淡香，还有丁香、麝香、酵草等。也有不加任何添加剂的纯素饵，这是饵料中新兴一族，它们没有添加任何调味调色的配料，如土豆粉或片、红薯粉、玉米粉、小麦拉丝粉等，这其中又有普通和膨化之分。这类原味饵有两种用途，一是作为主料，添加什么配料就成为一款自制的独特钓饵，就好像在一张白纸上你写什么就是什么。这种素饵的另一用途是做钓饵松黏度的添加物，如加土豆粉（片），则显松散，加拉丝粉则增加黏度。这些素饵对会用者来说非常实用和方便。但钓友如果不了解其特性，很可能用不好，调出的钓饵会出现或黏或散，不随人意。

添加剂

如果将钓饵分为主料和辅料，添加剂就是辅料。有钓友将钓饵比作"饭"，无疑，这添加剂当然就算作"菜"，有饭有菜，何愁"客人"不来。

现在市场上的添加剂就其种类和数量来说，不亚于钓饵。多得使人眼花缭乱。添加剂有液、固两态，固体的又分粉状和颗粒。液态的为各种钓鱼专用香精，例如草莓、麝香、山柰等。还有钓友使用香蕉、柠檬等食用香精，效果都不错。粉状的添加剂亦有很多，如麝香米粉、虾粉、鱼粉、蚕蛹粉、红虫粉等。还有蛋奶粉以及人用的食用香料香兰素等。除此之外，还有些起特殊作用的如鱼儿开胃的、增氧的等。真是应有尽有，使钓友们有足够的挑选余地。

如果将添加剂按气味来区分，可以分为香、甜、酸、臭、腥等，它们各有各的爱好者。这些调味品有的可以单独用，有的则可混合用。添加剂中还有一款少为人知的增色剂，将钓饵染成各种颜色。

颗粒饲料

钓饵中还有另一大户就是颗粒饲料。它原为养殖者喂鱼用的饲料，后来钓友们发现它不仅是饲料，而且还是一种好钓饵，尤其是在养鱼塘垂钓，更显出它的优势。颗粒饲料是水产养殖专家们根据鱼儿生长需要配制而成，它是以玉米、豆类（包括豆饼）及薯类为基本原料，而后分别加入鱼虾粉、红虫粉及各种动物油脂、蛋白质、维生素、酵母等混合而成。钓饵的基本原料也是这些。不过在添加附属原料中大有差别。

饲料和钓饵虽然都是供鱼吃的。但它们的目的却完全不相同，饲料是为让鱼儿吃了长个，而钓饵则是将鱼儿诱过来，钓而擒之。正由于目的不同，配料就大有区别。饲料有成本核算问题，既要使鱼吃了长个，而成本又不能太高。如通常所说的1千克料长500克鱼。要是料钱高于鱼价，那么这家饲料厂的产品可能不好卖。我问过水产养殖专家，有没有办法使鱼儿长得快一些？他们说要鱼长快一些并不难，只是饲料的价格将大大提高，高价饲料喂出的鱼，身价必定也高，高价而无特点的鱼有谁会买？谁又会做这赔钱的买卖？价格这个杠杆在这里起着决定的作用。

而钓饵则完全不一样，只要能将鱼招过来，什么东西都可往里加，不必计成本，高进高出，钓友们只看效果，不会去计较成本。所以钓饵的价格比饲料贵出不少，钓友们也能接受，他们的计算方法不是饵和鱼的比价，而是钓饵带来的快乐，而快乐是无价可比的。

由于颗粒饲料与钓饵既有许多共同之处，又有许多不同之点，

钓友们巧妙地利用这两者的共同点进行组合，使之成为既经济又有效的钓饵。他们将颗粒当"饭"，将钓饵当"菜"，配制出一款款有效钓饵。例如以颗粒为主料，加入一些罗非钓饵（当然也可加入鱼粉或虾粉），以求得腥味，使之成为罗非钓饵。或将颗粒泡软加浓香钓饵（或加香甜添加剂），就可成为一款钓鲫饵，凡此种种，可以配制出多种套餐。

饵料的掺兑

各种商品钓饵，既可单独使用。还可相互掺和使用，利用各自在某方面的强处（如香甜腥等），进行强强组合，能产出最优质钓饵，现在许多有经验的钓手，大都会调制出更符合当时具体情况的更有效的钓饵。

下面将各种香饵（料）相互添加的情况列简式如下：

浓+浓，这种超级浓香只能在一些特殊的条件下使用，可能得到意外之喜。

浓+素，素就是不带气味的素饵，如玉米粉或颗粒饲料。

淡+素，成为清淡香饵。

淡+腥，能钓鲤、鲫。

浓+甜酸，能钓鲢。再加臭则可钓鳙。

微酸+素饵，可钓鲩。

腥+腥，可钓罗非。

以上仅简略地列出几项，不少钓友更有各式各样的掺兑方法。

关于钓饵的问题，的确特别复杂，除本身掺兑匹配要合理之外，它还受制于气候、水质和鱼情等外部的条件，任何一项外部条件的变化，都可能使钓饵失灵。有人说就钓技而言，可以出现许多高手，但在用饵方面很难出现一位专家。还有人说将钓饵的问题弄明白了，就能成为半个钓鱼专家。从以上这些说法中看，用好钓饵的确十分难。还有往钩上装饵的问题，那也是一个十分讲技巧的事。

钓饵及各种添加剂的组合，应体现强强组合，不可杂，不可相左，要彰显各自的优点。不可主观设定一些组合方式，经常出现的偏差以下的几种情况就常见到：

一是认为钓饵的气味越浓越好。

二是香型不统一，不分香型，什么都往一起掺。我们设想一下，一盆菜酸辣咸甜臭，什么味都有，这菜还能吃吗？鱼也一样，在一个窝子里什么都下，变成"十三香"，除了招小鱼外，其他正经鱼可能都呛跑了。所以在使用各种添加剂时，应对所钓的鱼有一个初步认识，它们喜欢什么味，做到投其所好。在调制时一定要先少后多，由轻而重，逐步增加，从中筛选出最佳用量。

在这里我还想回答另一个问题，就是有的商品饵很灵，有的不灵，如何看待。我是这样看的，现在各厂家生产的商品饵，除极个别的劣质产品外，大多数较大的厂家总是想将自己的产品做好，牌子红了有人买，才有钱赚。所以他们找制饵专家、找钓鱼高手来研制自己的饵料，一般来说经这样生产出的钓饵应该是不错的。如果是这样，那么钓不上鱼可能是钓饵与外部环境、条件不对路，责不在饵。还是套用那句老话，就是"钓饵没有好坏，只要你不用错地方"。

最后说几句商品饵的调制方法。以前调制熟玉米面饵，有个诀窍，叫"一揉二加"，揉，就是使劲搓揉；二加就是硬了加水，软了加面。如果拿这个办法去对待今天的商品饵，八成要出错。商品饵的调制很有讲究。通常的做法是先将干饵混合拌匀，加水要按比例，有的包装袋上注明了加水的比例，如1:1等，比较细致的加水还要用量杯，切忌在水管下直浇。最好用所钓鱼的塘水调食，原水原味，鱼有亲和感。干饵加水后先不搅动，使其自然吸透水（也有边加水边和动），而后用手指（有的用3指和5指）顺一个方向搅拌，均匀后聚成团，使其再进一步吸透水。北方人和面时和好后，还要使面团"醒"一会儿，调饵也是一个道理。还有调饵时不能使劲搓揉，有些饵黏度大，经搓揉后可能成为死面疙瘩。调饵还要突出"个性"，不能任何饵都一样调，要参照当时的气候、鱼情（鱼的饱饿生熟口及有无小杂鱼等）、水情（温、氧深浅等），调出当时最实用的钓饵。这方面许多钓友各有见解和高招，在这不赘述。

施诱打窝技巧
——打窝子做定点钓乃淡水垂钓的经典钓技

"欲取之，必先予之"，这一古老谋略，今亦常被人们巧用，尤以钓鱼人更能深刻领悟其涵义，衍生出这样一句渔谚，"钓鱼打窝，越钓越多"。

可是这窝子怎么打？是一次投足，还是少投勤投，是大面积抛撒，还是精准地投于一点。有时打了窝子招不来鱼，有时鱼进了窝又不咬钩。有时打窝要悄悄地进行，有时打窝子又要击水出声……所以打窝子大有讲究，决不可扔几把饵料就能将鱼招过来。

施诱打窝有三个方面的问题：即用什么作诱饵；将诱饵投到什么地方；用什么方法抛投诱饵。

第一个问题的答案易于寻找，就是钓什么鱼，用这种鱼平时最爱吃的食物为诱饵。

第二个问题是将诱饵投到什么地方，这是钓点选择的问题，这在垂钓中也是非常重要的环节。

本节着重介绍这第三个问题，如何抛投诱饵打窝。

投饵打窝子能招来鱼，这是不争的事实，可也有人说他垂钓时撒了不少窝子食，可就是钓不上鱼来，这是何故？

现在我们来探讨打下窝子为什么招不来也钓不上鱼，原因何在。这应该先从鱼儿摄食的习性说起，鱼吃食咬钩，要有两个非常重要的前提，就是水温和水中含氧。一般可钓的淡水鱼，他们最喜欢的水温大致是20～30℃。当然，他们生存水温比这宽松许多。水中所含氧每升也要在3毫克以上。又由于鱼的品种不同，高低会有些差别。如冬天水温过低，你撒多少窝子食也招不来鱼。个别鱼儿密度大的地方，冰钓时往冰洞中投些诱饵，也可能上鱼快一些，但多数情况是招不来鱼。所以冰钓要不要打窝子也是钓界争论不休的话题。在夏季雨前的湿闷天，气压非常低，水中也缺氧，这时如果你往水中投诱饵，鱼儿没有食欲，所以这时投饵也招不动它们。如果缺氧严重，还会使鱼儿浮头，这时它们似得了一场大病，命尚难保，所以根本不会咬钩进食，即使将钓饵递到嘴边，它们也会躲着钓饵走。

所以只有在水温合适、水中含氧充足时，鱼才会进食，才有可能用食物去招引鱼。反之，如果鱼不爱进食，撒多少窝子也是白搭。

打窝是垂钓时的一项知识技术性很强的事，既要知道鱼，又要了解水，打窝的时间、地点、投饵数量等都有区别。在这里介绍一些通常打窝子的方法。

大窝子

这里所说的"大"，主要是指投入的诱饵多，打成窝子的面积大，诱饵用量多的可达200千克以上，分多日多次抛投。

这种大窝子，主要用在一些水面大的水库、湖泊。这些地方的水不流动，水阔鱼稀。但是也正因为水面大，鱼儿总的数量很多，如果一旦将远处的鱼招集到一处，其数量之多、密度之大是很惊人的，而且也不乏几十千克重的大鱼。打这种窝子通常的作法是邀多名钓友，组成钓鱼队（其中也不乏捕鱼为生的渔民），带上帐篷、炉灶，在水边安营扎寨住下来，十天半月甚至更长的时间。首先要选好钓点，这是一件很重要的事，既要水中的鱼会循饵游过来，岸上还要有人能居住的地方，能支帐篷架炉灶，人身安全的好钓位。

钓点选好之后，开始抛投诱饵，第一次投料应多一些，以后视鱼情经常补窝，应注意的事是待窝子发了（鱼进窝）的时候不忘补投诱饵，如果是待窝子乏了再去补窝则非常费时间，就是等于席终鱼散，要重新将客人请回来，很费周折。

诱饵的原料，通常使用的是酒糟、豆腐渣、玉米粒等价格低廉之物，有的还加香料调制。钓具大都是使用多副海竿，由钓友轮流值守，有做饭的，有休息的，当然还要有盯竿的，分工明确。如果钓友中有这种长假，又有垂钓的地方，邀集几位志同道合者，做这

么一次狂野垂钓，将在自己的垂钓史上记上难忘的一笔。

小窝子

既指诱饵用量少，也指投撒诱饵的面积小，这种窝子通常用于长竿短线定点钓。打窝子所使用的是一种用薄铁皮制作的上大下尖漏斗状的窝子罐。每次可装50克左右的小米。整个窝子罐分两半，上口用铁丝连接，下端可以打开，最下端有一个推竿插锁，使用前将两半合上，插上锁子，装好饵料，用钩钩住提梁，入水后伸在最下端的顶竿插锁先触及水底，推开插锁，使窝子罐在提梁向上提的作用下罐体分两瓣张开，倒出诱饵，即完成打窝任务。

此种打窝罐所使用的诱饵大多为曲酒泡小米。事前找一个大可乐瓶，装小米至2/3处，后注入曲香酒，也有用普通白酒的。小米通常泡一周左右，如急用，泡两三天亦可用。小米如经久泡，其味更浓。

用这种工具打窝，大都使用长竿短线，最大的优点是窝子小饵料集中，只要鱼过来摄食，就会集中在最小的范围内，如果将钩准确下到饵堆中，中鱼率极高。所以钓友们使用此法，在下钩时总是瞄了又瞄，要将钩子准确下到诱饵堆中，做到"钩不离窝"，垂钓时又是手不离竿，眼不离漂，这"三不离"的操作方法，准确、灵敏，中鱼率高。

这里会引出一个有争议的问题，究竟是手抛诱饵的大窝子好，还是用这种打窝罐打出的小窝子好，前者的优点是手抛诱饵时散布的面积大，易于招鱼过来，发窝快，但鱼儿分散，不易集中到钓饵旁来。而用小罐打窝，诱饵集中，只要鱼过来，就会聚集到诱饵堆中，利于钓取。这两种打窝方式各有利弊，在水面大，鱼儿过稀的水域，用手抛打大窝子的方法，易于招鱼，可缩短发窝时间。反之，如果水面小，用打小窝的方法，更利于诱鱼集中。所以这两种打窝方法应视环境，配以合理的垂钓方式进行，宜大则大，宜小则小，去弊扬利，使垂钓获得成功，使钓手得到最大快乐。

能收回来的窝子

人们说"覆水难收",那么钓鱼用那些细小的诱饵扔到水中,无论如何是收不回来的。聪明的钓友真的创造出了能收回来的窝子,这就是大块豆饼窝。

豆饼具有豆类清香,是鱼儿喜食之物,许多钓友将它砸碎,或作诱饵打窝子,或作钓饵垂钓,效果都不错。豆饼有一种特性,非常坚硬,耐水泡,久泡不散。钓友们正好利用它的这一特点,做成能收回来的窝子。

具体的操作方法是,选大块豆饼,用电钻打眼后,用绳子穿起来,抛投到预定的钓点上,大块豆饼在水中浸泡三四个小时,不会散开,鱼儿闻味后,会来啃食,这时下钩,必有收获。这种打窝法最适合手竿。有的钓手为了使豆饼对鱼儿更具有吸引力,还在豆饼上喷洒一些酒及其他香料。这种豆饼块,用后还可以提上来,晾干以后再用。

还有的钓手,用2/3的大米加1/3的糯米,蒸熟后,经多次搓揉拍打,使之瓷实,再找一容器当模具,做成直径10厘米的圆球或半球状的饭团,预先将一根绳子夹在饭团中,待以后使用时作连接绳用。饭团晾干后,用于打窝子,和豆饼块一样使用。这种饭团在夏天为防止发霉,可以洒一些酒精或白酒,既可消毒,又可增加香味。

用砖头当诱饵打窝子

乍听此话,近似天方夜潭,但实有其事。

酿造厂熬酒时,地上有些砖经常被酒浇湿,年长日久,变成了酒泡砖,酒厂的人爱钓鱼,有人突发奇思,用这种被酒泡过的砖打窝子诱鱼如何?砖上的酒味十足,鱼儿会循味前来觅食,只有酒味,干啃砖头,吃不到食物,如果这时将钓饵递过去,准有鱼上钩。经试验后,效果非常好。尤其在那些水底不干净的地方,投入

砖头，铺出一小块钓点，还可少挂底。如果下次还想要这块砖，可在砖上拴条小绳，收竿时，还可将"窝子"收回来。

跟着钓饵走的窝子

许多钓手都有这样一种体会，撒下窝子后要将钩准确下到窝子中很困难，而垂钓时讲究的又是钩不离窝。于是大家又在考虑另一种打窝子的方法，窝子能不能随钩子一道走，不论怎么投，钩子始终是随着窝子的。这种理念现在已变成现实，并且有多种形式。在这里介绍几种比较实用的窝子随着钩子走的方法。

包食：就是一种双层饵，集诱、钓于一体。内核为钓饵，先在钩上装饵，这无多大考究，钓什么鱼用什么饵就可以，如面食、蚯蚓、红虫及颗粒等均可为核，再在外层加包食。不过包食的关键是外层饵的用料，既要有强烈的诱鱼效果，又要原料轻浮，入水易化，能在几分钟内散开"起雾"。待外层散开之后，露出内层的实际钓饵，而且它正在诱饵的当中。当鱼儿循味进窝时，能马上发现钓饵，故包食的中鱼率较高。

炸弹钩：海竿所使用的"炸弹钩"，也可以说是集钓、诱饵于一体的装钩方法，大团钓饵散开，铺成一小片，形成小窝，窝内又有钩，所以这也称得上是窝子跟着鱼钩转。

台钓：从这种意义上说，"台钓法"被称为诱、钓合一技法甚为确切。这种钓法的特点是钓饵的落点散布面极小，每次都能作到"钩不离窝"。有位台钓高手说：他每次下竿钓饵落点的散布，不超10厘米直径的范围，其准确度达到惊人的程度。另外，钓饵松散不粘结，从入水起就开始散化掉渣（有的称起雾）。另外台钓就是换饵勤，有的钓手下钩后，不论有鱼无鱼，10秒钟之内准换钓饵。这样高的换饵频率，无异于不断地往钓点上（窝内）投诱饵。所以说台钓法是钓、诱结合最好的一种方法。

带窝子的串钩：大家熟悉的串钩，它的组装方式特别简单，尽管它的变招很多，但其组装的基本原理没有改变，就是钩下坠，坠后拴钩。此钩对钓底层鱼也很有效。可是串钩的钩虽多，但钓饵小，起不到打窝子的作用。可以对它进行改造，使它变成既是串儿钩又可以起打窝子的作用。

具体改造方法也很简单，首先将最首端的死坠改通心活坠，在坠前的线端加一卡子，再在卡子上连接一组特大饵团的炸弹钩。它有两个作用，一是作串儿钩的诱饵，起打窝子的作用，这是因为炸弹钩的饵团离串钩的钩并不远，大一点的鱼拐一个弯就会发现串钩。二是大团炸弹钩它仍然是钩，鱼过来摄食，照样可以钓上来。由于死坠已改成活坠，鱼咬钩反应仍很灵敏。所以说这种经改造的串钩，就成了带着窝子走的串钩。

在水草区打特殊窝子

在水草区垂钓，难度大，主要是水草成为下钩的障碍，因此钓手创造了多种钓草塘的技术。在草塘垂钓打窝子也是一件非常棘手的事，因为在草塘中的鱼，已形成自己游弋觅食的路线，找不到"鱼路"，钓不到鱼，如欲人为地破坏草丛另外设窝，势必惊鱼。所以钓手采取"保守"与"破坏"两种对付草塘的办法。所谓保守，就是对水下的草不作任何拨动，仅是找草洞、草缝或在草的边缘处下钩。打窝子也是在这些地方用小的窝子罐投一些诱饵，有鱼上钩就多钓一会儿，无鱼就挪位搬家。这都是无可奈何之举。

"钓鱼不钓草，等于胡乱跑"，这渔谚说明了钓草的重要性。通常来说草丛中鱼多，就是不好下钩。前面说的保守，是一种半妥协之举。第二种办法"破坏"，属进攻之策略，就是对草进行挑拨、割或拔除，对草塘中的钓点进行改造，细小的变动，对鱼无多大惊扰。大的动静，对草的原生态有大的变动，肯定会惊扰鱼，所以这时不能马上进行垂钓，此法绝不宜急功近利，对草、对鱼，大惊大扰之后，要假以时日，三五日甚至更长的时间，还要不断地续投诱饵，待鱼进窝始可下竿。

下面介绍在草塘垂钓的几种开窝方法：

挑小窝 在水草地带垂钓，一般都要采用长竿短线的方法。此

钓法的特点是钓线直上直下，这就为钓草创造了条件。挑小窝的方法是在竿尖的下面，用竿尖（必须是较硬的竿）挑开水草，有一个碗大的草洞即可，用前面所提到的漏斗型打窝罐，撒上诱饵。开始垂钓时，洞中可能有水草挂钩，几次之后，即可无阻。这种草洞宜小不宜大，上鱼后，即挑出水面，避免水草挂钩。在这些地方一般以钓鲫为主。

割浮草 有些草塘，水面草叶较多，而水下草茎较少，只要将水面的草叶清除一些，即可下竿。可用较长的竿，在竿尖处绑上一段轻薄的镰刀刃，割断浮在面上的草叶，断草叶用竿尖挑开，有盆碗大小一个草洞即可，后打窝下钩。

以上这些方法对草塘无多大变动，也不会惊鱼，可立即下竿垂钓。

扒草窝 这又是一种打窝子的方法。在水草茂密的地方垂钓，无法下钩，可下水在预定的钓点上拔除一片水草，面积1平方米即可，而后以这个窝子为中心，向四周踩出几条通道，通道也不宜太宽，人在水草丛中来回踩几趟即可。如果附近有无草的亮水区，则应踩出通道与它沟通。在主窝内多投诱饵，也可在通道上少投一些诱饵，引导鱼儿进入主窝。

这种窝子由于人为地对原有的水底状况改变较大，对鱼儿原来熟悉的环境作了较大的破坏，所以鱼儿对新环境会有陌生感和疑虑，加之人在水中的活动，附近的鱼多已被吓跑，所以要等较长的时间才会有鱼来光顾，打这种窝子，马上垂钓是不理想的。有条件的话，做好窝子以后，可每日投入饵料，两三天后观察窝子内的情况，如发现鱼已进窝，可以下竿。这种窝子后劲足，有时会出现想不到的大丰收。窝子做成后，可以作为长期的钓点，经常投入饵料，使它变成鱼"食堂"，对垂钓者来说，这个鱼窝子是一片丰产田。有时由于选择地点不对，虽经多日投料，仍无鱼儿进窝，这就要另选新址，重新做窝。

还有一些钓草塘的方法，但其技法也都大同小异，不另赘述。

打窝子应注意的问题

前面讲了许多打窝子的方法，但有些问题在钓友中经常引起议论，这些问题如下。

1. 打窝子用酒和不用酒有没有区别？用曲酒和用普通白酒有什么不同？
2. 窝子里的食多了鱼儿吃饱后还会咬钩吗？
3. 窝内明明有鱼，为什么不咬钩？
4. 窝子食是集中一点好，还是面积撒大一些好？

这些问题，有的在垂钓中经常碰到，有的（如用酒和不用酒）也多次遇到，但没有做过对比试验，只能将自己所遇到的以及经常使用的一些方法作些介绍。

酒香窝子，优势依旧。

做诱饵加些酒，不论是曲酒还是白酒，这无疑会增大诱鱼效果，因为鱼儿的嗅觉很不错。故酒香诱饵目前仍是众多休闲钓友广泛使用的一种诱饵，如曲酒泡小米、碎大米、豆饼、菜籽饼等。也不必用名贵好酒，普通曲酒比白酒的气味重许多。我没有做过用酒和不用酒、用曲酒或白酒直接对比试验，但我单独用它们进行过垂钓，感觉区别是明显的。如有很多次我和钓友一道去钓鱼，他们都用曲酒泡小米打窝，我没有打窝子，结果总是他们钓的鱼多。这也可以说明用酒米打窝子和不打窝子的差别。

有一次我在北京10月下旬参加钓赛，允许用红虫，大多数钓手也都是使用红虫，但普遍都不上鱼。我带去一小瓶用丁香、山奈和香草浸泡的曲酒，下钩前将红虫在酒中蘸一下，果然很灵，连着上了几条鲤鱼，并取得好名次。我还有过这样的经历，夏秋间用皮筋套颗粒钓草鱼，我将钩上的颗粒在香酒中蘸一下，效果非常好，连连上鱼，别人也是用颗粒，但没有蘸酒，就是无鱼咬钩。以上这些例子说明用香酒的效果是明显的。

我也用过普通白酒钓鱼，效果不如曲酒好，曲酒又不如经香料

泡制的香酒好。在使用普通白酒时老感到心中不踏实，好像饵料缺点什么。又联想到在钓鲢鳙鲩时用发酵酸饵，酸味醇厚，酸中透香。有几次到水边发现有鲢鳙鱼，但没有带酸食。有人临时找来普通食用醋，仅有一种单一的寡酸味，效果不好。

在这里可能引出另一个问题，窝子食如果太好，会影响鱼咬钩。但是应该看到，作定点垂钓，首要的还是将鱼诱过来，聚而钓之。如果鱼不过来，再好的饵也无鱼咬钩，真的鱼过来了不咬钩，可在钓饵上作改进。例如有部分北京钓友在开放的计竿计时鱼塘垂钓，所使用的诱饵非常讲究，如在每日 20 元钓场垂钓，他们可能打下 30 元的窝子食，他们信守的一条原则就是只有先将鱼招过来，才有鱼上钩。

窝子内的饵多了，鱼吃饱后还会咬钩吗？

打窝子用多少饵料为宜？

打窝子有两个目的，一是招鱼进窝，二是希望进窝的鱼能久留在窝内。多投些饵料的人也是想能更好地达到这两个目的。

如何来认识"饵多"，这要看怎么个多法，如果在水阔鱼稀的地方，第一次多投些诱饵，换取窝子的有效时间，争取远处的鱼也过来赴宴。当然，要延长窝子的有效时间还要靠以后不断补投诱饵。如果时间长，窝子乏了（无饵），鱼也走了，再去补窝，那太费时费饵，又得从头开始招鱼。我们有这样的体会，在不打窝垂钓时，往往开始上鱼的情况并不好，钓了一阵之后，不断地抛竿下饵，窝内的饵料不断增多，过来的鱼也多了，出现越钓越多的场面。如果停一段时间不钓，窝内无饵，鱼也走了，这时再下竿，会和第一次下竿的情况相仿，又要经过较长的时间，才能请来回头鱼。所以要想窝子能久留住鱼，及时补投诱饵，使窝内不断粮才能达到这个目的。

窝内的食多了，鱼儿吃饱后还会咬钩吗？

我们在家中用鱼缸养鱼，会发现吃饱的鱼如果再喂，鱼儿不太爱动，也不积极抢食，有些鱼甚至吃得过饱被撑死。有人用这种"鱼缸效应"放在鱼塘这些大水面来分析，这鱼缸和鱼塘不可作比拟，要将鱼塘达到鱼缸投饵的程度，这当然是不可能的事。一次多投些饵先来的会吃得多，但还有后到的，所以鱼儿撑坏的可能性不大。再者如一次投饵过多，鱼儿一时吃不完饵料沉底，与稀泥混合，几个回合下来，饵料为泥所覆盖，味小的饵等于消失了，味重的招致鲤鲫这些鱼拱泥觅食，越拱饵料消失得越快。因此，一次多投既撑不着鱼，也达不到窝子的长久作用。补窝才是一个重要手段。

鱼吃饱后不爱进食，这也是众钓友的共识，那些开放垂钓的鱼塘，钓鱼的人多，投的饵既多又杂，鱼儿稍微动动嘴就可吃饱，所以它摄食不积极。口味刁，冲撞力也小，这里的鱼肯定难钓。但是只要钓饵对路，鱼儿还是会咬钩的。这就要靠钓手动脑子去破译这鱼儿的"口味"，配制出可口的钓饵。

窝子里有鱼，为什么不咬钩？

窝子里有没有鱼，一般钓手都能察觉出来，水浅的地方，能看到水底出现的混汤泥浪，水深的地方可看到鱼星（水冒泡），这时窝内是有鱼。但经常会出现鱼不咬钩的情况，这是什么原因？建议从以下几个方面去分析、查找原因。

钓、诱饵味道是否要一致？

有这样的情况，由于钓、诱饵的味道不一样，招致鱼儿不爱吃钓饵，只吃诱饵。有些钓友认为诱饵就是哄鱼的，调制得极普通，而对于钓饵制作特别经心，味道很香，哪知这里的鱼对香味（还包括香型不对路）不感兴趣，拒食。尤其是在一些自然水域，鱼儿接触香饵少，对那些普通的"农家饭"倒极感兴趣。所以既要使钓、诱饵的味道一致，又要弄清这个水域的鱼喜欢什么样的饵，要先试钓，才能收到好的效果。

窝中小杂鱼捣乱。

撒下窝子食，可能首先会招来小杂鱼，它们进窝疯抢食，也会使水面泛起团团水泡，由于小鱼多，冒起的水泡密集，不易区别大

小鱼。下钩后小杂鱼上不了钩,又极有可能误将小鱼当大鱼,认为有鱼就是不咬钩。

闹小鱼的地方有时会出现这样一种情况,小鱼突然不闹了,这时钓手应认真观漂,"大鱼到,小鱼跑",大鱼赶走小鱼。这种情况我们经常遇到,所以我们也将小鱼突然不闹作为大鱼来到的信息。

进窝的鱼种类不同,也出现鱼不咬钩的情况。打下窝子后,本来是想去钓鲤、鲫和草鱼,但却来了一群鲢鱼,由于鲢鱼是吸食漂浮在水底的残饵屑,即使是在钓饵边吸嘬,漂子也只在一目半目间闪动,不是大鱼咬钩的信号,这往往被钓手忽略,误认为是小杂鱼闹漂。鲢鱼爱聚群,来时一大群,将别的鱼都挤跑了。鲢鱼进窝也会冒起细密的水泡,所以人们会认为明明窝内有鱼,为什么不咬钩呢?

在水塘中如有甲鱼、鳜鱼、黑鱼及白鲳等这些肉食性的鱼(如这类鱼是人工饲养的也会吃素饵),见到窝中有小杂鱼,它们会过来追咬,但是它们对素饵一般不感兴趣。有人用素饵曾钓起鳜鱼,后来发现是小杂鱼咬钩,鳜鱼追咬小杂鱼中钩。这些鱼一般不咬钩,但它们在窝中瞎折腾,别的鱼不敢靠近。这在一些自然水域及混养塘是经常发生的事。钓友们如能发现问题,换上活食,说不定会钓上一个"大惊喜"。

打窝子是集中一点好,还是分散好?

怎样打窝子?这要随垂钓的方式而定。比如采用长竿短线作定点钓,钓线是直上直下,钩饵落点非常准确,钓手通常采用漏斗型的小打窝罐,每次装诱饵50~60克,诱饵的面积散布极小,这恐怕是各种窝子中最小的一种。由于钓竿的长度不变,只要对准方位,钩子准能下到诱饵堆中。不要认为这种窝太小。效果不一定好,但由于诱饵非常集中,钓饵又是下到诱饵堆中,只要鱼儿发现诱饵,就会立即见到钓饵,效果相当好。

有些使用齐竿线的钓友往往会采用手抛诱饵的方法打窝子,手抛饵因落点分散,也引得鱼儿四处觅食,不易找到钓饵。但也有其有利的一面，窝子撒得宽，也有利于鱼儿发现诱饵，鱼过来了就有中钩的机会。在水面小、鱼的密度较大的地方，用手抛诱饵也是可取的。

要说打大窝子，我们钓鲢鳙所打的窝子，恐怕称得上巨型窝。我们一般是在选定钓点之后，向这个水面抛投许多酸味诱饵团，制造出一片酸水区，这最易被鱼发现。我们又是采用钓浮的方法，将钩下到酸水区中，通常在半小时左右，就有鱼上钩。

在山塘水库垂钓时，打窝子更有讲究，打成外稀内密的套窝子，外围少投，中心多投，引导鱼儿向中心游。

打窝子也是在和鱼斗智，窝子打得好、打得巧，是提高上鱼率的有效手段。

钓罗非

目 录

罗非概况 125

罗非习性 126

大小同池如何弃小钓大 127

钓罗非用什么钓具和钓饵 128

鲫鱼池中钓罗非 128

罗非概况

罗非鱼全世界有一万多种，我国先后引进约十几个品种。罗非共同的特点是生长快、食性广、好喂养。而且肉质好，肉多刺少，有人说罗非鱼的刺都长在外面。它的繁殖力很强，在温度适宜的地方，一年可繁殖几代，当年就可做外婆，不少地方是几代同塘。正由于它具有这些好养好吃的特点，已成为世界性的养殖对象。

人们刚见到罗非时，看它的长相和鲫鱼相像，就叫它"非洲鲫鱼"，其实它的生活习性等多方面与鲫鱼根本不搭界。有的罗非身上有几条隐形花纹，显得有点黑不溜秋。后经养殖杂交，现在的罗非变得非常漂亮，颜色有全红的、银白的，有红白相间的，名称也特别好听，如有的叫彩虹鲷，有的叫珍珠白，堪与锦鲤媲美。

罗非属热带性鱼，喜高水温，适温范围为 18～38℃，最适宜的水温为 25～35℃，当水温降到 15℃时，它就不爱活动，水温降至 12～10℃时逐渐死亡。我国自南至北温差特大，在华南地区钓罗非和北京地区钓鲫鱼相似，到处都有而且能钓的时间很长。在北方罗非就成了季节性的鱼，以北京为例，每年"五一"前和"十一"后，是罗非生死的水温线。在自然水域基本上见不到罗非，只有一些养殖户喂养。在北京的北郊有温泉，有的就靠地热进行全年养殖，育出小鱼苗，卖给散养户，每年 6～9 月可在室外喂养。钓场通常是每年 7 月前后开放钓罗非。在室外不能钓罗非的时候有些室内大棚通过地热或人工加热池水开放钓罗非，都是计斤钓，其价格大约为市场价的 3～4 倍，这也是成本过高所致，可还是有些钓友不惜花费唯求一乐。

由于罗非要求有较高水温，各地钓罗非可参照它适宜的水温进行，目前钓罗非的全国纪录为广东钓友在 2008 年 12 月创造，当时他钓起一尾重达 6.6 千克的罗非，其纪录一直保持至今。

罗非习性

了解罗非的一些生活习惯，对钓它是有益的。

性情暴躁好斗　有互相残食恶习

罗非的这些习性自小就有，据说有技术人员对3~4厘米长的小鱼苗进行解剖，发现它们的肠道内有1厘米左右的小鱼苗，成长后其好斗习惯不改。我们在钓罗非的过程中发现一个非常有意思的事，在北京地区有的养殖户将罗非与白鲳同池混养，因它们都喜欢高水温。这时好斗的罗非遇到更厉害白鲳，罗非则成了"受气包"，经常被白鲳咬伤，甚至咬掉尾巴，罗非总是躲着白鲳。在一个鱼池中凡白鲳多的地方罗非很少，在池塘的中央经常为白鲳占领，罗非则靠边遛。我们就有这样的体会，在罗非白鲳混养池中凡白鲳多的地方很少有罗非，池的中央为白鲳占领区，钓点选在开阔的水面准上白鲳，如若钓罗非则应将钩下到边上或角落处。

罗非有温情母爱

罗非对别的小鱼咬而食之，可是对自己的宝宝真是宠爱有加，对刚孵出幼苗真的会含到口中加以保护。罗非鱼繁殖快，一年多次产卵，在水温合适的条件下，四个月左右，体长在13厘米、重量在25克左右的小罗非鱼，即达到性成熟。罗非鱼产卵后母鱼口含卵孵苗（有的品种公鱼也含卵），经两周左右即孵出幼鱼。小鱼苗仍在母鱼身边游动，遇惊险母鱼立即将小鱼吸入口中保护，危险过去它又吐出小鱼，经几日后小鱼才会独立活动。

罗非有上浮习惯

罗非鱼虽以底栖为主，但受水温等外部条件变化的影响，会出现昼浮夜沉的垂直活动。如天亮后随水温升高，它会逐渐游向水的中上层；中午时分，在上层可看到罗非鱼成群游弋；下午随太阳下落，水温降低，它又会游向中下层；晚上它沉落水底很少活动。

罗非大都是人工喂养，用机械自动投料或由人工用手抛料，罗非只要听到有饵料入水的声音即上浮接食，这也是在不断训练它上浮。所以在抛投诱饵打窝子时不怕惊鱼，还可有意"制造"些动静，招鱼前来就餐，达到聚而钓之的目的。

大小同池如何弃小钓大

在北京地区钓罗非通常有两种情况，一种完全是大鱼，塘主购进大鱼供垂钓用；另一种原来就是养殖罗非的池塘，夏季开放垂钓。这后面的那种塘内往往是几代同塘，子孙聚会，小鱼多于大鱼，下钩首先碰到的总是小鱼，而且是成群前来夺食，使人不胜其烦。我们在钓其它鱼时，往往也会遇到小鱼捣乱，众钓友大都有一套对付小杂鱼闹漂的方法，这些方法也完全适合钓罗非鱼。

可采用不同的定漂、观漂及用饵方法，避小钓大。

定漂：将漂定得迟钝一些，可以滤去一部分小鱼咬钩的轻微信息。

观漂：可采取小动不理大动再提的方法。其实，大小鱼咬钩还是有明显的区别，大鱼咬钩，浮漂不论上升下沉，漂态稳重，有力量感；小鱼咬钩时，浮漂轻快乱动，表现出一种漂浮无力感。

用饵：为避免小罗非鱼叼食，可将钓饵荤改素、小改大、软改硬，能有效地缓解小鱼闹漂。

采用以上数招，即可达到舍小钓大的目的。

钓罗非用什么钓具和钓饵

钓罗非的钓具与钓饵

任何一种钓具都可用于钓罗非，但是从效果上看，还是用手竿为佳。因为罗非体重有限，用手竿完全可以降伏它，而且手竿用起来也灵巧方便。当然如水面大或因地形等原因，用小海竿亦可。

钓罗非用什么饵料好？有人说罗非爱活食，用荤饵好。其实不然，罗非食性杂，从幼鱼到成鱼每个阶段的食性都有所不同。人工饲养的罗非，各种粮食类饵料它都吃。从我们垂钓的情况看，有人爱用蚯蚓、肉肠等为饵。在人工养殖池中钓罗非，还是用专钓罗非的商品饵为好；或者在普通钓饵中引入一些虾粉或鱼粉，效果也不错。

钓罗非防扎手

罗非鱼的鳍上有刺，尤其是背鳍，一排锋利的尖刺使人望而生畏，不少钓友初钓罗非鱼的见面礼是满手流血。许多钓友或用脚踩，或用毛巾等物按住它再摘钩，这些办法是可以避免扎手，但太麻烦。我介绍一法，罗非鱼腹部无刺，只要用手抓住它的腹部，并用食指和拇指捏住它腹鳍根部的窝眼处，既不会扎手，又能快速稳妥地收鱼入护。

鲫鱼池中钓罗非

京西有一个计斤钓的钓场，其中一个塘为鲫鱼池，专门投放鲫鱼。只在每年7月前后放些罗非，供钓客们钓取。我约了钓友同去，当天天气比较闷，水面上浮着不少罗非，有人钓浮，不上。我选择钓底。钓饵用的是红虫粉，略加了一点面粉。下钩不久，漂子被拱起，提竿，竟是一尾约600克重的大鲫鱼。当时总的来说鲫鱼咬钩也不算快，钓了1.5小时，上了3条大鲫鱼，共2000克，真够个儿。即使如此，并非我之所愿，因为我是为钓罗非而去，这次只能看作一次不成功的垂钓。

　　总结了上次失败的教训，作了两个方面的改进。我觉得头次未果的根本原因还是饵不对路，当时我认为池里放的罗非密度大，给点带腥味的饵就行，正好我手中剩下半包红虫粉，就用它调制成饵，结果罗非不咬，可鲫鱼喜欢。这次我改用了钓罗非的商品饵，还特意添加了一些虾粉，钓饵对路，所以罗非上钩了。

　　上次我是按在专养罗非池子的方法施钓的，若满池是清一色的罗非，只要漂动准是罗非。但那次观漂我看走了眼，错把鲫鱼当成了罗非。这个池内不仅有罗非，还有大小不等的许多鲫鱼。鲫鱼咬钩的特点也很突出，一般都是向上送漂，它的这个特点到哪里都一样。当然，如果你用的是悬坠配细长脑线，即使是鲫鱼咬钩，也会出现黑漂。我用的是一支超轻2.1米带轮的小海竿，不怕主线断，所以将脑线用得较粗，就是常说的"倒拉牛"。脑线粗于主线，它较硬且挺拔，即使是鲫鱼咬钩上顶，脑线也不会轻易弯曲，而是径直上顶，所以鲫鱼咬钩的信息在漂上马上就反应了出来。当我看到漂子被顶起，就知道是鲫鱼来了而不予理会。当然，有时罗非咬钩也可能是将漂拱起来，不过在此时此地上面的判断方法大多是准确的。有时漂子出现不停地跳动，甚至还会横向移动，不过这些动作显得轻盈无力，我以为这都是池中的小鲫鱼在闹漂，都不予理睬。而且我断定凡是有小鱼闹的地方，就不会有罗非。因为小鲫鱼怕罗非咬，所以小鲫鱼多的地方，没有或少有罗非。停了一会儿漂子不乱晃了，则可能是罗非来了。这时我注意力集中，紧盯着漂子，果然，一会儿漂子稳慢下沉，提竿，是一尾约500克重的罗非。当我摸到这些情况后，下面就如法炮制，又上了两条罗非。那次共钓获3条罗非，重1500克。任务完成，达到了目的，收竿。

钓鮰鱼

目 录

斑点叉尾鮰是外来户 133
如何识别斑点叉尾鮰 133
斑点叉尾鮰的习性 134
怎样钓斑点叉尾鮰 134

斑点叉尾鮰是外来户

在 2008 年第 8 期的《中国钓鱼》杂志上刊登了南宁钓友《罕见的鱼》的文章，同版还刊登了汉中钓友的《一条从未见过的鱼》文章。接着由北京的何先生写了《怪鱼原是外来客》，解释前两文的疑惑，罕见的鱼原来就是斑点叉尾鮰，大家也简称鮰鱼。

从上文中透露出两个信息，一是我国有些地方在养殖斑点叉尾鮰，第二是对这种鱼大都很陌生。我也曾于 1999 年在京东一个钓场用海竿钓获一尾重 3500 克的"大鲶鱼"，它中钩后横向冲出近 10 米，当时我想可能是大草鱼，抄上岸之后竟是一条带胡子的大鲶鱼。后来塘主来了，他提起鱼护看过后说你运气不错，钓上一条大鮰鱼，他还说这是今年新放的鱼，比较名贵，每斤 20 元。由于我们很熟，他说你要就留着，减半收费，不要你就放回去。我选择了后者，当时真的不识此鱼。在之后的几年中接触这种鱼的机会多了，也了解了它的一些习性和钓它的方法。可是钓界仍有人对它了解不够。如本文开头所述。

如何识别斑点叉尾鮰

此鱼全名叫斑点叉尾鮰，现在大家简称鮰鱼。它最易被人误认的是它的外表，一张大扁嘴，满嘴的胡子，身上还没有鳞，活脱脱就是一条"鲶鱼"。其实它真真切切的是一条鮰鱼，只是钓者不识此君。我们有一个最好分辨它的地方，就是从它的名称上找答案，它叫斑点叉尾鮰，其斑点幼时明显，稍大后逐渐退去，但是"叉尾"的体貌特征没有改变，正因为它的尾巴分叉，是与普

通鲶鱼最主要区别。大多数鲶鱼的尾巴不分叉，呈半圆状或平铲状，也有的尾巴中央稍凹进去一点，没有分叉，不像叉尾鮰那样剪式尾巴，这是一个最好的分辨。仅有个别鲶鱼呈叉尾，但稀少难见。

斑点叉尾鮰的习性

斑点叉尾鮰还有些别称，如有的称它为沟鲶、河鲶、美洲鲶等。原产也是美洲，它有几个同门兄弟：如白叉尾鮰、长鳍叉尾鮰（也称蓝叉尾鮰）等，由于这些鱼的渔业价值不及斑点叉尾鮰，所以少有人养殖，难得一见。

斑点叉尾鮰是美国人餐桌上常有菜谱，也是垂钓的对象鱼，据说在美国南部的一些州，养殖斑点叉尾鮰的很多，成为淡水养殖的主要对象鱼，有的州还有"斑点叉尾鮰之都"的称号。

它的习性与我国许多淡水鱼相似，能在 0~38℃的水温中生活，所以养殖这种鱼无需特殊的温度。另一特点就是它在池塘或江河湖库等天然水域都可自行产卵孵化，这就解决了鱼苗的问题。

斑点叉尾鮰的肉质非常细嫩，而且营养价值与其它鱼相比毫不逊色。食用时口感非常好，作者有个这样的故事：多年前虽钓得一尾这样的鱼，带回家后觉得它样子不好看，滑溜溜地不好收拾，就送人了，后听人说它的肉特别细嫩好吃。之后在餐馆中也吃到这种鱼，感到真的不错，自此就接受并喜欢上这种鱼，在以后的垂钓中凡有这种鱼的地方一定会想方设法去钓它。

怎样钓斑点叉尾鮰

在自然水域钓鮰鱼与钓各种鲶鱼在垂钓方法与用饵等方面大都

相似。在北京地区斑点叉尾鮰大都是人工养殖，垂钓也是在养殖池居多。近年来我们对它做过无数次垂钓，总的印象是它力量大，冲撞力与草、青鱼相近似，上钩后不肯轻易就范。以自身的体重坠着竿线，有较强耐力，不听遛领，所以钓手在鮰鱼上钩之后，不能急着拉它出水，要沉下心来和它打持久战。鮰鱼喜居水的下层，垂钓时应以钓底为主。

在人工养殖池钓鮰鱼，用什么饵好，我们做过多种试钓，用过蚯蚓，用过猪、羊肝，也用过小活鱼切块。总的来说在养殖池用这些荤饵显不出特殊的作用。只是有时由于天气不好，如夏天湿闷，秋天的水温低等鮰鱼不愿拿食的情况下偶用荤食，会收到好的效果，也就是说在它们不愿吃人工饲料的情况下，用荤饵会引起鮰鱼的食欲。在正常的水温、正常的气候条件下，养殖塘的鮰鱼仍喜欢吃喂养它的饵料，所以垂钓时以喂它饲料为钓饵最好。

钓鮰鱼用什么竿好，先说个有趣的见闻，在京郊一个钓场内，开辟一个专钓青鱼和鮰鱼的鱼池，这两种鱼的个头大都在 2000～2500 克，鱼的价钱也一样。当到达池边时发现鱼池四周到处是断掉的鱼竿，这个景象给我们提出警告，小心鱼竿被拉断，在垂钓时也不时听到"咔嚓"之声。当时观察，这些断竿之事大都出于用竿不当所致，断掉的竿 3.6～4.5 米长的居多，且多为纤细的钓鲫竿，断竿中也还有一些老旧竿。断竿原因还有操作不当，钓这等大小的青、鮰鱼，因它们的个头大冲撞有力，切忌对拉，亦不可急躁，以慢、轻、软制服其烈性。如用手竿钓这样的鱼，最好先用长度在 5.4 米以上较硬的钓竿，因竿长一些遛鱼时回旋的范围大，易于控制鱼儿。钓这样的鱼我们通常会选用"两用竿"配串钩，根据绕线轮的大小装 0.35～0.5 毫米的钓线，因有轮钓线可收可放，能大大缓解鱼的冲撞，即使遇上更大一些鱼，仍可应付自如。

钓鮰鱼是钓底还是钓浮，我们进行过多次试钓，总的看还是应以钓底为主，如水温处在下冷上暖的时候，或因抛投饵料招致鱼儿上浮，钓半浮也是可取的，总之要依据临场的实际情况来确定。如若是鲤、鲫、鮰的混养池，钓底会招来鲤、鲫咬钩，若是"来者不

钓鮰鱼

拒"的钓友，用串钩或双钩钓底是可取的。如若你确定的对象鱼是鲴鱼，在这样的混养塘钓底，尤其用喂养它们的饵料，无疑是会招致鲤鲫夺食，这就要求钓手动脑筋或改变钓点，或改换钓饵，想方设法摆脱鲤鲫纠缠。

钓甲鱼

目 录

甲鱼习性 139
甲鱼的故事 139
如何寻找甲鱼 140
怎样钓甲鱼 141
钓到甲鱼怎样摘钩 143
美味八珍 144

甲鱼习性

甲鱼,又称鳖、团鱼和脚鱼等。其实甲鱼不是鱼,是一种水陆两栖的爬行动物。它在水中会游,在岸上能爬行,用肺呼吸,体内受精,上岸产卵。甲鱼的雌雄极易分辨,雄性个体较大,甲壳较长,最明显的特征是尾细长,可伸出裙边之外。雌性甲鱼尾短而粗,在裙边之内,尾部中间泄殖孔明显。

甲鱼适宜的水温为20~33℃,最适宜的水温为27~33℃。当水温低于15℃时停止进食。所以它和一般的淡水鱼对水温的要求差不多。冬季,它潜居水下的泥沙中冬眠。它的冬眠又与那些惊不醒的蛇等不同,虽然不食不动,但当遇到危及生命时,它还会逃跑。

甲鱼的嗅、视、听和皮肤的感觉都很灵敏,喜安静怕惊扰。在阳光充足、无风浪、环境安静的时候,它会爬到岸上或爬到露出水面树枝和木桩上晒太阳,稍有动静即翻身落水而逃。它有晒甲的习惯,能增加体温,以利生长,晒太阳还可消灭甲壳上的细菌,所以甲鱼最喜爱干净的水。

甲鱼喜欢晚上活动,在夜深人静的时候,它会爬到岸上来找食物,产卵。白天在水底爬行时,如果是泥底,水面会泛起一条双排的水泡带,从中能看出甲鱼行动的方向。

甲鱼的故事

甲鱼的故事在我国流传甚广,自古至今它的故事在不断流传。人们景仰它的长寿,称之为"仙鳖",民间有"千年王八万年龟"的说法,但是真正确定甲鱼的年龄相当困难,因为甲鱼没有明显的判断年龄的标志,所以甲鱼的岁数就成了"大姑娘的年龄——保

密"。甲鱼另一秘密就是它究竟能长多大，据数年前的一则报道，说是一位山东人见到一只野生的巨大甲鱼，体宽60厘米，连头部全长1.5米，重达41.5千克。这位山东人担心这只巨大的甲鱼被人送进餐馆，就花重金购得，随后放生。据称当时厦门也曾出现过一只近800岁的野生巨型甲鱼，体重为43千克。总之甲鱼的年龄和体重均是让人猜不出的谜。只有等待专家们日后去破译。正因为对甲鱼不了解的事多，所以神传就更多，曾听说某人养了一只甲鱼，多年后将其放归大江，可数月之后，它又自己爬回来了。又过了一些时候，此人又将甲鱼送到更远的地方，可一年之后，这只迷恋人间的巨鳖又回来了。这里寄托了人类感情的色彩，只当是逸事趣闻。

如何寻找甲鱼

我国南北方都有甲鱼的存在，但其绝对数量十分稀少。尤其是一些自然水域受到污染，使野生甲鱼进一步减少。我们平时在垂钓的时候，可能偶然钓上一只甲鱼，但如果在不知情的条件下，专去钓甲鱼那是十分困难的。

要想钓到甲鱼，重要的是知道什么地方有它的存在。一般来说，有水的地方，不论大小总是能找到鱼，但有水的地方不见得有甲鱼，所以不能见水就下钩去钓甲鱼，必须到有甲鱼的地方才能下钩。这就向钓手提出这样一个问题，怎样知道哪里有甲鱼？

甲鱼的绝对数量虽然很少，但如果哪个地方有甲鱼，通过仔细观察它们的行迹会很快识别其身份。

频繁换气暴露身影

甲鱼不是鱼，不能长期潜于水下不露面，它是用肺呼吸，经常要到水面来换气，每隔3~5分钟要浮上来，将鼻尖伸至水面呼吸，气温越高它换气愈频。

岸上足迹泄露行踪

甲鱼要上岸觅食，还要上岸寻找产卵的软沙土地。它上岸靠爬行，四条腿分两排，经过的地方会留下一个双排的足迹。

水面泛气泡是水下行进的路线

有时在水面忽然发现由水下冒起两排气泡，而且这气泡还在不断移动，这是甲鱼在水底爬行时所产生的气泡。鲤鲫等底栖性的鱼也会在水底边拱泥边觅食，水面也会泛起气泡，但这气泡是单行的。唯独这甲鱼爬行时泛起的气泡是整齐的平行的双排气泡，行家们一眼就能认出下面有甲鱼在爬行。

夏秋晒甲原形毕露

甲鱼有晒甲的习惯，一是可以增加热量，有利生长。二是晒甲可以减少病菌。夏日早晚凡有甲鱼的地方总会见到贴近水面的木桩树枝上或岸边的土石块上趴着大小不等的甲鱼，它们在享受日光浴。只要略有动静，甚至一只鸟儿飞过，甲鱼即翻身入水。

以上的这些情况都说明这个水域有甲鱼。

怎样钓甲鱼

钓甲鱼无须特殊设备，用普通手竿或海竿均可。许多钓友平日钓鱼时，也偶然钓到甲鱼。如果专门去钓它，可用 0.35~0.5 毫米粗的线，8~11 号伊势尼钩。有的钓友喜欢用长柄钩，以防甲鱼咬断脑线。还有人主张用普通缝衣针，敲掉针鼻磨成两头尖的钓甲针,在针的当中凿出一道小沟,用于拴线。而后将针直插入猪羊肝等钓饵中,待甲鱼吃食后,针即横撑于甲鱼口中。实践证明,这种方法并不比用钩钓优越,而且制作麻烦。

钓甲鱼用荤饵较好,通常用猪羊肝切成条状挂于钩上,或用鸡鸭肠子、绿色蚯蚓及其他小昆虫等。有时用面食或红蚯蚓等也能钓到它,说明甲鱼食性很杂。

甲鱼胆小易受惊,白天钓它时一定要保持安静,不要在水边走来走去,也不要在地下弄出什么大的响声。否则甲鱼会弃饵逃走。有的钓友采用插竿夜钓。方法是根据水面的大小,用几米至十几米的主线,每隔2～3米下一钩,如果有人看守,可用40厘米长的竹签插入地下,上端劈开夹住线,使钓线略微绷紧一点儿,再在竹签的后半片上安个小铃,待某个竹签摇动并铃声大作时,即可提线取鱼。有时黄颡和鲶黑鱼也会上钩。如果是人不看守的夜钓,就更简单了,只要将钓线拴在岸边牢固的物体上即可,待第二天清晨收线起鱼。这种密集型的下钩方法,以多取胜,效果往往不错。

在两湖两广地区有不少钓甲鱼的能手,他们用的武器叫鳖枪——是用硬木或竹片粘合而成的钓竿,竿长2米左右,并用硬杂木做成20～30厘米直径的叉齿大轮,采用蜈蚣形串钩,并配置适当重量的坠子,见到甲鱼露头后,就将钩投过去,将它钓上来。有些老钓手练就一手投准的本领,在30～40米的距离内,可以做到百发百中。这种鳖枪也可以用现代硬尖海竿代替。

在钓甲鱼的时候,当甲鱼咬钩后,提竿宜迟不宜早。甲鱼发现饵料后,只要不受惊吓,是不会离开的,总是小心谨慎地嗅、拱、轻咬,当感到安全时就会咬钩吞饵。吞饵前的那些小动作中,漂竿会有反应,此时不宜急于提竿。待漂子或钓竿出现大的动静时再提竿也不晚。

甲鱼上钩后,常会四爪抓地,使钓手感到提不起竿来,很像是挂底了。这时千万不要使劲提竿,以免钩折线断,而应将线绷紧一些,和它坚持一阵,待它移动时再顺势提竿,将它提离水底。甲鱼一旦离开水底,就失去了挣扎能力。

钓到甲鱼怎样摘钩

有钓友偶然钓上一只大甲鱼，心中顿时乱跳，既惊喜又害怕，这也是有关甲鱼咬人的事一再被渲染，使人对它望而生畏。

在这里讲一个甲鱼咬人的故事，有人提着一只甲鱼上了公共汽车，因无座位，他站在车当中，并用提甲鱼的手就势抓住悬于车上的拉手，这时正好一位高个男子也站在车中，他的头正靠近悬着的甲鱼，这时甲鱼猛地受惊，伸出长脖子，张嘴就将男子的耳朵咬住，这位被咬的客人吓了一大跳，忙用手护着脸，这时有人使劲敲打甲鱼背壳，致使甲鱼更加受惊，它将头使劲往体内缩，你越打它头缩得更紧，可口仍紧紧地咬住耳朵不松。闹得满车的人像开了锅一样沸腾起来。正好街边有个医院，大家叫停车，提甲鱼的人一手高举着甲鱼，被咬的男子偏着头以手护脸，跟着走下车，当然也少不了瞧热闹的，就这样乱哄哄地进了医院，这场风波在打针护士的手中很快得以平息。从这里可以看出这人群中没有人懂得如何制服甲鱼。

甲鱼受惊咬人这是不争的事实，如果懂得它的习性，制服它并非难事。如果你钓上甲鱼怎么办？首先在思想上不要畏惧它，上钩的甲鱼会随着钓线飘飘荡荡地游过来，先用抄网将它抄上岸，要放在离水面较近的地方，以免失手让它逃入水中，这是在钓甲鱼过程中时常发生的事。钓界有句钓甲鱼的说法，叫"笨钓甲鱼巧摘钩"，如何理解这"笨、巧"二字？我以为这里所指的笨钓，首先体现在钓具的选择上，没有特殊要求，不必精挑细选，手竿海竿拉砣都可以，钓线以能钓起2千克左右的鱼为标准，当然，大一点小一点也无妨。钩上挂上大蚯蚓、猪羊肝或鸡鸭肠子都可以。

甲鱼是个夜行侠，钓它最好也在晚上。如有条件，晚上下一排竿，早上起来收竿抓鱼，说不定还能钓上鲶、黑鱼，所以这"竿"可以理解为粗放而不马虎，不求精准但求法度严谨。

巧摘钩指的是要有一定知识与技巧，甲鱼的防御本事一是咬二

钓
甲
鱼

是抓，所以摘钩时比较费事。甲鱼还有一个习惯就是咬住什么东西轻易不松口，越敲打它越受惊更不易松口，钓上甲鱼不知如何摘钩，这里就用上了这个"巧"字：先将甲鱼四足朝天仰置于地下，它如何翻身呢，先伸长脖子顶在地上，使半个身子离地，而后再使劲，身子倒向一侧就翻过去了。怎么抓它呢？乘它伸长脖顶地的瞬间，迅速出手抓住它的长脖子，这时切不可畏缩，又想抓又怕它咬，战战兢兢是不可能抓住它，就是下手要迅猛果断，掐住它的脖子后，将它整个身体摁在地下，可以防止它的爪子抓伤人，就这样将甲鱼制服了。甲鱼还有一特点，就是吞钩很深，对摘钩造成很大困难，也不必用金属摘钩器往甲鱼嘴中乱捅，以防将它捅伤，不如干脆剪断脑线，使钩子留在甲鱼体内，回家后再做处理。

你听说过甲鱼会被水淹死吗？这是真事，我就赶上过这事，那年我住在一个水库边，白天下了几副拉砣，用串钩装上蚯蚓，第二天去收线，结果有一副竿上钓上一只约1千克重的甲鱼，怎么这甲鱼不会动？细看原来是一只死甲鱼，朋友们说，"你真行，连死甲鱼都会上你的钩"。我心中明白，这只甲鱼咬钩后，被线拽着游不动，不能出水换气，是活活被憋死的。

美味八珍

甲鱼，在许多人心目中既是一道美味，又是一道大补之物，如一些有名的餐馆的菜谱上清炖的、红烧的都有，多至十数种鳖品名肴。

甲鱼，的确是一道美味，被美食家称为八珍之一。不过也有人不爱吃。爱吃的人说，甲鱼有5种味道，有鱼味，猪肉味，裙边似海参，甲鱼腿似鸡肉，甲鱼卵似鸡蛋。

甲鱼有一定医用价值，在我们老祖宗的那些医书中，说它有滋阴补血、益心肾、清热健脾等作用。但是近年来宣传它的功效似有点过头了，使它的价格高到让人接受不了的地步。其实在湖广地区，吃甲鱼，也只是一道普通荤菜，并不显多么珍贵。

钓 具

目 录

手竿的优势 147

手竿易学难精 148

手竿配线 149

给钓竿增加重量 156

手竿配钩 157

手竿配坠 159

海竿有 10 个优点 162

竿好轮应更好 164

海竿多种配钩方法 168

海竿配活坠 170

提高海竿的灵敏度 173

撩投 175

选好、用好钓线 176

脑线 179

钓线为什么会断 182

手竿的优势

在垂钓时有人喜欢用海竿,有人喜欢用手竿,这是事物多样性的表现,使钓场更加丰富多彩,是很正常的事。在垂钓园里,手竿海竿以及各式各样的竿都要,一个都不能少。当然,手竿的功能是任何其他钓具都不可替代的,尤其是在某些特定场所,非手竿莫属,它的各种优点,显而易见。

轻巧灵敏

手竿的轻巧灵敏,表现在两个方面:一是手竿本身的轻短秀气,现在有些手竿重量仅一二百克,有些超短节竿,收缩后长度不超过30厘米。二是在使用时也十分灵便,在钓小鱼时,每天挥竿数百次,亦不觉其劳累。

草塘克星

在有水草的地方垂钓,只能使用手竿,戳拱、戳孔和戳茬,这是手竿的专利。用硬尖长竿,配以短线,使钓线直上直下地对准草洞草缝。那些靠抛投出线的海竿或两用竿,在这里只能是真正的"干瞪眼"——瞅着草眼下不了钩。手竿采用长竿短线,只要巴掌大的草洞,就能极其准确地将钩坠下到草洞中去。

遛鱼过瘾

凡使用过手竿和海竿的人,都会有这样的体会,用海竿除非钓上较大的鱼,遛起来才有些意思,如果3千克以内的鱼,冲撞时轮子会自动放线,鱼不闹时就摇轮收线,操作时无多大变化,用不了几个回合准能将鱼制伏，使钓手有一种安全稳当的感觉，心中踏实，无多大刺激和悬念。

使用手竿上鱼时的感觉就不一样，由于钓线的长度受到限制，必须在这有限的范围内遛鱼，如果是钓上大一点的鱼，一时半会儿又弄不上来，就要大施遛鱼技巧，像斗士一样，躲闪腾挪，与鱼周旋，稍不留意，可能会弄个钩折线断。由于存在风险，钓手必须全神贯注，这时外需体力，内受担心，成功与失败，顷刻间见分晓，非常紧张，这当然也是钓手刻意追求的动人时刻。

说了那么多，无非是说明用手竿钓鱼，有其特有的优点和乐趣。

手竿易学难精

有人说学垂钓应先学习如何使用手竿，可是钓界有"手竿易学难精"之说，那么这"精"表现在什么地方？我以为可从"深"和"广"两个方面去探讨。

先说"广"。就手竿所涉及的面来说，大概可以分为钓具、钓饵和钓技三个方面。

钓具：手竿钓具主要有5大件，竿、线、漂、坠和钩。这5种钓具中又有多种规格。以竿来说，分长短软硬以及什么材质制成，还分长节和短节、插接和天线式的套装竿。线漂坠钩的品种规格也是非常之多。这多种多样的钓具，都有其特定的用途，是为适应各种不同条件下使用而制作的。如在什么季节、什么样的水域钓什么鱼，在钓具上都有不同的选择。这和那些不太讲究的钓手不同，他们就用一副竿钓遍江河湖泊，度过春夏秋冬。当然，他们也会获得快乐。

手竿钓具之中，还有数不清的附属钓具，如支架、抄网和钓箱等，如将这些东西都弄明白了，在垂钓中一定是顺心顺手。

钓饵：10年20年前，钓饵都要钓手自己动手制作，十分麻烦。现在好了，渔具店中应有尽有，如若不懂，店内会有人向你作介绍，完全可以满足那些不细究的钓友。但是一些有经验的人他们会将几种钓饵搭配使用，使钓饵更加有效，这当然需要知识和经验的支持。

钓饵中还有很大一部分是自然物质，如瓜果草菜和各种细小的昆爬虫，用这些东西有其特殊的意义，既符合环保，又极具创意和趣味。当然，这也不仅是手竿的专用饵。

钓技：这里所说的不仅是对各种钓具的操作使用，还要包括一些垂钓知识、经验和理念。就以手竿的选择和使用来说，因水不同用竿也有区别，因鱼不同要做到钓什么鱼用什么竿，因地形不同，在钓具上要做相应的选择。使用钓具还和天气有关，要根据当时的具体情况选用合适的钓具和最适宜的垂钓方法。

再说"深"。对手竿的使用者来说这里所说的深，就是对垂钓的各个方面有细致研究和了解，例如对竿的了解要知道其长短软硬各自的特点，做到用其所长。配线时从长短粗细软硬中挑出最适宜的线。配漂，可以说是垂钓中很重要的环节，有的钓友在这方面有很深的研究。还有对钓竿的操作方法也大有讲究，你看那些行家高手，他们操竿的动作，一招一式显得流畅舒展，就像舞台上演员们舞刀弄枪一样潇洒利索，令人赏心悦目。所以手竿垂钓不仅是一门技术，也是一门艺术。要全部弄通的确需下较大功夫。如果不求全面，只求掌握手竿的某一种钓法，用较短的时间可见功效。如若深究则需努力钻研。

手竿配线

手竿配线的钓技

民间钓技内容丰富多彩，包括对钓具的制作、选择和使用，对钓场的选择和确定施钓方法，对钓饵的研制和使用，熟悉各种可钓鱼类的习性等，都有许多独特的技法。所以民间钓技最突出的优点

是它的针对性和实用性。

我国江河湖泊众多，南北温差甚大，加之各种可钓鱼的种类繁多，它们的习性不尽相同，要在不同条件下垂钓，就必须熟悉和掌握各种不同的钓技。

下面将在民间钓技的垂钓知识宝库中，挑选一些方便易行，且行之有效的技法，介绍给广大钓友。

手竿垂钓方便灵巧，是广大钓友必不可少的装备。用手竿垂钓，可根据不同的情况和目的，采取不同的配线方式。

齐竿线

齐竿线是广大钓友使用 5.4 米以下的短手竿。所谓齐竿线，就是竿有多长，钓线就配多长。此种配线方法更能方便垂钓，抬起竿，伸手就能接到钩、坠，这样就能方便地上饵抛竿。现在许多熟练的钓手，大都喜欢让钓线比钓竿长 20～30 厘米，优点是可以使钓点增远一些，也有利于上大鱼。但也正是因为线长于竿，给抛竿准确带来一定困难，尤其是顶风出线更加费力。

那么钓线是靠什么力量抛投出去的呢？靠两股力，就是钓竿的弹力和钓手向上抬竿的拉力，利用这两股力量，钓线就顺当地被送出去了。造成弹力的主要原因，就是钓手的手要握住钩坠，将手臂伸直向后拉，将钓竿拉到一定弯度，使它产生弹力，这时向上抬竿，握钩坠的手不仅不能向前送钩坠，还应将线绷紧，待要出线时再自然松手，这弹、拉两股力量的合力就将钓线弹出去了。用力的大小就要根据竿的长短、软硬、钩坠饵的轻重，以及风向等情况来确定。

"甩大鞭"，是手竿配齐竿线的另一种出线方法。用手竿钓顶风的时候，钓线弹不出去，就可采用甩大鞭的方法抛投。如果采用 6.3 米以上的长竿，配的又是齐竿线，或者由于竿身太重，一只手根本拎不动竿，这时只好甩大鞭。如果使用 7.2 米以上的长手竿，钓线略短于竿，抛投时省力不少，而且灵活方便。

超长线

超长线就是根据需要将钓线长出钓竿若干米。这种超长线主要用于大水面、深水区钓较大的鱼。如水域水面大，水深在 4 米左右，钓点最好能离岸 20 米远，这样的距离一般手竿配线方式是达不到的，而采用这种超长线的方法就能解决。按上述情况，水深加距离共 24 米，如采用 6 米长手竿配线 18 米，则正好到达钓点，装大漂易观察，配空心活坠用大钓饵。操作时先将钓竿架好，采用手抛钓饵的方式，从正前方找准目标，保证左右不出偏差，由于有钓线牵着，钩坠必定在固定的距离内下沉，所以每次都能投到预想的钓点之内。上鱼时先提竿，将鱼钩住后，再用手抓线收鱼。如遇上特大的鱼，可先握竿遛鱼，待鱼遛乏之后，再用手握线上鱼。此法一般是小动不理，漂子大动才提竿。如若用短竿垂钓，切忌用手抓线。

中长线

长竿配中长线。一般采用 7 米以上的手竿，有的甚至用到 10 米以上的竿，如 7 米竿，配 5 米左右的线，就可称长竿配中长线。

采用中长线之后，能保持竿长钓点远的优势，而且中长线在长竿配合下，可以做到不必扬竿抛线，可将钓线直上直下地放到所需的钓点上。江南有不少游钓者，使用 7 星漂，用手臂夹着竿，一路走一路找鱼下钩，哪里有鱼的踪迹就将钩递到哪里去。由于采用的是 7 星漂，水深相差 20～30 厘米亦不必调漂，使用特别方便，由于有相当的竿长线长，所以对钓大鱼也非常有效。

长竿短线

长竿短线，是用手竿垂钓时的又一种配线方法，此种配线方法最大的优点是，钓线能直上直下准确地将钓饵送到钓点上。由于线短反应灵敏，抬竿快，有较准确地把握抬竿时机。当然，长竿短线最绝妙的地方还是表现在钓草塘苇茬的特殊功能。

长竿配短线有多种使用方法。最典型的一种是长竿短线配 7 星漂和朝天钩。此法曾被人称为江南一绝。在实际使用中因条件不同，在钓具的组装上，又有许多不同的变化。现将各种使用方法介绍如下。

用竿：即称长竿，一般都在 6 米以上，最长者超过 10 米。

配线：配短线，就是除去水深所需的水线之外，风线——就是指由漂至竿尖这段露在水面的线，通常在 0.5~1 米，这是根据钓场的具体情况来决定。配这种超短线，一般在有水草的地方使用。当然，也可钓亮水面，就是在没有水草的水域用。

配漂：也有多种配漂方法。

配 7 星漂。7 星漂又称星漂或散子。所谓"7 星"，就是指用 7 粒鸡鸭鹅毛杆制成漂体，也有只用二三粒的，也有用 10 粒以上，主要根据习惯而定，但一般来说，在钓线上多装几粒，它更能适应水深的变化，不用随时调漂。

制作毛梗漂的方法是，先找鸡鸭粗梗羽毛，削去两边的毛，除去毛梗的过粗过细的两端，只留中段，切成 1~2 厘米长，挑选 7 粒。这又有两种选择，一是从多根毛梗中选择粗细相等的；另一种是选用粗细不等，细的排在上面，由小至大排列，反应更灵敏，毛管制成后，用最细的针从毛管中央刺孔，后穿在钓线上，每粒间隔 3~5 厘米。垂钓时根据水的深浅，调成下 4 上 3，即下面四粒为负重漂，沉入水中浮力应与钩坠相等。上面 3 粒为定位漂。供钓手观察。

这种星漂使用时的可变性很大，可以根据钓手的习惯及钓场的情况将星漂制成粗细、长短不等，排列的间隔也可宽窄不等。

如果不用星漂，可改用粗尾短风漂或用上下一般粗的桶子漂，如用较长的漂，为避免漂子离水时折跟斗，可在钓线上装一个气门芯小圈，将漂尖套在圈内，使漂子能随线上下，稳固方便。

配钩：也有多种方法。

一是配朝天钩。朝天钩也称立钩，钩子入水后钩尖朝上，鱼儿咬必中钩。朝天钩的制作方法是在钩柄上焊上铅坠，在坠上打孔或用小锉锉出一道拴线的沟，使钩尖朝上，此法也可不用脑线，将钩直接拴在主线上，也可另用脑线与主线连接。但是装钩时饵团不可过大，否则过重的饵团会使钩尖倒向侧面，而不能朝天。

二是配普通短脑线钩，脑线长 3 厘米左右，装片坠豆坠均可，垂钓时，坠子基本沉入水底，由于漂子的浮力作用，坠子重量减轻，仅接触水底，故此反应仍很灵敏，这是传统钓的基本方法。

三是配长脑线悬坠钩，效果也很不错。

手竿配线的垂钓方法

前面谈的是因手竿配线长短不同，演化多种不同钓技。下面谈的即是用最普通的齐竿线或稍作一点改变，还有一些甚为实用的垂钓方法。

游钓

游钓是人找鱼。在水网地带，或水面不宽但岸线很长，钓鱼人活动的空间大，这些地方鱼很少，不适宜投饵诱鱼。可采取游钓的方法，边走边钓，有鱼多钓几竿，没有鱼走人。游钓应与戳筋、逗钓等技法结合运用。

如果说定点钓是鱼找人（饵），那么游钓是人找鱼，钓手提着竿，东戳戳，西点点，到处下钩找鱼。在江南水网地区，此法颇为盛行，在细雨绵绵的春季，一些钓手身披蓑衣，头戴斗笠，手执钓竿在水边寻钓，好一幅南国春钓图。

游钓除冰钓外，其他季节都可进行。这种垂钓方式由于不断地变换钓点，水线忽长忽短，定漂很麻烦，所以钓手们通常使用"七星漂"，配上朝天钩，当然，其他地方的钓友用此法者亦不少。

游钓也可在池塘水库等地进行。在天气闷热，或春秋水凉，鱼不爱咬钩，定点钓久不上鱼，不如提着竿到处转悠，可能钓上鱼。

游钓要采用不易化散的硬钓饵，如颗粒饲料，或用蚯蚓红虫等活饵，面食久不上鱼，换换虫饵，也是制胜之道。

追星钓

因天气湿闷，鱼不爱咬钩；或鱼少、或水温低，鱼不爱活动，都可采用此法，人追着鱼下钩。

鱼在水中也要呼吸，在吸吐中会有气泡上升到水面，对这些气泡有的称"鱼星"，有的人称作"起筋"，钓友们将钩下到泛起水泡

的地方,谓之"追星""追筋",还有的叫"戳筋""递筋"和"扎筋",这"戳""递""扎"都是指将竿瞄准那些起泡的地方。各地名称虽有不同但都是追着鱼下钩。

逗钓

逗,就是挑逗之意,用钓饵在鱼眼前晃动,逗它咬钩。在天气湿闷、或水凉鱼不爱进食时可用逗的方法,诱鱼咬钩。逗钓还可在其他垂钓方法中运用。

一般的淡水鱼,包括肉食性的鲶鱼黄颡,以及鲤草鲢青鲫等非肉食性的鱼,都有吃活食的习惯。所以用"逗"的办法,有可能引起鱼儿的食欲,尤其在鱼不爱咬钩的时候,用逗的方法,有意想不到的效果。另一个最大的好处是给鱼起一个指示目标的作用——在一个非常静寂的水底,如果有个什么东西跳动,很容易被鱼发现,许多钓友可能有这样的体会,在绿草丛中捉蚱蜢做钓饵,如果蚱蜢不动,很难发现它,只要虫儿移动,马上就会被发现,人、鱼一理,都是"静中找动"。

用手竿垂钓如何制造这种"动"呢?非常简单,将钓线做直上直下的提放,钓饵不就动起来了吗,每次将钓饵上提20厘米左右,隔两三秒钟再提一次,连提三次,要轻提轻放,不可惊鱼。如果仍无鱼咬钩,应变换钓点。

逗钓钓饵要硬一些,才不致被提散。

铺地拖底钓

天气湿闷,或水温低,鱼儿不爱活动,或水宽鱼稀等,可采用密集搜索的方法下钩找鱼。

拖底钓是使钓饵在移动中有停顿,在停顿中待鱼上钩。

水阔鱼稀,定点钓很难有收获,就要主动出击,下钩找鱼,在竿线所及的范围内,钓饵如铺地毯似地不漏过任何水底,边寻边钓。

具体操作方法:选用5.4米以上中长竿,当然,长竿覆盖水面宽，但竿长必重，依钓手体力做选择。配齐竿线，用悬坠擦底坠均可，装不易散化的钓饵，瞄准正前方，将钩坠抛至最远处，待漂子直立后等两三分钟，无鱼咬钩，将钩坠上提做逗钓，还无动静，则要移动钓点，将钩坠向近处拖回50厘米左右，两三分钟后，无鱼，又实行逗钓，逗两三次之后，仍无鱼咬钩，又向回移动钩坠，至最后已到岸边无法再拖，就要向左（右）移动钓竿，以第一次抛投的方向为基准线，以竿尖为准，移动50厘米，用第一次钓、逗和拖的方法，进行垂钓，如无鱼，则继续横移钓竿，直到竿线所及的全部水域。如果将每次停留的地方成为一个窝，在一条直线中会有许多窝，用钓线串起来，就好像一串"糖葫芦"，如果将各条直线并列，就成为一个扇面形，所以又有"扇面铺地拖底钓"这个名称。

如果这个"扇面"之上没有上鱼，就要变换钓位，另铺扇面。

此法亦适用于海竿垂钓。

无漂绷尖钓

此法适宜钓活水，在流水的冲击下漂子立不起来，可去漂看竿尖摆动提竿上鱼。

在风浪中垂钓亦可用此法。

也有人在静水中亦用绷尖钓，从中感受不同乐趣。

在河道沟渠等流水处垂钓，不必装漂，如同使用海竿一样，看竿尖摆动提竿。它有方便之处，不必预测水的深浅。

钓具的配置：以软竿较好，配空心小活坠，用短脑线。钓活水用长脑线钩，也是一种很好的用钩方法。垂钓时先将钩坠抛向上游，随水的流动，钩坠会漂向下游，这时要固定竿的位置，使钩坠落入想定的钓点，钓线在水的推动下会自行绷紧，鱼咬钩竿尖会有摆动，如果发现绷紧的钓线突然松塌，也是鱼咬钩的信息。

用此法垂钓，可减免观漂之劳累，为观察方便，还可在竿尖处系上小红布条，甚至可以装上小铃。

绷尖钓用于钓静水也有方便的地方，不定漂，到水边就下竿。

给钓竿增加重量

在一些钓手心目中，钓竿总是越轻越好。可是你听说过要给钓竿增加重量吗？确有其事。

我先向你讲一段30多年前我们自己制作海竿的事。那时最时兴自己制作实心玻璃钢插节海竿。先将玻璃钢板锯成条，用钢锉锉圆，做成粗细不等的竿节，而后用不锈钢管做套，将竿节拼接成插节海竿。这种自制的海竿成本低廉，非常结实，放在地上踩一脚都断不了。由于当时这种玻璃钢原料很难找到，有人将竿的柄端加一节竹竿，从外表上看也挺合适，可使用时问题来了。发现钓竿前重后轻，特别不好使。他们就对竹节竿柄实施改造，有的往竹柄中灌铅，一次加200克，也有人加一段自来水管做配重。从钓竿的总体重量看是增重了，但竿的前后比重合适，手感舒适，显不出增重之累。

在这里明确地说明一个问题：前重的竿不好使，包括手、海竿都在内，手竿尤甚。为什么？这就是在使用时为了使钓竿保持前后平衡，靠钓手手上用力，使劲"拗"（压）着竿柄，所以钓手握竿的这只手要干两份工作，一份是要提起竿本身的重量，另外还要加一份撅劲，压着竿柄提前端。有时一只手还不行，要用双手才能完成任务，前握竿手当支点，后握竿手向下压，以此来求取平衡，这的确很累。

如用料考究的高级碳纤竿，前重问题不明显，钓手亦无不适感。前重比较明显的钓竿，一般发生档次不甚高的6.3米以上的长手竿上，当然，长玻璃钢竿的前重也很明显，竿越长前重越突出。

如何解决"前重"问题，渔具生产厂家和钓手都在想方设法，寻求最方便最有效的解决方法。

钓手可做的改进方法也很多，最简单的就是握竿手从竿柄端向前移，并用前臂压住竿的柄端，改变支点，达到竿身重量前后平衡。这个办法简单易行，可能减轻撅竿的力量，但是不足的是没有充分发挥长竿的优势，变成长竿短用。如果是9米以上的长手竿，采用长竿短线，或用中长线（线为竿长的2/3）时一般都会用一种较长的金属支架，前边带轴辘，后边用细绳（有的带钩）钩挂在长竿的柄端，以保持竿身平衡。还有些钓手在前重的竿柄端加一些金属物做配重，以减轻前重。

现在有的生产厂家也在作这方面的努力，如有的鱼竿厂将手竿柄端最后的竿节加厚增重。有的将竿的前几节用碳纤为原料，后几节用玻璃钢。也有在柄端加金属物做配重等。

的确，一支前重的竿，用起来特别拗手，当钓手认识到这个问题后，就可采用一些相应的办法，来缓解钓竿的这个前重问题。

手竿配钩

台钓方法钓具的组装匹配比较先进，反应灵敏，能适应多种不同目的的垂钓。但它在组装时要求非常细致，且漂尾纤细，视力不佳者不易收到好的效果。台钓方法除钩坠组装有严格的要求外，在主、辅钓具上都要有合适的配备，始可达到预期效果。

手竿钩坠漂的配置除上述外，尚有多种组装方法，既有常用的一些方法，也有针对某些特定条件所采用的特殊组装方法。下面作些简单介绍。

扁担钩配擦底坠

"扁担钩"顾名思义，要有一根横的支撑物做扁担，在两端用等长的脑线拴双钩；"擦底坠"就是坠子通过与浮漂合理的匹配，使坠子不是死沉水底，而是轻擦（贴）水底，反应甚为灵敏。当然，根据需要能调出灵敏与迟钝。

具体的组装方法："扁担"的材料有多种选择，有的就用铅

片，取 0.6 厘米宽、3 厘米长的铅片 1 块（尺寸及重量可任意选择），既当铅坠，又当撑开双钩的扁担，在铅片居中处扎一孔，将脑线对折后从孔中穿出，留线环便于和主线连接，而后将铅片合起来，夹住脑线，脑线两端自铅片两头引出，拴钩后留长至 3 厘米左右，通常采用丝线或多股尼龙软线拴钩，由于脑线短，双钩又被扁担分开，所以不会发生缠绕。

还可选用细塑料管当扁担，从塑料管当中的一侧扎孔，脑线从孔中穿入，分别从两端引出，拴钩，在塑料管当中留出的脑线圈上加铅片。或将细的保险丝缠在塑料管上当铅坠。有人在使用扁担钩时也用单根硬线当脑线。

短脑线单钩

这也是众多钓手采用的一种拴钩方法。脑线长 3 厘米左右，软硬线均可，也是用擦底坠。单钩方便省事，反应灵敏，上鱼率和双钩差不多。不能用单钩比双钩"差一半"这种纯算术方法来计算其效能，经众多钓友使用，差别不大。当然，如果是钓小鱼，双钩上两条的机会还是不少，可是也要看到为两钩装饵也要多占去一些时间。有些地方，如钓草塘、冰洞等，单钩不易产生搭挂。在这里绝无排斥双钩之意，只是想说明单双钩都是手竿较好的配钩方法。

还有一些在特殊情况下对钓具进行的特殊组装。

钩下坠

手竿在一般情况下钩、坠的配置总是坠在上、钩在下，但如果到有石缝的坝头、水底有乱石的地方——也是鱼儿最爱去的场所，还有到水底有厚的淤泥或水棉（丝状藻类）等处去钓鱼，如果钩在下，着底时钩子可能被卡住或掉入稀泥中鱼儿看不见。钓友们组装出一种钩、坠倒置的钓组，即钩下坠，在钩下另用细线专拴坠子，坠线的长度视需要而定，但线一定要细，坠子一旦被卡，抬竿时很容易将它扯断,舍坠保钩,故也称"舍坠",经这样组装的钩,钩、饵在障碍之上,鱼儿看得见。

朝天钩

这是一种钩柄上带坠子的钩,使用时钩沉底后在钓线的牵引下,钩尖朝上,所以有"朝天"之称。此钩设计的意图是钩尖朝天,鱼摄食钩尖对准鱼嘴,易于扎入。它通常配七星漂,最适用于游钓。

无漂绷尖钓

这是适用于钓流水的一种垂钓方法,单双钩均可,不用漂,配小的通心活坠,下钩后流水会推动钓线绷直,鱼咬钩看竿尖晃动提竿。

此钓法亦有人用于钓静水,不用调漂,对视力不佳者,可能是一种选择。

还有些钓友他们能根据某些情况,组装出一些异样钓组,如有的用朝天钩时在它的上部另拴一只钩子。与此相近似的在钓底时,在底钩的上部30厘米处加拴一钩。做钓浮用,意欲底、浮兼得,有人还将串钩用于手竿,实行一线多钩等。我以为使用手竿不论钓组怎样匹配,应保持其灵巧、方便和实用。至于有些钓友为求新创异搞试验,也不必苛求其严谨准确,只要能从中获得乐趣,就达到垂钓目的,米卢有快乐足球,我们有快乐垂钓。

手竿配坠

近20多年来,悬坠技法在内地得到极大的普及,它的优点为更多钓翁所赏识。参加各种钓赛的钓友,大多都是采用悬坠钓。一

些休闲钓友也在使用这种悬坠技法。但是用手竿垂钓，在不同的条件下，钓友们会采用不同技法，配坠也有多种选择，使用中最突出的特点是钓手们根据当时的气候、环境、水情及钓什么鱼等具体情况，配置最适宜的钓组及采用最合适的钓技，这里既有最好的实用性，又极具丰富的想象力。

下面就已知的一些手竿配坠情况作些介绍。

悬　坠

手竿配悬坠，这是现在最流行的一种垂钓技法，人们通过对铅片轻重的调整、对饵团大小的增减、对浮漂的调配，将这种技法演绎得淋漓尽致，既能钓底，又能钓浮，既可钓小鱼，也可钓大鱼。钓友们取得丰富的经验，所以介绍悬坠钓的文章到处都有，在这里不另赘述。

底　坠

底坠，顾名思义，就是将坠子沉于水底，这是底坠的本意。但是在使用时既要使它起到沉底定位的作用，又要保持钓组的灵敏度，所以钓友们创造出了多种使用底坠的方法。

擦底坠：在这里用一个"擦"字十分贴切，就是使底坠仅是轻轻地落在水底。钓手视现场的实际情况——风浪、水底泥层厚度及鱼的大小等，将坠子通过与浮漂的匹配，底坠调整到最合适的重量，就是坠子既沉底，又不是死压在水底，保持其灵敏度。

擦底坠通常是配3～5厘米长的短脑线，不少老钓手爱用多股软线做脑线，现在有不少人用单根钓线。从我使用的情况看，这两者似无多大区别。正由于脑线短，只要鱼儿碰到饵团，其力量即可传到坠上，又由于坠子处在似沉不沉的准悬浮状，受到脑线的牵动，即有动静，这个"动"的信息通过钓线又传到漂，于是鱼咬钩的信号就是这样为钓手所接受。正由于这种短脑配底坠的组装方法有较好的灵敏度，所以至今仍有不少老钓手沿用此法。

分体坠：就是将整块铅片分成几份，使它的压力分散在钓线上，以获得灵敏度。例如整块铅坠的重量为3克，分成三份，取两份隔开5～7厘米（远近一点无妨），夹在主线的下端，另一份加在脑线上端，入水后主线上的两份铅片被浮漂提离水底，真正当成底坠的铅片仅1克重，所以它具有较高的灵敏度。这也可以看作是擦底坠的另一种表现形式。

悬坠下面加底坠：在用悬坠配长脑线时，如以蚯蚓、红虫等轻饵料，配上细尾漂，虫饵可以轻便地沉到水底。如用大一点的漂，又是长脑线，用虫饵时，鱼钩很难找到底。为了解决这一难题，使虫饵钩能迅速沉到水底，就在钩柄上方的脑线上卷上一小条薄铅片，增加钩饵的重量。此法看似有些"四不像"，但很实用，为不少休闲钓友所采用。

坠子加在钩柄上：乍一听觉得很新鲜，其实这就是有名的"朝天钩"，使用此法者全国到处都有。

此钩的具体做法是先在钩柄上焊上铅块（用长柄钩为宜），后在铅块上或打孔或留槽做拴线用。装饵后鱼钩在主线的牵引下，其钩尖朝上，有利于刺入鱼口。不过用此法装饵时很有讲究，否则钩子不会朝天。

钩下坠：手竿所使用的钩坠组合，不论是悬坠或底坠，在通常的情况下都是坠在上钩在下。有的钓手想钓草、鲂等鱼，如果在混养池垂钓，水底是鲤鲫的世界。如将钩子下到底，定会招来它们夺食。为了躲开水下的那些底栖性的鱼，只有将钩子不下到水底，采用钓浮的方法。这也是众钓友经常使用的一种手段。但此法有不足的地方，就是下无底坠，浮漂会随风飘荡，钩饵不能定位。于是有的钓友就悟出一个"钩下坠"的办法。就是在主线与脑线的连接处，另拴出一条细线，其线的长度根据钩饵离底的深度来确定，并在线的下端拴上坠子。入水后下有底坠压着，漂子不会移位，钩饵离底躲开了底层的鲤鲫及其他杂鱼，上钩的都是草、鲂鱼。不过在春秋季节，水上层的温度偏高时，鲤鲫们也会趋温上浮夺食。此法的不足是拖着长尾巴，抄鱼不方便。

活 坠

活坠，顾名思义，就是能在钓线上自由移动的坠子。在海竿垂钓中使用活坠是很经常的事，但是要将活坠用到手竿垂钓上来，恐怕很多新钓手就不会了。现在许多老钓手在一定条件下，仍将活坠用到手竿上来。

手竿所用的活坠绝不如海竿所用的通心活坠重，大都在10克以内。手竿活坠就是一粒中有穿孔的铅豆，使用时同海竿一样，将它穿在手竿的主线上，使它能在风浪流水的情况下，仍能压住钩饵。当然，就其灵敏度来说，它不如悬坠和擦底坠，但是在风浪较大或钓流水时活坠就是一种有效的垂钓方法。当然也可以这样来看待活坠，在不利于垂钓的条件下，使用一种不得已为之的非常规手段。

钓友们还有一些在非常条件下使用的钩坠配置方法，看似很土，但是在某些特殊条件下是行之有效的好土办法。由于用途不甚广，故在这里不另作介绍。

海竿有10个优点

海竿的优点很多，用起来确实方便，不论是江河湖海，还是那些沟渠塘坑，都可派上用场。在钓青草鲤链鳙等这些大型鱼，也不怕竿折线断，现归纳为10个优点。也有人认为它有不足，后面将作详细分析。

海竿的优点

1．"放长线，钓大鱼"这是人所共知的熟语，海竿的钓线可收可放，是对付大鱼的有效工具。技艺娴熟者百米之内无禁区，想怎么投就怎么投，远近钓点任其选择。

2. 现在各种海竿所配的绕线轮，都有自动曳（卸）力装置，当大鱼上钩猛力冲撞时，绕线轮的线轴会自动倒转放线，可缓解大鱼之冲撞。

3. 海竿的抗风性能特好，在3～4级风中照样使用，如遇更大的风，可将竿放倒，在大风中仍然操作自如。

4. 海竿可以支在地上，使钓者双手得以解脱，人在竿边可坐可站，更显休闲垂钓之潇洒。

5. 在鱼儿稀少的地方，可使用多竿垂钓，一人同时使用几副竿，甚至打上一排竿，似一队持戈士兵，注视水面。钓者稳坐其后，实施广种博收。

6. 在盛夏日光强烈时，可拉长钓线，将竿支在大树浓荫之下，人在树下享受清凉。

7. 如果钓手掌握多种抛投技术，更可打破岸边树枝电线等空中障碍的封锁，照样可以抡竿垂钓。

8. 对老年人和弱视者使用海竿，可免去观漂之苦，钓手静坐竿边，鱼儿咬钩，或观竿尖摆动，或听清脆铃声，突破视力难关，尽享渔乐。

9. 另一个最突出的优点是海竿可以加漂，仿效手竿垂钓，可弥补海竿反应迟钝。加漂后的海竿大大拓展了使用的方法，能作多种新鲜别致的钓法，尤其是近年手海两用竿花色品种增多，更增大了海竿适应范围，这又大大发展和丰富海竿的钓技。

10. 海竿另一个最大的优点是能根据地形、水情、鱼情，将钩具钓组作多种组装匹配，如使用单双钩、串钩、炸弹钩，甚至多钩种组合使用。

海竿的不足

海竿也和任何事物一样，尽管有10优，但仍有其不足，有些正是由于在某些方面的优点，也带来了一些方面的不足。下面就是我们在使用海竿时的另一种感受。

1. 初学时难。即使是新手使用手竿，稍加指点，拿过来就能用。而海竿配置有绕线轮，使用时要拨这个转那个，准备的事一大堆，不好记，加之抛投时还要掌握一些技巧，所以有人就说："海竿开头难学，手竿学后难精。"当然，如果要将海竿玩得挥洒自如，尚须勤苦多练。

2. 海竿在抛投时要求场地开阔，上无树枝电线的空中障碍，下要宽阔空间，因此对海竿的使用受到一些限制。但有些技艺娴熟的钓手，他们能采用多种抛投方法，打破对抛竿的封锁。

3. 上鱼快本来是一大优点，海竿正是这样，只要鱼上钩，三下五除二，鱼就上岸了，太快太容易，有人就觉得享受不到遛鱼的乐趣。而手竿上大鱼后，不能急着扬竿起鱼，只能慢悠悠地领着鱼儿转，鱼儿冲撞时又怕钩折又怕线断，心惊胆颤，可钓者追求的又正是这种紧张刺激的感受。在鱼儿不太闹的时候，还可领着它转圈子，进退自如，人鱼共舞，享尽垂钓之乐。

竿好轮应更好

海竿的优点说了很多，若是离开了它的另一半——绕线轮，它真的成了"光杆司令"。有人说"好马配好鞍"，这竿和轮可不是马和鞍的关系。海竿在我国古已有之，称"轮竿"，当然，那时轮竿可不能和"现代化"相比，有一点是可以肯定，就是轮竿是将"轮"字放在竿之前，可见轮之重要，并突出竿的特点。因此选好用好绕线轮，是用好海竿非常重要的前提。

怎样挑选绕线轮

如何挑选呢？一只好的旋压式绕线轮，不论它用什么材料制成，其外表应平整光洁，摇动手柄时，要轻快通畅无杂音，无磨擦阻滞感。转动时机头不晃动，排线整齐。当钓上鱼钓线载重时，摇柄也应转动流畅。

在选购这种旋压式绕线轮时，有几个应注意的事项。

1. 绕线轮的摇柄，有固定在左边的，有固定在右边的，还有能左右互换的，如果是单向的，就要选择与自己左右手相适应的轮子。

2. 由于绕线轮的品牌、档次不一，绕线轮的线槽有宽有窄，应选择线槽较宽者，因为线槽宽，出线通畅，不夹线，而且绕线轮的前挡头对钓线的磨损也不严重。

3. 每只绕线轮都标有转动比例，即手柄转动一圈，能带动拨线架转几圈，它们的比例大多数为1比3至1比5左右，当然，比例大，收线快，不过这种比例只说明这只轮子的性能，不完全说明它的质量。

4. 绕线轮的转动部位，有的靠轴承，轴承多者转动轻快，为高档轮。有些中低档轮，虽不带轴承，使用时也还算流畅灵活，它们的价格比带轴承的便宜许多。

5. 轮子的大小，应与海竿的长短相匹配，长竿配大轮，短竿配小轮，长竿配小轮不可取，它将失去长竿的优势。而短竿配大轮，虽不般配，但除重量大一些和手感不协调外，轮大线多，收放线也通畅。对用小竿钓大鱼是有利的。

用好海竿的关键，就是如何正确地使用绕线轮。我们现在使用的绕线轮大多数是"旋压式"的，它优点很多，如果使用得当，会给钓手带来很大方便。对初学者来说，在操作上可能会略感复杂。那么实际使用中一些操作方法和顺序就特别值得注意了，否则不仅不顺手，还总会惹出麻烦。海竿在抛投时是要有些技术要领的，本文不详谈，只就用轮方面提些建议。

装线不可过粗过满

装线时可参考轮子上所标出的渔线规格及容量，大轮配线可粗一点，小轮配线一定要细，总之宁细毋粗。因为轮子有自动曳力的功能，钓线不易被拉断。如用线过粗有可能影响抛投。新线及在春秋季节气温稍低时，钓线发硬，易发生"炸线"（乱线）。如装线太满，也易出现"炸线"，并且在你翻开拨线架时，钓线可能会散落出来，非常麻烦。

装线也不可过少，主要是会影响钓远。有些老式轮子线轴细，储线槽窄，在收放线时钓线会加重与线槽前挡头的摩擦，易伤线。

握竿时手指最好捏住轮脚

将轮子卡上钓竿之后，握竿的手最好将轮脚一并握住，使轮子更牢固地卡在竿体上。曾有个别人因轮竿连接不牢，结果造成卡子损坏，甚至轮子脱落下来。

抛投时轮朝下用食指钩线

用海竿抛投时，有的钓友将竿翻转过来，使轮朝上，而后用拇指将钓线压在竿身上进行抛投。这样做要将竿翻转，多了一个动作；再用拇指压线，致使握竿不牢，而且这样操作也显得特别吃力。实际上在钓一般的淡水鱼时，因无特大的鱼，为了保持竿体的稳定，支竿时最好将轮朝下。抛投时轮亦朝下，将竿举起时轮会朝上，用前握竿手的食指轻轻钩住渔线抛投，这样做可减少操作上的麻烦，而且可腾出拇指握牢钓竿，增加握竿的稳定性，使整个抛投动作简洁通畅。

在海钓或钓特大鱼时，要将轮子朝上，使钓线上的强大拉力由钓竿来承受，过线圈只起一个将钓线固定在钓竿上的作用，不承担钓线的压力。

不要随意扳动止旋钮

在绕线轮的下部有一个能左右扳动的开关（有的轮为上下扳动），打开它可使拨线架倒转放线。有的老钓手为了找当年用手拨轮钓鱼的感觉，上鱼特意打开此钮，用手推动摇柄，使拨线架正反转,以控制钓线的收放。能这样操作的钓手,当然是有比较娴熟的钓技。如果对海竿尚不太熟悉,建议还是不要贸然拧动这止旋钮,以免带来乱线等麻烦。

调好曳力开关的松紧度

曳力装置有两种,一种是设在绕线轮的上面,称前曳力;另一种装在轮子的下部叫后曳力,它们的功能相同。曳力装置的作用就是大鱼上钩后,可能会极力冲撞,如靠人工放线,在瞬间可能来不及,导致钩折线断。这个曳力装置就是能自动放线,当大鱼突然冲撞紧拽钓线时,调整好的曳力装置会使线轴自动倒转放线,这时摇柄已不起作用。只有鱼儿不闹了,钓线的拉力减小,这时手摇柄才又起作用,可以摇轮放线。如大鱼再闹,拉力过大,线轴又会倒转放线。

要做到自动放线,事前就要调整好曳力开关的松紧度,如定得太紧,鱼儿要线时线轴不易倒转放线,定得太松时鱼儿轻轻拽线,线轴就会倒转放线,容易造成跑鱼。那么这曳力的松紧度应如何定?通常的做法是根据所配的海竿软硬度来确定曳力的松紧度。如海竿较硬,拉力较强,这时曳力可以调得略紧一些。只有当海竿被拉成大弯,难以承受大鱼的冲撞时,曳力装置才能使线轴倒转放线。如果所使用的海竿偏软,就将曳力装置调得松一些。具体的调试方法是将轮子装在海竿上,将钓线从竿头牵出来,请人拽住钓线,或将钓线拴在一固定物上,钓手抬竿,将竿抬至大弯,这时可以拧松曳力使线轴倒转放线,日后在使用时凡竿被拉成这个弯度,线轴就会倒转放线。如果这只轮子要用在另一支海竿上,那就须重新调整曳力的松紧度。钓手用轮熟练之后,就可根据需要随时进行调整了。

抛投时记住钩、翻、投、复、紧

这5个字表示抛投海竿步骤。

钩:前握竿手伸食指轻轻钩住钓线。

翻：将拨线架（有的称拨线环）翻开。这时钓线已被手指钩住，不会掉下来。

投：将钩坠抛投出去，初学者可采用劈投方式，即将竿举至头顶，做砍劈式将钩坠抛投出去。

复：钩坠入水后，将拨线架复位。

紧：钩坠入水后，钓线可能过分松弛，要轻推摇柄，将线稍微绷紧一点，之后将竿置于竿架之上，静待鱼儿上钩。

海竿多种配钩方法

海竿配钩，比手竿复杂得多，如有些钓组虽组装的方法相同，但使用不同的装钩方法，就演化出多种不同的钓技。

软脑线并列组钩

这里指的是以锦纶丝纺编而成的多股钓线，钓友们习惯称软线。以这种线拴钩，通常用6～8只钩，也有使用10只钩的。脑线长度为16～18厘米，将它们并列在一起，众所周知的炸弹钩，用的就是这种钩组，也有人称"爆炸钩"。如果将这种软脑线钩组称炸弹钩，并不准确，炸弹钩仅是用这种钩组装上易于化开的松散钓饵，入水后几分钟散开，好像是爆炸了，这只是针对钓饵而言，所以说"炸弹钩"指的是钓饵，而不是钩，因为这只是用软脑线组钩装饵的一种方法。除此之外，它还有其他多种装钩方法。如将软钓饵做成饼状，将钩子捏进饵饼之中，谓之面饼钩。在这里还有另一种误解，认为用软脑线装上软面团也称炸弹钩，其实它是软而不炸，所以亦不能称炸弹钩。如果在每只钩上装上钓饵——软饵和带皮筋的颗粒均可，亦可将软饵装成一饵双钩，这些装好饵的钩似一串葡萄，所以也有人称葡萄珠钩。这种装钩方法的优点是每个饵团都带钩，钓饵又相对集中，易于被鱼发现，而且装钩方法简单易操作。

软脑线钩由于脑线软,鱼吸饵时能轻易地随饵移动,反应灵敏。不足的是由于多条软线、多只钩子并列在一起,易发生相互缠绕,而且要解开还挺费事。这是一个非常矛盾的事,脑线软灵敏度高,但易缠绕,有人用加粗脑线,或在脑线上刷上一层蛋清、血料或稀清漆等,使软脑线挺拔一些,不易缠绕,但不可过硬,分寸挺难掌握。

硬脑线并列组钩

拴钩方法与拴软脑线钩一样。只是将脑线改用单根锦纶线(亦称硬脑线或单丝),如有名的硬脑线飞钩,使用的就是这种硬脑线组钩。它的优点是脑线挺拔,不易发生缠绕,而且裸钩进入鱼嘴不易吐出来,所以装飞钩一定要用这种硬脑线钩,钩在饵团处才能支撑开,似一只小刺猬,鱼吸饵时中钩。

在这里想说明另一个问题,飞钩是不是锚钩,使用时是锚鱼吗?回答是否定的,飞钩不是锚钩。恐怕凡使用过飞钩的钓友都有这样的体会,鱼吸饵时是将钩子吸入嘴中。锚和钓有一个根本的区别,飞钩是钩不动,鱼主动前往吸饵中钩;而锚钩不装饵,钓手使劲扯动钓线,使锚钩在水中快速移动,碰到谁钩谁,是钩主动找鱼。锚鱼的方法伤鱼太多,在钓界是遭非议的。再说飞钩这种"钩""饵"分离的装钩方法,多处在使用,如用得最普遍的是在颗粒饲料上套皮筋,钩子钩在皮筋上,这当然是钩、饵分离。用飞钩钓鲢鳙,是最有效的钓技之一。有些对外开放垂钓的地方,塘主养鲢净化水质,不让钓(恐怕也有鲢鳙贪吃易被钓光),甚至不准用飞钩不准钓浮,这不是飞钩之过。

硬脑线并列组钩,也有多种装钩方法,亦可装成面饼钩和葡萄珠钩等。

海竿加漂系列

使用海竿加漂,有许多种方法,如以前使用的海竿加固定大

漂，再在主线上端穿空心活坠，下面配硬饵飞钩，这是海竿浮钓鲢鳙最常见的配置方法。使用前先定出钩饵入水的深度（钩至漂的长度），抛出后漂子带着饵团上升至预定深度，空心坠入水后沉底定位。

现在随着海竿（包括两用竿）普遍使用加漂方法，众钓友创造出多种多样的钓法。如常用的有串钩加漂钓底浮（下钩着底，上钩钓浮），钓半水（也叫半浮），即串钩直插于水的中层；串钩前后加漂（前漂大后漂小）全浮钓草、鲂鱼等。

手竿的各种配钩方法，现在可以说全部移植到海竿（包括两用竿）上，大大加强了海竿的灵敏度和灵活性，更丰富了海竿的使用方法。例如手竿使用的单、双钩方法，轻巧灵便，海竿照样使用。长脑线悬坠钓法，用到海竿上，更容易判断钩饵着底情况。总之海竿用上手竿的各种配钩方法，在轻巧灵便等方面虽不及手竿，但结合海竿钓远钓大的优势，它的另一些优点，凸显出来，如小漂可作近钓，装大漂则能钓远。虽然海竿上多了一只轮子略显笨重，可配小轮细线，因轮子有放线功能，钓上大鱼有回旋余地，不会与鱼形成对拉，这个优点是手竿所不及。

海竿还有一些配钩方法，如配短脑线（3～5厘米）双钩，加活坠钓底，可加漂亦可不加漂。还可用硬饵飞钩，以饵代坠钓底，还有特殊的配置方法如钩下坠等都可用于海竿，效果都不错。

总之，海竿的钓组应该是多种多样的，要善于根据当时的具体情况，灵活地运用钓具，使之得心应手，从中享受渔情乐趣。

海竿配活坠

用海竿配炸弹钩钓底，这是钓多种淡水鱼常用的技法。可是在实际操作中如配置不当。抛投时可能会出现坠子后退，使坠饵分离，或坠、饵在空中扭转争先等。如何认识和了解这些问题，主要是饵、坠重量配置不当所致。

轻坠的不良表现

这里所说的"轻坠",就是和同时使用的饵团(包括炸弹钩、硬饵飞钩等各种饵团)相比,活坠轻于饵团,例如饵团 100 克重,而活坠仅 50 克,当海竿带着这不般配的饵、坠抛投后,由于饵团比活坠重许多,它获得的抛甩力大,会独自径直向前冲。而活坠由于轻,向前飞行的速度也慢,便赶不上饵团,而且会离饵团越来越远。由于活坠在钓线上毫无阻挡,它会不停地"后退"。其实并不是活坠真正地向后移动,而是由于饵团飞行速度快,活坠走得慢,赶不上饵团的速度,给人的感觉是活坠在向后退。

找到了原因,问题就好解决。最简单的办法,就是改用重一些的活坠,最好是选用一个略轻于饵团的活坠。如饵团 100 克重,配一个 70~80 克重的活坠。这是因为饵团体积大,在飞行中所受阻力也会加大;而铅坠虽分量轻于饵团,但因阻力小,在飞行中能赶上饵团的速度。由于每个人使用饵团的原料不同,重量也会有变化。如玉米面多的饵团分量重,而用麸皮多的饵团,虽个头大,但分量轻,抛投时阻力也大。所以每人在配坠时要考虑这些因素。

在抛投时如果发现钓线上的活坠后退,可以采取一个临时解决的办法:就是将握竿手的食指,伸进线轮的储线槽,轻轻压住向外飞出的钓线,降低出线的速度,起到减慢饵团前冲的力量作用,当饵团速度减慢后,活坠会很快跟上去。当然这只是一种临时解救法。在实行手指压线时一定要轻,仅仅是为了减慢出线的速度。如果压重了会使钓线的出线停顿,使饵团突然中断飞行,可能将它扯散。

饵、坠等重不可取

假设饵团重 100 克,如果配上一只也是 100 克重的活坠,从重量上看二者相等。但问题就要出在这"相等"上,抛投后饵、坠在

飞行时可能产生互相争先，它俩在空中便玩起了"二人转"，一会儿饵团在前面，一会儿坠子又往前冲，扭来扭去，炸弹钩可能被扯散；飞钩飘在饵团四周，更易于东钩西挂。所以饵、坠等重并不可取。

坠更不可重过饵团

前面提到饵、坠等重尚存不足，如果再让坠重于饵团，则更不可取。在正常情况下，抛投后应该是饵在坠前，如果坠重于饵团，饵团落在后面，就有可能与主线混绞。

半限制坠是一种解救方法

如果活坠的重量比饵团轻时，活坠在钓线上会无限制地向后边移动，会使坠子远离饵团，有些聪明的钓友为了解决这个坠子后退的问题，创造出一种"半限制"活坠。所谓半限制活坠，就是限制活坠只能在规定的范围内活动，这就避免了上述诸多麻烦。

半限制坠的制作很简单，就是另找一条 30～40 厘米长的线，穿上活坠，两端绾扣各加卡子，上端与主线连接，下端与装饵团的脑线连接，这样组装的结果是即使坠子轻于饵团，抛投后坠子也只能老老实实地被限制在这个活动区内，不会再无节制地后退。这种组装方法能带来另一个好处，当鱼咬钩后，原来不加限制的活坠，只能任鱼拉着钩逃窜很远，才会使岸上的竿发出弹力，将鱼钩牢。加半限制坠后，鱼拖着钩子跑，被牵动的钓线很快被这半限制活坠挡住，这时鱼钩的重量就被加大了，起到加力刺入鱼嘴的作用，所以此法有益于提高中鱼率。

总之，活坠的轻重看似问题不大，但的确关系到海竿使用的成效，所以在选用活坠时，还是要注意与饵团的轻重相匹配。

提高海竿的灵敏度

用海竿能钓大鱼，能钓远处，优点很多。但它和手竿相比，最大的缺点就是太迟钝。有没有办法提高海竿的灵敏度。

手、海两种竿，各有所长，钓手要善于发挥它们各自的特长，如果要海竿完全达到和手竿那样轻巧灵敏，很难做到。采取一些辅助手段，提高一些在鱼咬钩时的灵敏度是有可能的。下面将我们经常使用的一些方法，介绍给你。有些看似很原始，但有效，供参考。

1. 在春秋季节，或天气湿闷、鱼不爱咬钩的时候，如用粗硬的海竿垂钓，鱼咬钩的轻微信息，很难使竿尖有反应。所以这时宜用细、软的海竿，只有这样才可能反应出那些轻微的动静。

2. 海竿加漂，这是增加海竿灵敏度最有效的方法。

海竿加漂有许多种方法，在这里介绍两种近似手竿配钩的方法，简单适用。

一是海竿作近钓时，可用长脑线配悬坠，用单、双钩均可，可能比手竿投得远一些，所以要加大坠子的重量，配粗一些的漂，便于观察。最好使用面食，可以上大饵团，以增加重量，有利于投远。

二是作远点（如20米左右）垂钓时，可考虑用6厘米长的短脑线，拴等长双钩，配通心小活坠，钩、坠都沉底，装上较大的浮漂，此法比悬坠略显迟钝，宜钓大型鱼。小杂鱼闹钩，由于力量轻，钝一些的漂坠，有利于滤去一些不必要的杂乱信号，漂动定是大鱼。

以上两法要求钓手抛竿时有一定的准确度，否则浮漂会出现深浅不一的现象，钓手要不停地调漂，太费事。有一个不得已的办法，就是调漂时宁高勿低，漂低了看不见，必须重调；漂高一点，

露出水面过高，这时可以采用压竿尖入水，用钓线将漂子压低，可以勉强使用。由于用线压漂，使漂移位，它不在钩坠的正上方，对灵敏度有一些影响，但可避免收线重调。待鱼咬钩或换饵时再做精确调漂。

3. 在海竿上加一些提高灵敏度的装置。

如果海竿太粗太硬，使用时将竿平支在架上，或平放在地上，在绕线轮前的第一个过线圈的底下，插一根20厘米长的软竹签，先将竹签的顶端劈开，为防止它继续下裂，可用线或胶布将裂口下的5厘米处捆扎一下，将钓线扯下一段，夹在竹签的裂口中，鱼咬钩即使力量很轻，竹签在钓线的牵引下，会前后晃动，非常灵敏。

还可用一段普通带塑料的电线，做一个5厘米直径的圈，还是将它加在第一个过线圈前的钓线上。并将钓线下扯10厘米左右，这段钓线在电线圈的坠垂下，会压下来，当鱼咬钩牵动钓线，这个电线圈会上下跳动。

以上这两种方法，都不影响提竿收线。

还有一个更简单的方法（这是我们采用最多的应急措施）：将竿抛出之后，平放在地上，还是将第一个过线圈前的钓线扯出一小段，就手捡一块圆形的小石头或土疙瘩，将线挂在上面，鱼咬钩牵动钓线，钓线又带动石头会滚动，特别灵敏。

以上这些方法，还可在刮大风无法支竿时使用，有很好的防风效果。

4. 通过支海竿的角度，以达到最灵敏的反应。

如果是一支较硬的竿，又采用承托型的支架，拦腰支在海竿的中段，这当然是最牢固的，可是在鱼咬钩拽线时，竿尖也会像竿身一样"稳当"，不会轻易地做出反应。如果改用别卡型的支架，卡住海竿的柄端，使整个竿身悬空，这时拽线，竿尖易于摆动。

一般来说，竿和线支成90°角时，钓线最易牵动钓竿。有时因地形或风向等达不到这个最佳角度，可以考虑横向支竿。当然，在支海竿时既要考虑它的灵敏度，也要考虑钓手观察方便，最忌仰着脖看竿尖，使钓手极不舒服，颈部太累，人也最易疲劳。

撩 投

将海竿做低手抛投,我们称它为撩投法,是海竿及两用竿出线的一种实用操作技巧。平时看到使用海竿的人,抛竿时多数人是采用那种劈柴似的上手抛投方法,即双手握竿,或举过头顶,或置于肩上,由上向下将钩坠甩出去。这种抛竿法的优点很多,如操作简便,能发力远投,准确性好等。如钓位上下有足够空间,是海竿及两用竿使用这种上手抛投最方便的地方。

这种砍劈式的上手抛投法,也有不足的地方,就是在抛投时要有较大的空间,竿越长要求空间更宽阔,尤其是钓位上方不能有树枝及电线等障碍物。如果采用低手出线的撩投法,在钓位上方不要求高宽的空间,像手竿出线一样,轻轻地将竿上撩,就可将钩坠弹出去。

如欲采用撩投法,对钓具及钓饵方面有些要求,概括地说,就是短硬竿配重坠。

海竿(包括两用竿)应从短从硬。竿长以3米左右为宜。如竿过长,操作不便,且竿长必重,单手持竿很难控制。竿也不宜太短,短竿不易形成弹力,钓手会有使不上劲的感觉。竿以硬性及中硬为好,只有将硬竿拉弯才能获得较大弹力。为了使钓线飞得远,就要加重坠子的分量,必要时饵团也要加大,以便使钓线获得最大重量,才能飞向远处。

抛投时的操作方法,一手执竿,另手握住坠子,并将钓线绷紧,一直将竿拉成大弯,使竿形成最大弹力。这时握竿手再使劲向上抬竿,使人的力量与竿的弹力形成一股更大的合力。这时握坠的手突然松开,使钩坠饵团拽着钓线向外飞行,待钓线与竿处在一条直线时,松开握竿手勾线的手指,放线,待钩坠飞行无力时即下落入水,完成抛投动作。

在做撩投时,有两个关键的操作要领,首先要使竿形成最大的

钓具

弹力，就是将竿拉到最大弯度，钓手在向上撩竿时要将"撩"的力量与竿的弹力合成为一股力量。其次是松开勾线手指放线的时间要恰到好处，松早了钩坠飞不起来，就掉在面前，松晚了钩坠会向上冲，并向回飞行，还可能砸到钓手自己。所以松指放线的迟早，是撩投能否成功的关键。

其实这种撩投方法并不难，凡会使用手竿的人，可完全仿效手竿抛投的手法。

海竿或两用竿所使用的各种钓组，如炸弹钩、串钩及手竿所使用的单双钩，均可取撩投方法出线。

海竿的各种抛投方法究竟哪种好。我的回答是各种抛投方法都好。因为任何抛投方式都是针对某些特定条件发展起来的，用在它最对路的条件下，当然就是最好。就以撩投来说，它适宜的是做20米以内的近钓，尤其是做近岸的带漂垂钓，更显示其优越性，即使岸边上空有树枝等障碍物，用撩投就可畅通无阻。

如果要做50米以外的远投，那当然是用高手劈投为宜。所以说任何一种抛投方式都好，可在不同的用途中显示其特色。想做一名优秀的钓手，则应多掌握几种抛投技术，根据需要该用什么就用什么。

选好、用好钓线

如何使用钓线

真正要用好钓线，确实挺不容易，除要了解钓线本身的各种情况外，在用线时还应和外部条件相对应，如季节气候、水的质量深浅、鱼的品种大小等，都和用线有关。当然，如果钓者只是即兴之举，有鱼无鱼都高兴，对这样的钓手就不必在用线问题上较真，即使是断线跑鱼，鱼跑了可留下的是快乐。如果想成为一名优秀的钓手，那就不仅是对钓线，而且对垂钓的各个环节都应弄明白，从了解各种细节中获得经验和知识。

究竟怎样用线，有些问题最易引起争议，如对钓线粗细的不同理解，在使用时就有明显的差异。

怕跑鱼，使用粗线。

这些钓友的见解是跑几条小鱼无所谓，如果跑掉一条大鱼，将后悔一辈子。所以他们用线之道为，宁粗勿细。

细线钓小鱼，搏大鱼。

这部分钓友他们笃信细线反应灵敏，在一般水域小鱼居多，钓小鱼特讲究灵敏，戏小鱼这是常理，偶然碰上一条大鱼，采用细线小钩搏大鱼，更具刺激。尤其是现在的优质线拉力大，更少断线之虞。

还有一部分走"中间路线"的钓友，线和钩大小居中，他们认为既可钓不大不小的鱼，又可兼钓大小两端的鱼，这种设想是完美的。但是在这里还应见到另外一种见解，这种不大不小的钓线，也只能钓那些不大不小的鱼，如果将鱼的大小排列成10个档次，这些钩线能钓的鱼也只能在4、5、6这三个级别中。用它去钓小鱼，嫌钩大线粗；去钓大鱼又嫌钩小线细。小钩细线钓上大鱼者，有之；大钩粗线钓上小鱼的也有，但这应视为"偶然"。要它们去完成力所不能及的事，可能会失职。所以说钓什么鱼就应准备相应的钓具，这是正确的选择。

在这里还想为那些用线或粗或细者说上几句，他们的那些钓具匹配虽不规范，但张显个性，使我们这个快乐的钓坛，更突出其群众性和多样性。

有的钓友对钓线的老化关注不够，他们选定一条好线之后，一年四季用它，钓什么鱼都用它，总认为它始终都是好线，直到有一天钓线断了，鱼也跑了，带着遗憾才去换线。其实应将钓线视为易耗品，因为在使用中经不断的抻拽和太阳光（主要是紫外线）长期照射，很容易老化。虽有些优质线能抗老化，但也只能抗一阵子，老化是难以避免的。老化线很容易识别，变硬发脆，发黄变灰，失去光泽，有些还会变形，粗细不匀扭曲起毛刺等，如出现这些情况，应随时换掉。

钓线中最应受关注的还是拴钩的脑线，它受力大，结节多，应常检查勤更换，有人按用过多少次、或钓过多少鱼就换线，更有甚者一次一换，这说明钓友们最看重脑线。

如何选择钓线

看清说明文。

钓线中占绝大多数的是分盘包装的盘线，凡盘线在盘面上都有说明该线的各种数据，这就好像人的身份证，如果揭去这层纸，那肯定认不出他是谁。在这份说明中有厂名，还有该线的编号、直径、长度和拉力等。有些标为日制的线还标有日元价格。也有些日产线不标拉力。这份说明可以说是钓友购线的主要依据。一般正规厂家他们非常重视自家品牌的信誉，所以各种数据应该是正确的，钓友们可参考这份说明，按自己的需要去选购合适的线。

首先选择的是线的粗细，说明有两种表述方式，有的标出线号，如1号、2号等；有的标出线的直径，如0.162毫米、0.285毫米等；有的仅标一种，有的则两种同时标出。"号"和线的直径有固定换算方法，有些垂钓书刊曾作过介绍，如果有人不了解，可要求店员说明。

当选定所购钓线后，就要在质量上进行检查，钓友们通常的做法是采用看、摸、拽三部曲。看，就是观看钓线的外表，不论什么颜色的钓线，都要求外表光洁，颜色鲜亮。摸，就是用手摸捋，查看其软硬度，粗细是否均匀圆整。现在的钓线质量大都不错，一般盘装线，看、摸不易发现什么问题。最后一招就是拽，这是检查钓线的拉力。"结实"，是购线者心目中的第一指标，各种不同粗细的线，都应具有相对的拉力，可根据该线的说明文查对。检查钓线结实与否，通常用的办法就是"拽"，有三种拽的方法。第一种，双手握线，用爆发力猛拽；第二种先在钓线上绾一死结，而后再拽，这是检查钓线的结节拉力；最后一招就是对拉，有的人在事前自带一段同号钓线，与要购买的钓线互相钩着，进行对拉。这些都是在现场临时检查的方法。在拽线前有两点应注意，一是事前与店主商定，以免发生不愉快。二是拽线时防止手被钓线割破。在家中也可采用这些办法来检查，如有条件还可采用一些较先进的检测手段。不要用弹簧秤去测线的拉力，在称试时因钓线突然被拉断，秤的指针猛烈回撞，可能被撞坏。

在这里还应注意盘线上的那张小说明。它实际上起到宣传的作用，正由于它有这种广告效应，有些厂商就在这张纸上进行虚假宣传，通常弄假手法有以下几招，最常见的就是"胀号"，也称错号、串号和乱号，就是所标线号（或线径）与实际不符；二是夸大线的拉力；还有更严重的就是假冒名牌，以次充优，这些伪劣产品以虚假的宣传和低廉的价格，诱使钓友上当。但是钓友们从这些与正品太不相符的低价中，以及那些粗劣的印刷中，不难辨出其劣迹。

脑　线

脑线概况

脑线，也称子线，近数十年来它的变化太大了。

为什么要在钓线前端另加一段短线拴钩呢，这是因为拴钩的线上结节多，又常和鱼钩摩擦，鱼上钩后又是钓线最受力的部位，所以这段线最易断，如果不另加线，将钩直接拴在主线上，如发生断线折钩，要另拴钩，减短了钓线的长度，若碰上大鱼，可能毁掉整条钓线。加了这条拴钩的脑线，以上这些问题均可解决。

脑线有长短之分，现在仍有一些老钓友他们仍钟情于短脑线钩，这里当然有习惯问题，他们将短脑线钩用熟了，熟能生巧，用得非常好。

短脑线钩通常使用软线拴钩，如丝线及多股尼纶线，软线的灵敏度特好。在使用双钩时为了使两只钩子不致互相搭挂，钓友们采用了多种材料和多种办法使两钩分开，如其中使用以铅片作支撑的方法就很有意思。找一长3～4厘米、宽为0.6～0.8厘米的薄铅片，在正中间钻一小孔，取软线一段，对折后从上端1厘米处绾死结，从铅片当中的孔中穿出，作与主线连接的线环，将铅片横向对折，软线的两头分别夹入铅片的两端，将铅片捏紧，夹住钓线，后在线的两端拴钩，脑线留长至3~4厘米，这套钩的外形酷似一条扁担挑着两只钩子，所以有人称这种钩为"扁担钩"，这扁担又是铅坠。通过与浮漂的匹配，使扁担若离若即地靠近水底，只要鱼儿触动钓饵，浮漂就会有反应。由于铅片是擦着水底的，所以也称"擦底坠"。这种短脑线钩能流传至今，仍为钓友所使用，说明它有存在和使用的价值。当然，这种短脑线钩现在也在不断地改进中。

现在使用最多的是长脑线悬坠配高低双钩，这是一种比较灵敏的钩坠漂匹配方案，竞技钓手都是使用这种配置。在广大的休闲钓友中也有很多采用了这种钓组。有些人虽在脑线的长短、鱼钩的排列方式（高低排列或并列排列）等方面有所不同。但基本上都是采用悬坠。

现在大家所采用的长脑线悬坠的配置方法，虽其灵敏度很高，还是有许多优秀钓手能根据当时具体的气候、水情和鱼情，做出最恰当钓组配置，他们往往在垂钓时获得更好的成绩。

使用长脑线拴钩的钓手，通常的做法是将脑线小于主线1~1.5号，为什么这样呢，脑线细反应灵敏，再者如钓上大鱼，若竿、线承受不了大鱼的冲撞力，首先被拉断的当然是脑线，竿线漂都能完整地保存下来，损失的仅是一只钩，也就是说将损失降到最低点。这就如下象棋，实施"弃卒保车"的策略。还有也是因为脑线上结节多，上要与主线连接，下要拴钩，脑线与鱼最靠近，鱼咬钩的冲撞力最初由它来对待，这时脑线也最易被拉断。所以手竿钓手垂钓时也采用加强脑线的办法。

现在使用悬坠长脑线的钓手越来越多，必然会出现发展和改进，甚至对一些技术产生不同见解，这对垂钓活动来说非常好，一定会促进创新和发展。

下面试举数例有不同见解的问题，和大家共同探讨。

脑线长短之争

长脑线悬坠配置传入内地之初，脑线是较长的，有人用 30~40 厘米长，据说还有人用 50~60 厘米长的脑线，当时有一种这样的看法，似乎脑线越长越好，不少钓友也在长字上下功夫。可是也有另外一些钓手突破一些思想的束缚，敢于结合钓场鱼情及气候情况，做出改革和创新，将脑线大大缩短，由原来的 30 厘米长缩至 15 厘米，至今许多钓友脑线的长度在 14~16 厘米，有些优秀的钓手他们还会根据实际情况，将脑线加长或缩短。

由于脑线易被弄断，所以出钓时应多准备一些拴好钩的脑线，这些备用线不能长短参差不齐，因为换线时脑线长短不同，会影响水线深度的变化，再去调漂非常费事。有些动作熟练的钓手，他们留出的备用脑线很长，能在现场临时拴配。

还有一种辅助方法，能达到增长脑线的效果，就是采用活动铅皮座的办法，先将通心的活动铅皮座穿在钓线上，两头用太空豆做挡头，在正常情况下，将铅皮座下移至脑线的顶端，如需要调长脑线时，将铅皮座上推，使坠下的钓线增长，可起到近似长脑线的作用。

长脑线究竟多长为好，尤其是在不同条件下，怎样合理地调配脑线的长度，钓手们有不同见解。

对脑线拉力的认识

脑线的拉力与它的功能是对应的，也就是说它的拉力应低于主线，现在许多人通常的看法是 2∶1，就是两条脑线的粗细相当于主线。还有一个比较常用的办法就是使脑线比主线小 1~1.5 号，这都是为了在抗拒不了大鱼的冲撞时，有意让脑线断掉，以保全大局。可是有不少休闲钓手觉得脑线上的结节多，经常被拉断，他们采用加粗脑线的办法，有的甚至用拉力最大的火线当脑线，使脑线的拉力超过主线，在钓界称这种配置方法为"倒拉牛"。我想他们这样

配置可能与用竿有关系，如用 7 米以上的长竿，遛鱼的半径范围大，可以缓解大鱼的冲撞，短竿就没有这样宽阔的场地与鱼周旋。

这种倒拉牛的配置，也并非一无是处，如用海竿带漂或用两用竿垂钓，遇上大鱼，钓线可收可放，无断线之虞，加强脑线的拉力是可取的。

对脑线软硬的不同见解

一般认为脑线以软一些的为好，鱼儿吸饵时，软脑线能轻巧地随饵移动，表现出良好的灵敏性。尤其是钓小鱼，更希望有灵敏的钓组，才能捕捉到小鱼咬钩的轻微信息。可也有人认为脑线过细易相互缠绕、易断，鱼咬钩后用硬一些的脑线，可以起到向上"顶线"的作用，使浮漂反应更清楚。

对于脑线的实际使用和不同看法，还有一些，我想这非常正常，有对钓具匹配的认识，有习惯问题，有对技术知识了解深浅的问题，有对鱼对环境的不同分析等，出现一些相应的见解，是很有益的，便于大家从多方面去观察和考虑问题，有益于促进交流探讨，对一些非正确的东西，在实践和经验面前，自会消失。

钓线为什么会断

凡钓线都具有较好的拉力，真正为大鱼所拉断者极少。断线有许多原因，在这里将一些常见的断线情况概述如下：

旧残次线导致断线

这是在断线原因中比例最高的。

旧残：首先表现在对旧线能否使用的判断上，有些钓友一条线用了很长时间，钓过许多鱼，将它当作"功臣线"，舍不得换，最后断线跑了鱼，才带着遗憾去换线。

即使是一条好钓线经多次抻拽，也可能变形，或扁或细起毛刺。有时因受挤或被压扁，或形成死弯，成为断线隐患。要经常检查，有"病态"者应换掉。钓线是一种易耗品，要经常换。

次：就是劣质线以次充好，混迹于优质钓线之中，这些线拉力小、延伸度大。关于延伸问题，还有一段趣闻，当尼龙线问世之初，按现在标准应算作最次的线，它的延伸度很大。可当时有人将这种能拉长的线当作对付大鱼的好武器，认为鱼上钩钓线被拉长，能缓解大鱼的冲撞。殊不知它不是弹簧，拉长后缩不回去，越扯越长，钓线由粗变细，非常易断。现在出产的优质线，能达到高强力低延伸，有的提出"0"延伸。

还有些钓线，原来质量不错，后因存放时间过长变质，由优变劣。

结节不当造成断线

钓线上的结节，也是造成断线的主要原因。打结时两线互绞，产生切割作用，打结太紧，易将钓线压扁，扁线易断；如果打结不紧，在突然的抻拽中，最易从此处拉断。许多售货员都知道结节不抗拉，他们用绳捆扎货物后，将绳打结，用手拽断。

手竿主线上的结节在两端，上端与钓竿连接，大多采用绾活套套在竿尖连接线上，由于是双股套，线不易断。钓线下端与钓组连接，最好不用"十"字结拴扣，用压接法最好：将主线穿过坠座的上环，连穿两次，作成一个活圈，再将线头在主线上绕两圈，将线头插入活圈内，抽紧主线压住线头。这样拴钓线受损较小。

断线最集中的部位就是脑线。通常它比主线要小，又短又细，两端还有结节。最常见的断线有因拴钩时抻得过紧，将脑线压扁，鱼钩受力后脑线就会从钩柄处拉断。如果脑线是从钩柄后面引出，它最易被钩柄上面的挡头割断。

有人为了解决脑线爱断的问题，使用拉力最好的线作脑线，还有的将脑线加粗，甚至比主线还粗一号半号，还有的在脑线与坠座

连接的地方加套一段细塑料管，缓解结节拉力。

垂钓时遇上断线的确使人扫兴，但有一种断线，应视为愉快，那就是遇上竿、线都不可匹敌的大鱼，这时最好将竿放平，施行"拔河"战术，有意诱鱼将脑线拉断，丢去一只钩，使主线、漂和竿不受损，正所谓"丢卒保车"。经历一次愉快的跑鱼，还不妨更风趣一点，说上一句：鱼儿，走好，祝你一路平安！

操作不当造成断线

真正因上大鱼直接将钓线拉断的情况较少见，因为钓线后面有钓竿作强力支撑，上鱼后其拉力由钓线传到竿上，钓线仅起一个力量的"传导"作用，这时钓竿会发挥出软中带硬的弹力，它一节比一节粗，一节比一节有力，由竿尖到柄端，每节都能承受一定拉力，鱼儿越冲撞，它的抗拉力越强，鱼儿不动，它又直起腰来，正是这种"软功"，缓解了大鱼的死磕硬撞，也保护了钓线不受损。

当然，竿的拉力也有限度，到一定力量竿也会断。由于竿硬力量大，鱼拉不动竿时，其力量又集中到钓线上，造成断线。所以许多钓友都知道硬竿易断线。

不善于运用钓竿的弹力，如上鱼时用手去拽线，手无弹力，硬碰硬，钓线极有可能被拉断。这种手拽断线的方法，在钩子挂死的情况，是保全竿线安全之策。

还有一个最爱断线、也不受关注断线的时刻，就是大鱼被抄网抄上岸之后它在岸上折跟斗，一只钩在鱼嘴中，另一只钩挂在抄网上，形成硬拽，脑线必断。所以抄网中的鱼一定要摁牢，不使其折腾，既不伤手，也不会断线。

钓 技

——遛抄跑释疑

目 录

手竿遛鱼 187

海竿遛鱼 191

遛鱼"呛水"有争议 193

攻守兼备的失手线 193

为什么会跑鱼 195

垂钓时大鱼上钩要遛，只有将鱼遛乏始可下抄网。又有许多情况使上钩的鱼脱钩跑掉。这遛·抄·跑三部曲是许多钓友亲身的经历。如何处置，本章将作细述。

手竿遛鱼

用手竿垂钓，鱼上钩之后，尤其是大鱼，要进行遛鱼，就是要耗尽鱼的冲撞力，始可将鱼抄上来。用手竿垂钓遛鱼的难度很大，因为手竿不能放线，钓手只能在竿线所及的范围内与鱼儿周旋。所以使用手竿的钓手要懂得一些遛鱼的方法。

遛鱼的错误方法

初学垂钓的新手他们在鱼上钩之后，总是想马上将鱼弄上岸来，这当然是不对的。正由于他们不会遛鱼，经常采取一些不正确的方法来处理鱼上钩之后的情况，例如最典型错误做法是和鱼对着拉，鱼上钩人持竿后退，还有握竿的手向上移和用手去抓线。这几招究竟错在哪里？

先说和鱼对拉。鱼上钩之后它要逃脱，会极力挣扎冲撞，甚至将竿拉弯拉倒，从我们的经验看，凡钓竿被鱼拉倒之后，竿和线成一条直线，很难再立起来，钓竿失去弹力，只能和鱼对着拉，俗称"拔河"，最后以钩折线断跑鱼告终，这就是没有及时将竿抬起的原因，有些是因为鱼太大，人和竿都力所不能及之故。新手见到漂动鱼咬钩，甚为紧张，抬竿之后，不知如何处理，死死地抱住钓竿和鱼形成对拉。这时如果岸边有懂行的人提醒他，叫他"稳住"，这种提示的含义是不要匆忙行事，仔细操作。可是在新手听来，更加不敢动，死抱着竿，任鱼拉拽，形成人和鱼对着拉，此时如果竿、钩、线哪个地方有点瑕疵，就可能发生断竿或断钩、线。大鱼上钩之后，稳是稳不住的，只能采取以软对硬的办法，化解大鱼的冲撞。

有的生手在鱼咬钩之后，握着竿直向岸的内侧退。这种"后退"动作错在人后退离水边远了，缩短了竿和线覆盖水面的范围，也就是减小了遛鱼的范围，更不易控制鱼。这时也易发生鱼撞岸，大多数钓友都知道，鱼撞岸最易造成脱钩跑鱼。所以当鱼上钩之后，钓手不仅不能后退，还应尽量站到最靠近水的岸边，这样可以最大限度延长竿和线的长度，以增大遛鱼的范围，能较快较方便将鱼遛乏。

有的新钓手还有一个说不明白的错误做法，就是鱼上钩之后，感到手握底柄处使不上劲，前握竿的手就往竿的中部移。这个动作有可能断送这支竿。因为鱼竿的设计是下粗上细，由上而下一节比一节粗，使钓竿受力后能形成一定的弯度，越往下竿受力越大，这就使手竿成为软中带硬的钓具，所以才能降服冲撞力强的鱼。如果上鱼时钓手的握竿手上移，就等于抛弃钓竿最有用的下半截，仅靠纤细的上半部来对付鱼，当鱼儿发起冲撞，钓手又使劲握住竿的中段，就这样形成硬撅，很可能将竿撅断。所以上鱼后尤其是钓上大鱼后，手一定要握在竿柄处，发挥竿的整体力量降服大鱼。

有的钓手钓上大鱼之后，总认为钓竿软塌塌的使不上劲，他就想方设法去用手抓线，他觉得这样使得上劲。实际用手去抓钓线是个最错误的动作。钓竿牵着鱼为什么跑不了呢，因钓竿可弯曲，鱼使劲挣扎，钓竿以软对硬，鱼儿奈何不得。人若是用手去拽钓线，线和手都没有弹性，只能是硬碰硬，和鱼对着拉，其结果很可能是钩折线断。而且钓手抓线的手很可能被钓线割伤。

用手竿究竟怎样遛鱼

用手竿垂钓遛鱼时只能在竿线所及的范围内进行。当然，如果鱼儿向两侧游动，钓手在条件许可的情况下，可以执竿随鱼的游向移动脚步，以缓解鱼的极力冲撞。不过在多数情况下钓手仍须靠智慧去遛鱼。

手竿遛鱼概括为四句话：动作轻柔、8字线路、鱼停我拽、稳抄僵鱼。下面作详细分析。

动作轻柔

遛鱼时动作不能忽快忽慢,更不可使用爆发力猛提猛拽,这样会使钩上的鱼受惊,实然发起冲撞,使钓手很难驾御。所以在操竿时不论是直线遛鱼或领鱼转弯,动作一定要轻柔,使鱼儿在不知不觉中跟着你的钩线行进。

8字线路

就是将阿拉拍数字8横过来,形成两个并列的圆圈,不过在中间的两线交汇处可变成直线。你主观设计的这个线路图鱼儿能听从你吗?鱼听不听你领,就在于你的智慧加动作。这8字遛鱼的核心就是"主动领鱼、以动制动"。前面提到的错误动作是"以静对动",以不动对动,是错误的做法,只有以动对动才能降服鱼。以动对动不是叫你和鱼硬碰硬,农村中人们对付牲口时有句话叫"顺毛捋",就是不和犟牛对着干,鱼儿也是这样,它要前进你使劲拽,它不拐弯你硬拖着它转,这都办不到。什么是"主动"呢,就是鱼儿在向前游的时候,你使点劲先半拍领着它更快一点前进,这时鱼儿不会抗拒,虽不是主动,还是会跟着你快游。随着前进的方向牵动钓线拐弯是鱼儿能够接受的,以轻柔的手法领着鱼在不知不觉中就拐弯了。这个遛鱼的路线图就是在这样的基础上形成的,我们屡试不爽。

有人曾质疑这8字遛鱼路线是不是太死板,应该是领着鱼"转圆圈"好。我们对转圆圈也做过试验,很不易圆得起来,因为有这样一个问题,在转圈的过程中,任何一点都可能偏离圆圈,在偏离之后不可能再建立另一个圆圈。而8字遛鱼就解决这个偏离的问题,如8字路线有拐弯,有两条直线,当鱼不乏时可领着它在直线上做快速游动,以消耗鱼的体力。两条直线的两端,有四个可以左右转弯路线,机动灵活,是能将大鱼拖累遛垮。当然,也难免有出人意料之事,这就要求钓手灵机应变,采取合理的方式来处理。一个遛鱼技巧熟练的钓手,他能运用巧妙的操作,钓起超出钓具钓力的大鱼。

鱼停我拽

遛鱼的目的是将鱼遛累失去挣扎的能力，在遛的过程中，鱼因累可能会停下来休息。这时钓手不能给鱼喘息之机，要轻提鱼线促它继续游动。有的人这时还会抛出土石击水，吓鱼游动。不过这一招似有不足，万一土石击中钩线，其后果自不待言。所以还是以轻提钓线，可以一松一紧，迫使鱼儿游动，以消耗它最后的力量。

稳抄僵鱼

什么时机下抄网抄鱼，最佳的时间应当是在鱼完全失去抵抗能力，任你拖拽，这就是最好的抄鱼时间。

抄鱼，是垂钓中最后一道程序，如若出点问题，将前功尽弃。抄鱼看似容易，其中还是有不少窍门，最根本的一条就是鱼不累僵不抄。可是有些生手不是这样，他们是急性子，见到钩上有鱼就想赶快抄上来。可是在有些情况下的鱼是不能下抄子的，例如游动中的鱼不能抄，也就是不追着鱼抄，因为鱼的游速快，抄网在水中有阻力，怎么也追不上鱼，所以这追着鱼的抄鱼方法不仅抄不着鱼，还等于拿着抄网赶鱼逃。还有一个不能抄就是不能抄鱼尾，因为鱼的鳍都是向后长的，如从尾向头抄，鱼鳍会挂住抄网，造成跑鱼。关于先从鱼头下抄网还是先从鱼尾下抄网，在钓界有些不同见解。有人认为先抄鱼头，有可能使钩子挂住抄网。这事的确偶有发生，如果将鱼从抄网口当中进入，则可避免。当然，如果说在一些特殊的情况下从鱼的尾部下抄网，应该是可行的。

如何下抄网，有两种方式，一是先将抄网斜插入水中，待鱼遛乏后牵鱼进网。二是抄网先不下水，在水面等待，见鱼已不挣扎，将鱼牵至抄网可及之处，迅速下抄网从头部将鱼抄入网中。之后网不离水，至人跟前竖提抄网，手抓抄网圈提鱼上岸。

海竿遛鱼

可以肯定地说，海竿是钓大鱼最理想的钓具。那么用海竿钓上大鱼之后，怎样遛鱼呢？怎样将鱼弄上来呢？

首先，要了解钓具的钓力，就是自己所使用的竿、轮、线、钩它们各自有多大的钓力，组合之后，这四者的综合钓力应按其中最小的钓力计算。有一种理论叫"水桶效应"，就是说它的桶边高低不平，装水时只能与最低处持平。所以钓具的整体匹配十分重要。当你知道自己海竿的钓力之后，就可根据实力去策划怎样与大鱼周旋。一个钓技熟练的钓手，他能运用自己的机智，钓起超过钓具钓力的大鱼。

还要能熟练地使用海竿，其中最重要的是善于使用旋压式绕线轮上的曳力装置。要使竿和轮做到最佳的匹配，当钓竿被拉到最大弯度时，曳力装置即会自动放线。用海竿遛鱼其主要操作方法就是收放线，这是海竿遛鱼的关键，也是现代绕线轮最突出的优点。有些人平时总是将曳力开关拧紧不用，钓上大鱼后却将控制拨线架倒转的止旋钮打开，用手控制摇柄做正反转收放线。这是一种非正规的操作方式，存在许多隐患。

曳力装置与止旋钮虽然都可以放线，但它们的作用和工作原理却完全不同。曳力装置（也可称曳力开关）是通过它的控制，使绕线轮上的线轴可松可紧，将它调到松紧度合适后，在大鱼咬钩要线时，线轴便会自行倒转放线，这时如果钓手仍在推动摇柄收线，摇柄将失去收线的作用，钓线仍会被大鱼拉着往外放。这是旋压轮最奥妙之处，它避免了钓手收线时大鱼突然发起冲击，钓手来不及放线而导致竿、线断损。它的这种特殊功能有些人不会利用，当大鱼上钩后却将止旋钮打开，使拨线架倒转放线，同时还带动摇柄倒转，可一旦碰上大鱼猛烈逃窜要线，带动摇柄飞速倒转时，垂钓者的手根本无法接近摇柄。这样只能等钓线放尽，鱼儿断线而去。如果能正确地使用曳力装置，那么在钓上大鱼之后，便能发挥曳力的弹性作用，轻松自如地应付大鱼的冲撞。

海竿钓上大鱼之后，其操作方法应不同于钓小鱼。小鱼冲撞力不大，可以直接摇轮收线；如果钓上千克以上的大鱼，尤其是在鱼儿活跃的夏天，或在水库里生长的大鱼，其操作手法则完全不同于钓小鱼。首先一条就是要慢，而且还要慢中带柔，鱼越大节奏应愈慢，以缓慢对付大鱼强劲的冲撞力。大鱼不动时只感到线很重；鱼要是游动则显出强大的拉力，尤其是受惊的大鱼，在逃窜时更会显出一股势不可当的力量，这时除了及时给线之外，别无其他选择，只有待鱼稳定后再慢慢与之周旋。但鱼儿的冲撞绝不只是一次，只要尚未耗尽全力，它就会挣扎不止。在这段时间内切忌急躁，不要考虑如何将鱼弄上来，而应考虑怎样才能将鱼遛乏，耐下性子与它打消耗战，要有一种坚韧不拔的精神准备。当然，除意志外，还需要有较好的体力，例如钓上大鱼之后，连续遛三四个小时甚至更长的时间，也是常有的事。

遛鱼时，如有技艺熟练的钓友在场，可以轮流把竿遛鱼。技艺不高的钓友，在人家遛大鱼时最好不要轻易接竿遛鱼，以免引起不愉快。

在遛鱼的过程中，切忌强提鱼头出水。有些性急的钓手，当大鱼上钩后，急切地想知道是什么鱼，究竟有多大，强行向上提竿观察，这是非常错误的动作。

用海竿钓上大鱼后，如有可能应在离岸边 15～20 米以外处遛鱼，避免鱼儿受惊撞岸。

如用组（多）钩垂钓，遛鱼时有个最大的危险，就是钓上大鱼之后，鱼未遛乏，人就下水去抓鱼。这时万一人被外边的钩子挂住，鱼拼命向外逃窜，人、鱼都无法脱身，人在水的浮力下失重，即使会游泳的人也是有劲使不上，极易发生人身事故。所以鱼未遛乏，人绝不可下水去抓鱼。再者在遛鱼的水域中，也不应有人，既可确保安全，又免惊鱼。

遛鱼"呛水"有争议

呛水,就是在遛水时将鱼头提出水面,使之"喝"几口水,有的说是让鱼呛几口空气,给鱼断水,通过这个方法使鱼晕迷。这种操作方法钓界争议较大,作者虽钓起过许多大鱼,在遛鱼时从没有"呛水"这个念头。为什么不赞成这种操作方法,主要认为遛鱼不能和鱼搞对抗,有时甚至暂时妥协,人随鱼动,因为大鱼为了逃脱,会拼命挣扎,对付它唯一策略就是以软对硬,化解鱼冲撞,消耗鱼的力量,用正确的遛鱼方法将它累垮。

呛水论者是要在遛鱼过程中主动提线强制鱼的头部露出水面,让它呛水或灌空气。这个强提鱼头的动作,在鱼遛乏之前是很危险的,因未乏之鱼力量十足,你强提鱼头让它露出水面,它哪能依从,势必做强硬对抗。尤其是鱼不乏且尚在较深的水层中,这时硬提线,很可能断钩折线。

在经较长时间的遛鱼,鱼会受累,它的一个明显的表现,例如鲤青等底层鱼,它们会随钓线的牵引,游到上层来,挣扎力量也明显减小,时不时的还会将头露出水面,这绝不是人为的呛水,是鱼疲劳的表现,到这个火候鱼儿快撑不住了,鱼儿的这种表现一定是经过了较长时间的遛,它才会累到浮到水的上层,累到能随钓线游动,这与鱼不累强拽线让鱼呛水是完全不同的两种操作方法。

攻守兼备的失手线

失手线,有的也叫失手绳,还有更形象的名称,叫"伸缩护竿绳"。大约是30多年前随悬坠钓一道传至国内,那时叫"尻手线",就是拴在手竿屁股上的线,也可能是用词不雅,后来大家都称它为

失手线。

　　失手线本来是一种防御性的辅助钓具。是在用手竿垂钓时，钓手将竿架在竿架上，靠一只套在竿身的"竿止"挡住钓竿不让它滑下去。竿止为橡胶或塑料制成，有一定弹性，有大小几种号码，能适应多种粗细不一的钓竿，垂约时钓友手不离竿，可是当钓友手离钓竿之后，正好有鱼咬钩，很容易将钓竿拖入水中。为了解决这个问题，有人设计用一条有弹性的橡筋绳，拴在手竿最后一节的底盖上。现在大多数手竿的底盖上都有一个金属环。失手线收缩后的长度为2~3米，两端各有一个金属挂钩，使用时一端钩在竿底的金属环上，另一端钩在插入地下的支架腿上，或钩住地下的其他固定物这时即使人不在，鱼咬钩牵动钓线，将竿拖入水中，这时失手线起作用了，它连着钓竿，又有弹性，即使鱼儿猛拽钓竿，也能缓解这种冲撞。这时只要钓手牵住失手线，捞起钓竿，或继续遛鱼或抄鱼上岸。从这个用途上讲，失手线为一种实实在在的防御性辅助钓具。

　　之后，不知何人从何时开始，发掘出失手线在遛鱼方面的功能，在垂钓时如遇上大鱼，钓竿已降不住大鱼的冲撞，钓手就主动将竿抛入水中，靠失手线强大的弹力与鱼对峙，当鱼累乏后收线抓竿上鱼。自此，这失手线的作用，就由单一的防御功能，成为兼有与鱼拼搏的进攻性的钓具。

　　最初的失手线大都是国外产品，现在国内无数厂家都可生产，由于它的作用有所转换，所以制作的原料有了很大改变，如原来仅是用一根橡皮筋制成，现在大多是外面用弹性极好的塑料制成弹簧状，当中镶嵌着细钢丝或多股尼纶粗线，拉力极强，这里为新的使命——作为进攻型钓具所必备素质。它的长度也在疯长，如由原来的2~3米长，现已长至8米、10米，而且还有更长的，好在这东西没有标准，想做多长就做多长，据说现在有的钓友为了搏大鱼，竟将失手线做成20~30米长。有人就爱用手竿搏大鱼，自有了这失手线，对付大鱼更是得心应手。有的地方不准使用海竿，有了这失手线，大鱼也难不倒钓友，这就是失手线由单纯的防御转化为兼有进攻的两重功能。

为什么会跑鱼

垂钓跑鱼，恐怕每个钓手都经历过。为什么会跑鱼，是事出有因，俗话说，"摔个跟斗捡一个明白"，找到跑鱼的原因，钓手在钓技上会有一个真正的提高。

用钩大小不合适

垂钓时配钩大小不合适，是造成跑鱼的重要原因。如有位钓友他开始钓草鱼，用粗线大钩，钓到不少草鱼后，改钓鲂鱼，用的还是钓草鱼的钓组，下钩后漂被顶起，他急忙提竿，开始感到竿重，似有鱼中钩，继而竿轻，鱼脱钩，连着几竿都出现这种情况。他分析，跑鱼的原因，主要是鲂鱼嘴小，用大钩进不了鱼嘴，所以只见漂动却不中鱼。后改用小钩，果然见效，鲂鱼屡屡中钩。

另一个经常发生跑鱼的情况与上述的相反，鱼大钩小。以2000克重的鱼来说，如青、草、鲤等个头大，其嘴亦大，更不用说鲢、鳙、鲶等大口鱼，钓这些鱼如用钩过小，钩子不易钩透口腔。也是由于钩小，鱼儿易将小钩吐出来。还有小钩也可能被大鱼拉直拉断，总之小钩碰上大鱼，的确难于胜任。有人会说经常听到别人用小钩细线钓起大鱼。确有这样的事，小钩细线搏大鱼，极具刺激，为人乐道。我以为如果小钩细线钓上大鱼，必有其内外部存在良好条件，如天冷水凉，鱼不活跃及钓场方面等一些有利条件，当然钓手技术娴熟也很重要。偶然将大鱼钓起和跑掉的鱼相比，恐难成比例。所以在正常的情况下，还是以钓不同大小的鱼，分别采用相应的钩为宜。

提竿过早过晚鱼易脱钩

见漂动提竿，如时间掌握不准确，易造成跑鱼。

在水温合适、鱼儿饥饿时，鱼会非常兴奋，积极抢夺食物。当它见到吃的，不会作更多探索性的轻拱轻嗫，而是迅速冲向食物，这时的漂态显得沉稳有力，或上升或下降，有时还会做横向移动，在这样的情况下，鱼儿轻易不会吐钩，提竿稍晚一点鱼儿亦不会逃脱，当然也不可过晚。如提竿过早，饵团尚在鱼嘴边，钩未进入鱼口，这时提竿，鱼不会中钩。

总之，提竿的早晚，与中鱼密切相关，只有勤加观测体验，使自己炼就一副火眼金睛，方可做到每提必中。

不同钓饵提竿快慢有别

如饵团过硬，鱼儿刚将饵吸到嘴边，这时你忙着提竿，饵团很可能从鱼嘴中拽出来。再如以虫、草为饵时，这些东西体积过大，装钩后虫的腿翅、草的叶子伸展在钩尖之外，鱼儿叼住钩尖外的部分，这时漂有动静，如提竿必不中鱼。所以用虫草为饵时提竿宁晚勿早，但也不可太晚，这个时机要拿捏得当。钓友中有这样一种看法，如鱼儿将钩吞进口腔深处，认为是提竿过晚造成。如果在恰当的时间提竿，鱼钩会钩在鱼嘴的上部。

提竿时间的早晚，比较难以判断，因为与水温、饵料及鱼种等都有关联，判断准确的可以少跑鱼或不跑鱼。

遛、抄不当造成跑鱼

遛鱼抄鱼，是上鱼的最后时刻，如果在这个时候将鱼弄跑实在可惜。操作不当是造成跑鱼的主要原因，最常见的不是顺着鱼的劲，主动领鱼遛弯，而是和鱼对着硬拉，致使钩线折断，甚至将钓竿也毁坏。抄鱼时有的人不待鱼儿遛乏，执抄网追着鱼儿抄。在水中鱼儿游速快，抄网根本追不上鱼，反而使鱼受惊，加速逃窜。

还有一个最易被忽视的跑鱼原因就是鱼遛到最后时刻，使鱼碰到岸边或接触到水底，这时鱼的身体碰到硬处，会产生很大的回弹力，最易将鱼钩或脑线抻断，使到手的鱼别你而去，可惜。

还有的钓友在上鱼时爱用手去拽线,想将鱼直接提上岸,如果是小鱼,直接提出水面没有问题,假若是大鱼,不可用手去拽线,手拽着线,使线失去弹力,硬碰硬,导致跑鱼。

还有一最奇特的跑鱼,鱼儿已被抄入网袋中,但钓手仍使劲向上提竿,使入网的鱼又被钓手提离抄网,这大都是新手所为,上鱼时过分兴奋,虽鱼已入抄网,仍不会松线,不过这样的事并不鲜见。

钩线选择与组装不当也会造成跑鱼

因折钩断线造成跑鱼,这是常见的事,如何避免,要从两个方面作改进。

选材:例如误将残损及劣质线当好线。在断线的时候经常听到当事者说这是刚换上的新线,怎么会断呢?他错将劣质线当好线。还有一种情况是钓友当时的确买的是好线,用了几年,认为总是"高级"的。其实即使是优质线,经长期日光暴晒和多次抻拽,好线也会逐渐变质。变质的线也不难发现,线变硬发脆,起毛刺,粗细不均,颜色变灰,通过眼看手摸,都可观测到,应坚决换掉,不致成为断线跑鱼的遗憾。

另一个就是钓手在拴钩理线时结节不当,使钓线受伤,如在拴钩时过度用力,将脑线都压扁了,会大大降低牢固度。再者钓线连接时用"十"字结,这种结两线互绞易断。如用压接法,可去此弊端。

关于鱼钩使用不当造成跑鱼的原因,大多出在鱼钩的软、硬度上,有的钩淬火不够,一掰就直;有的淬火过度,看似硬挺,实际发脆,受力后易断。使用前经检查,这些劣质钩不难发现。

总之钩和线是钓具组合中的重要角色,这两者如使用不当,也会成为跑鱼的薄弱环节。

水温变化易造成跑鱼

水温的变化与跑鱼有关系吗?

有。这是因水温的不同，鱼儿摄食的情况也有别，有人说将这不同的两者等同看待，导致判断错误，当然会放鱼逃生。

鱼儿摄食和水温紧密相连，每种鱼对水温的要求又不一样，总体来说，一般的淡水鱼它们最适宜的水温为 20~30℃，低于或高于此，对摄食会产生影响。水温高时，鱼儿活跃，积极拿食，从浮漂的反应上能觉察出来，如浮漂上升下降都显示出力量，使钓手易于判断出鱼在咬钩。假若在水温较低的春秋或冬季，或是气压低鱼儿无食欲时，情况就大不相同，这时鱼儿咬钩无力，浮漂也是无精打采，仅做轻微晃动，新钓手还在等漂子做重重的跳跃呢，于是耽误了许多上鱼时机。即使是提竿，也是漫不经心，以为是"猫鱼"在闹漂呢，结果造成大鱼脱钩。所以垂钓就要根据气候的变化，调整自己的操作方法。

惊奇险趣

——10个钓鱼故事

目 录

挑战太平洋 201

西沙垂钓 211

钓鳡纪实 218

苦斗巨鳡 226

疯狂钓鳌 231

千难万险斗巨鲵 234

竞拼"28金" 242

智钓大白鲨 245

冰钓奇遇黑颈鹤 247

垂钓在70年前 250

挑战太平洋

——访钓获 1300 磅蓝旗鱼钓组成员韩力

韩力，1.80米高的东北大帅哥，内聪外秀，满脸透出精明。他学的是体育专业，又从事体育专业摄影，二十多年来用他那门"大炮"拍出许多精彩镜头，得过一大堆奖。奥运会、世界杯，这些体育比赛中的重头戏，他都采访过。甚至还亲自给海上那些巨无霸——座头鲸照过相。

韩力也是一员双枪将，他一肩背相机，另一肩扛钓竿。他的钓龄也有二十多年，但业绩平平，远不及摄影事业辉煌，钓起的都是那些小字辈。他一心想和那些大家伙搏一搏，他从刚学钓鱼开始，就萌生这种"野心"，等了二十多年，终于等到了这个搏大鱼的机会，就是在2001年7月，有人邀请他以钓手身份，到夏威夷参加"第一届科奥利那世界蓝旗鱼挑战赛"。这是韩力终身难忘的事，其中故事挺多挺多。

钓场·大海

美国夏威夷群岛在北太平洋的中部，由130多个火山和珊瑚岛组成，夏威夷是群岛中最大的一个岛，那里气候温暖，雨量充沛，也是游览的好地方。世界上有许多海上钓场，夏威夷就是很著名的海上钓场之一。当时的浪涌，都在钓船和钓手所能接受的范围之内，鱼情也不错。韩力他们去钓的这种蓝旗鱼，在当地的渔业法中，规定不准用拖网捕捞，只准用体育方面的竞技垂钓，所以资源保护得不错。钓蓝旗鱼就要和它进行猛烈的拼搏，所以这里就成为许多海钓爱好者最向往的地方。

人们提到钓大鱼，往往首先想到的总是和大鱼如何搏斗，其实，在海上进行垂钓，首先要与之搏斗的是大海。大海在许多人的笔下是十分不同的，海明威写的是人和大鱼、大海如何进行艰苦的搏斗；凡尔纳笔下的《海底两万里》，充满了神秘和奇异；《军港之夜》中水兵头枕着波涛，海风把军舰轻轻地摇……将大海写得一派温情。总之，人们对大海的描述，要不就是说它温柔得似一匹蓝丝绢，要不就说它是一头猛兽，能掀起100英尺高的巨浪。的确，大海就是这样变化无常，要靠当事者去经历，用心去领悟。韩力这次尽管吃了不少苦，但领悟到大海的宽容大度，它孕育着小至分厘的磷虾，大至数十吨重的巨鲸，以及这次要钓取的大旗鱼，大海的威严狂景，就是要保护它的臣民，你想要向大海索取，首先要对付的就是大海，叫挑战也罢，搏斗也罢，第一个对象，应当是大海，只有拿到它的通行证，你才能下海。

浪，这是海上的常客，有人说浪因风起，有风就有浪，可是对大海有另一种诠释，无风三尺浪。海水还有另一种形式表现自己，这就是"涌"，涌是海中多种因素互为而成，它将海水一片片、一堆堆地向上抬起，与浪结合使海面形成许多波峰波谷。韩力他们的小钓船有时沉入波谷，四面只见海水不见天，当被推至波峰时，又有居高临下之势。

韩力在海浪的折腾下，几乎败退下来，甚至思想动摇。他在海上三天，第一天刚离岸时感到新鲜惬意，当船插向深海时，心中也随着海浪的滚翻，只想吐，头晕得厉害，在船上强忍着，8个小时就只说了8句话，一直在"练内功"。这恐怕也算是挑战。

由于第一天没有钓上鱼，第二天便向远处推进，那里风浪更大，涌更高。韩力经过第一天的锻炼，似有些适应，虽感到五脏六腑都在翻动，但硬是挺住了，没吐。有一次他正躺在舱内休息，舱高约1.5米，这时只感到船体突然向上一抬，接着猛地下落，他平躺着的身体突然觉得自己的肚皮怎么与舱顶相撞了一下，随之又被重重地掼在床上，摔晕了，也惊呆了，双手乱摸，揪住哪里也不知道，只想使劲站起来。韩力在陆地上走路都带风，现在怎么被整成这个熊样！还不用说，经过这次摔打，真的长能耐了，之后，对一般的浪涌，他都能适应了。

第三天在海中虽然同样是风浪，但韩力不晕不吐，谈话与操作钓具一切正常。这就为下午与大鱼搏斗，准备好了一副坚强的身体。

巨大蓝旗鱼

海钓比赛和在池塘水库钓淡水鱼比赛一样,有专钓某种鱼的单项比赛,也有按单尾和总重量计名次的,这次海钓比赛从名称上看,就明确叫"蓝旗鱼挑战赛",前面所加的"科奥利那"是当地一家大饭店的名称,这次活动由它赞助,所以冠上它的名。海鱼种类繁多,为什么单选蓝旗鱼作为垂钓对象呢?因为个头大,冲撞凶猛有力,能给垂钓者带来最大刺激,所以往往被选作竞钓对象。

旗鱼的品种也有很多,有蓝旗、尖吻四鳍旗、扁帆旗,还有长吻和短吻旗鱼等,共同的特点是,上腭长着一支长刺,和飞机上的雷达天线一样,长长的伸在最前端,又似武士手中的长矛,什么都能刺透,异常威武雄壮。还有一共同点就是凶猛,任何一种旗鱼上钩后都会猛烈地挣扎。蓝旗鱼是旗鱼中的大哥大,这种鱼最大单尾重可达2000磅,长度超过4米。钓获蓝旗鱼的最高纪录为1800磅。蓝旗鱼经常在水面或接近水面的地方游弋,追捕乌贼等,所以用拖钓是最佳垂钓方法。但比赛有规定,凡钓到300磅以下的蓝旗鱼,必须放回大海,以保护资源。当韩力听到这规定惊呆了,300磅呀,差不多是两个成年人的重量,现在我国钓淡水鱼的最高纪录是65.2千克,比之还差着一半呢(江西钓友在2009年10月钓获青鱼为96千克,此纪录保持至今),这300磅重的鱼还当做幼儿园的小宝宝,真是太不可思议了。韩力想到自己真正要和那些蓝旗鱼搏斗,惊喜之余,也有几分恐惧。

钓船·钓具

这次参赛的有12个国家和地区,共有18条船,大都是私家特制的海钓船,有的非常豪华。小小一条钓船,造价达几十万美元,在美国买一辆普通小轿车,也就是万儿八千美元,相比之下,就可看出海钓船的身份。

专用于海钓的船,为了适应垂钓的需要,与普通船有许多不同,如在顶篷后特设有插钓竿的支架,有的海钓船为了能多下竿,又不会使钓线互相缠绕,在船的两侧装有能叠回来的活动导向支

惊
奇
险
趣

架,最长的可达 10 米,每侧能插 4~8 支竿,这就是以多取胜,将钓饵下到海中,就像一群小鱼在游动,更易诱使大鱼前来咬钩。船后还特设有一转椅,只要大鱼上钩,钓手即迅速取下鱼竿坐于椅上,其他钓手将座位上的皮带紧紧系在钓手腰间,以防止钓手被大鱼拖入海中。皮带的前面还带有一插孔,钓手将竿柄端插入其内,使竿柄牢牢地抵于钓手腹部,操作时既稳定又很方便。海钓船与普通船还有一个不同的地方,就是它的船尾可以打开,并形成一条滑道,直接通向水中,钓上大鱼之后,可将鱼从这里直接拉上船。有的大钓船在船尾还装有起重设备,将钓上特大的鱼用它提上来。一条海钓船上还有一种不可缺少的辅助钓具,就是大搭钩,每船配备两把,钩条直径大约有 1.5 厘米,钩的长宽有 15~20 厘米,没有倒刺,1 米多长的柄,上鱼时钓手将鱼牵至滑道,两侧的人迅速出钩搭住鱼拖上来。

施钓的钓具,是在各种钓具中最结实的一种,所钓的鱼也最大。拖钓用竿并不长,一般在 1.6~1.8 米,两节插装。那当然是高吨位的优质碳纤竿,竿尖和人的指头一般粗,具有强大的钓力,一个身强力壮的大汉要想将它拉弯,那也得使出点力气。轮子是卧式海钓轮,直径足有 15 厘米,可以容纳 130 磅级的粗钓线 400 米,能用这种设备钓起 2000 磅重的凶猛鱼。

由于蓝旗鱼最爱吃乌贼、鱿鱼,所以钓饵用的就是鱿鱼拟饵钩,钩条其粗无比,钩长约 15 厘米,这种大钩子比猪肉摊上的大搭钩还大,假的大鱿鱼是用彩色塑料制成,有眼睛,有触须,色彩斑斓,活灵活现。海钓比赛还有一条最奇特的富有人性化的规定,就是为了保证人和鱼公平竞争,装饵时钩子不能长出钓饵,所以一般都是将钩藏于饵中,钩底不能长出钓饵,使人在垂钓时占不到外搭钩锚鱼的便宜。

钓 友

参加这次钓蓝旗鱼大赛的钓船,每条船上有 4 名钓手,韩力觉得同船的钓友与在陆地垂钓的钓友有很大区别,在陆地垂钓,钓手可以各自为战，如果是比赛，还可能禁止别人帮忙。而在海钓船上，完全是两回事，首先，同在一条船上，生命攸关，同舟必须共济。再者，垂钓又非一个能完成的事，有上鱼的，还要有帮手和驾船的配合，所以4个人就是个战斗的小集体。

韩力感觉这次特有意思，三天钓鱼，前两天是同在一条船上，船长劳尔，美国人，是一位风光摄影家，劳尔的生活就两件事，摄影和钓鱼。两人说到一起去了，爱好完全相同，有共同的语言，越说越近乎。在谈论垂钓时，劳尔说他钓起过1000磅重的鱼，韩力觉得这可是望"水"莫及的事。谈到摄影，韩力自觉这个活可不输给他，有世界杯和奥运会这两座金字塔就说明了一切。

第一天没有钓上鱼。韩力开始时还是手扶钓竿，坐在船尾，一边钓鱼，一边和劳尔神聊。不久，电话里传来中国香港选手钓上了本次比赛的开竿鱼。按规定哪条船钓上鱼，就要升旗，作为一种信号，选手们之间距离很远，互相根本看不见，但韩力仍遥祝他的同胞好运！随后又传来日本选手上鱼的消息。韩力他们船上的钓竿仍然梗着脖子挺立于船上，钓线由船尾延伸出去，在浪花中时起时伏机械地跳动着，也和钓船上的人一样，显得毫无活力。

在海上遨游了整整8个小时，由于风浪之故，韩力晕船严重，劳尔取出治晕船的药给他吃，也没有多少功效，弄得这位美国朋友也没有情绪。

第二天，大家还是同一条船，由于有了头天的锻炼，加之上船之前就吃了防晕船的药，韩力身体较第一天明显好转。这天由于仍未钓上鱼，劳尔将船特地向外海开，这里的风浪更大，但毫无斩获。据韩力的这位美国朋友说，虽然当地有保护鱼类资源的法律，大家都在说要保护旗鱼，但有一个毋庸避讳的事实，就是来这里偷钓者甚多，使蓝旗鱼越来越少，越来越难钓。这也可以说是蓝旗鱼自己招来的祸，由于蓝旗鱼是做生食鱼片的上等原料，每公斤在100美元以上，因此引起偷钓者关注，置法律于不顾，来此偷捕。

劳尔两天都没有钓上鱼，他这样的海钓高手感到有失颜面，劳

尔说：亲爱的同行，看来今天要钓上大旗鱼可能不行了，那么我们今天连腥味都没有闻到，这样回去也太不开心。说着他让船停下来，他要采取钓深的办法，钓一些其他的鱼，作一种安慰赛。此招真灵，下竿不到10分钟，只见一支钓竿频频点动，劳尔眼疾手快，抓过钓竿，此时水下有一股很大的力量在拽线，就这一动，驱散了积压在大家心中两天的烦闷，劳尔大叫：韩，有鱼！钓海鱼不比钓淡水鱼，只要能摇动线，就使劲摇轮，劳尔每次摇轮的哒哒声，好像都在挠韩力的心，好不兴奋，看来这条鱼恐怕有几十斤。劳尔不理睬鱼儿的挣扎，不断地收线，在距船5米远的地方终于露出水面，这条鱼黑中还透出红黄，反正叫不出名。劳尔将鱼拖到船边，韩力用搭钩将鱼提到船上。劳尔叽哩咕噜说了一大堆，韩力也听不真切，其大意是这条鱼也就10磅，这样的鱼只能同它玩一玩，要将它放回去。只见他麻利地摘钩，扑通一声将鱼扔向海中。劳尔得意地哈哈大笑，他这种用笑声表达的语言，意思很明白：你看我会钓鱼吧？以此来洗刷他两天未钓上鱼的尴尬。韩力当时竖起大拇指，向劳尔表示祝贺！韩力在海上钓起这么大的鱼真还是第一次，虽然与他要钓的蓝旗相比，这仅仅是一条小毛毛虫。由此也设想到真的要能钓起一条大家伙，不知是啥滋味，只等明天见分晓。

搏斗大蓝旗

第三天，也是最后一天，韩力感到功败垂成，就此一搏。他被分配到另一条也是美国人开的船上，船长米德，是一位医生。这条船比前两天坐的船好了许多，可称得上是豪华钓船，分上下两层，有小酒吧，还有卫生间。这条船共有8个钓位，他们选用了其中4个。最使韩力感到惊奇的，舵手竟是一位妇女，60多岁，是米德的夫人，原来他们架的是夫妻船。据说米德夫人有40多次海钓经验，对于钓大蓝旗，她是一位称职的舵手，是一位熟练的海钓船员。看她脸上，经海上风浪的雕琢，透出勇气和刚毅，令人敬佩。尤其在以后上鱼的时候，她掌握钓船进退有度，与钓手配合得如此恰当，能将这条大鱼钓上来，她——舵手的确功不可没。

最后一天，米德用的也是那种超级大海钓轮，装的就是130磅钓力的大粗线，共400米长，钓饵仍是鱿鱼拟饵钩。到达钓场后，米德夫人将船速调到8节——就是每小时行进8海里（大约为15公里）。米德将钓线放出后，使钓饵在80～200米之间游动，那只彩色大鱿鱼在水面跳跃，以吸引大旗鱼前来咬钩。整个上午钓船都在海上绕着圈航行，寻找鱼的踪迹，可毫无动静，只有那只假鱿鱼在船的牵引下，不知疲倦地在跳跃。

中午时分，远处发现大群海鸟在海面飞舞，米德很像个老猎手，似乎闻到动物的气味。米德夫人调整船头，直向海鸟的地方插过去，就在那个海域一圈一圈地转圈子。这时大家的心情分外紧张，都不说话，只将目光盯着海面，总想从中看出点什么，不时还瞧一眼钓竿，希望有条鱼将它拉弯。又是1个多小时过去，船仍在重复着原来的路线绕行。这时风浪增大了一些，浪花翻得老高，大家的心也随着浪花在翻动。

正当大家焦急万分之际，突然听到船尾一支竿上的轮子发出刺耳的尖叫声，这是轮子在飞速地倒转吐线，由于轮子转速太快，响声连成一片。这时，在水面的拟饵鱿鱼不见了，原来露在水面的钓线也不见了，中钩的大鱼在疯狂地逃蹿，船上的人好像触电一样，唰地一声都动起来了，只见米德飞身跳上去抓住吐线的竿，迅速地坐到转椅上，旁边的人麻利地将椅子上的皮带紧扎在米德的腰上，防止大鱼拖他下水。米德将竿柄插在皮带的插孔中，他的两只脚蹬在前面特设的蹬板上，双手紧握钓竿，米德夫人也在调整船向，使船尾正对上钩的大鱼。这一系列动作，就是几秒钟之内做完的。那真叫争分夺秒，气氛紧张得简直叫人喘不过气来。这时钓手坐上转椅，双手握定了钓竿，应该说就是取得了第一个回合的胜利。在大家定下身来之后，米德让大家赶快收去未上鱼的钓线，以免产生缠绕。韩力对这个活儿很熟悉，有钓淡水鱼的经验，干得很麻利，10多分钟，就将3支空竿收回置于船上。大家感到，越在节骨眼上怎么风浪也更大，钓船晃得厉害。他们腰上都系有安全带，带上有保险挂钩，这时，韩力和另一人都将自己腰间的挂钩连接在转椅上，

以防失足落海，同时两人从两侧保护钓椅，帮助米德掌握方向。就这样开始了长达4个小时的战斗。

米德夫人的确像一位久经锻炼的舵手，她稳稳地掌着舵，将船的尾部始终对准上钩的鱼，配合钓手使他能更好地制服大鱼。这时绕线轮已停止狂吐，时不时传来一两声"的达"曳力声响。米德在大鱼不冲撞时就摇轮收线，就这样进进退退地展开了拉锯战。

在《水浒传》中讲述武松打虎时，老虎有一扑、一掀和一剪这三招救命之术。谁知这上钩的大蓝旗，它也有"沉、跳、撞"三招脱身的本领，韩力总算是亲身领教了这巨旗的厉害，幸喜米德夫妇完美的配合和大家尽力的配合，才降服了这凶顽的大蓝旗。

先说大蓝旗下沉求解脱的战斗。他们和大鱼搏斗了一个小时左右，这时只见本来拖着鱼斜插向水中的钓线，突然快速地向下方移动，米德大声说：不好！大鱼要下潜沉底。这大鱼下沉是很危险的，海洋很深，有的地方几千米深，要是钓线短，绕线轮和船都失去作用，大鱼硬向下拉线，那就要发生可怕的后果。当时幸喜大蓝旗下潜到200多米之后停止了，钓船缓慢地向前开动，钓线又慢慢地向船后倾斜，说明鱼已离底，鱼儿拖着钓线，也没有发生大的冲撞，原来蓝旗在休息，以便积蓄力量。这时米德特别注意鱼的动向，并叮嘱大家要高度保持警惕。

果然，当大蓝旗经过暂短的休息，缓过劲来，只见钓线迅速上升，几乎与水面一样平，米德几乎是大吼：大鱼要跳！真是说时迟那时快，在船后约30米远的海面上只见一道白光，窜出一条大鱼，细长的身子，头上长着尖刺，没有错，就是大蓝旗，它跃起数米高，在空中滑行了约20米，随着一声响，水花四溅，蓝旗落入海中。大蓝旗的这一起一落，如若中钩不牢，经过这一摔，准会脱钩。米德知道大蓝旗的这些招术，倒也显得平稳镇静，韩力可没有见过这场面，当时吓得目瞪口呆。幸喜大鱼未能挣脱。这时距鱼上钩已有两个多小时，米德似一尊雕塑，双手紧抱着竿，一动不动。大家有劲使不上，只是眼看累了，手心攒出水来。

又相持了一会儿，鱼的冲撞力明显减小。每到平静的时候，米德总是提醒大家注意，这正是老钓手可贵的经验。大鱼被拖至离船50米的距离，它又发难了，被拉紧的钓线突然松塌，只见水中一白浪，直向钓船撞过来，米德大叫：鱼要撞船！这是最厉害的一招，有时旗鱼的长戟能将船体刺穿，那真是眨眼的工夫，只见米德夫人急转舵，使船身略有偏移，就在这时，大鱼贴着水面带着水浪直冲过来，擦船而过，真是惊心动魄！此时海上的风浪特高，船的起伏也很大，钓船的船舷又不高，都被海浪打湿了，可大家仍是各司其职，毫不怠慢，船长夫人紧抱着舵，韩力和另一人紧扶钓椅，保护米德。

　　大蓝旗上钩已近4个小时，看来它的各种脱身之术已使尽，已是精疲力竭，毫无抵抗能力，大鱼计穷矣！这时米德已将巨旗缓慢地拖至近处，像拖着半根电线杆，它一动不动，只在海浪的推动下时有起伏。米德果断下令，打开后船舷，准备上鱼。韩力和另一人将船舷拉开，船板向后倒，形成一个与水相通的斜坡滑道，他俩各执一大搭钩站在滑道两侧。在米德的拖拽下，鱼头前的"长枪"已搭上滑道，紧接着露出鱼头，这时韩力他们两人几乎同时伸出搭钩，钩住鱼头，顺着滑道将鱼拖进船舱，这家伙细长的身躯，前有长枪，后有宽大的尾巴，体态均匀漂亮。

　　米德大声叫"好"！

　　大家忙着给米德"松绑"，替他解开皮带，把他从坐椅上扶下来。这时米德的两脚"拌蒜"，不会走了。在椅上坐了4个小时，他腰也僵硬，手臂也抬不起来。当时韩力和他拥抱，感到他十分虚弱。米德的确一点力气都没有了，他夫人递给他一罐酒，他的手微微发抖。

　　在大蓝旗上船之后，大家立即打开坐位下的鱼柜，这鱼柜足有2.5米长，约50厘米宽，是一个细长条的密封箱，将这条鱼抬进去，正好装满。为了保鲜，大家又从冰箱中取出两大袋冰块，倒在鱼身上，将它冰镇。

　　这时已经6点，到了收船时候，在大鱼刚上钩之时，通过无线电就将消息报告给指挥船。在鱼上船之后，大家立即升旗，这小旗在海风中摇动起来,似乎在显摆大家的胜利。

这条大蓝旗鱼后经检验,全长2.1米,净重1300磅,打破了米德自己钓大鱼的纪录,在这次钓赛上也是榜上有名,获得1万美元的奖励。这次共计钓上蓝旗56条。韩力与同船三人都付出了巨大的艰辛,同时也获得一份荣誉。对这次不寻常的经历,韩力真是终身难忘,人生能有几次搏,这激烈的场面,它将载入韩力自己的垂钓史册。

韩力与美国船长米德挑战太平洋

西沙垂钓

那是1986年的3月,我们几位体育摄影记者和三位潜水姑娘及她们的教练等一行八人,准备到西沙群岛去拍摄水下花样游泳。因为西沙水质特好,透明度极高。加之水底珊瑚礁林立,奇石奇草装扮出一幅幅天然最佳场景,绝不亚于电视剧中的那些龙宫仙景。所以这里最适合摄影,让"龙女"们进行极致的演出,我们在导演一出真人版的"八仙过海"。

渡 海

那时,到西沙群岛没有民间交通设施,只有求助海军,从海政到舰队,获得批准,允许我们搭乘军舰渡海。于是我们乘南海舰队的登陆舰,从海南岛最南端的榆林港起航驶向大海。

随着岸上的景物逐渐缩小,最后成一个小黑点,又从视线中消失,"海"的形象逐渐显露出来,海水由黄变蓝,四周白浪一片,真的有"大海中一只孤舟"之感,陆上生长的人哪里见过这个世面,感到海怎么这么大,心中有点畏惧感。几个戴蓝飘带帽的水兵出现在眼前,似乎保护神来了,我们心中顿时踏实许多。突然有个水兵指着船舷左侧大声喊:"鲨鱼!"大家的目光随着他指的方向望去,啊,一群一米多长的鲨鱼与船平行,时前时后随行了一段时间才离去。有一种莫名的恐惧,在陆地人说是谈虎色变,可是在水中我们这些人又成了见鲨色变。我虽是个钓迷,在陆地上的坑塘河湖钓惯了,至多也就在海岸边或近海的船上做个不叫海钓的海钓,哪听说过见着鱼害怕的事,这一回可真害怕,腿肚子有点哆嗦。

我们这群人中,潜水的当然爱好,我这爱钓鱼当然是见水就乐,可是真心遇到大海就有些扛不住了,晕船的呕吐的都有,我经老水手的指点,感到恶心就躺下,此招真还行,我就一直躺倒不起,在整个航行中,可能有一半时间在睡,说"睡"不确切,只是

头晕,强制躺倒,无法睡觉。只是快到目的地——永兴岛时,大家才精神起来。

登上永兴岛

遥远的天边,隐隐出现一条灰黑色的线,海军战士指着前方说:那就是永兴岛,这是西沙群岛中的主岛。又过了一阵只见远方逐渐明朗,一圈白浪围着一块平原,就像一只大砚台,围着一串珍珠项链,不是眼见真想不到世间有如此美妙的海岛。

兵舰靠岸,大家一扫航行中晕船之苦。在海南岛就极具南国风光,可是到这里见到的竟又是另一番情景。西沙群岛是由七个岛屿组成,我们登上的主岛是最大的永兴岛,面积为1.6平方公里。地形独特,由珊瑚礁组成一个四周宽阔平坦的浅海滩,平均宽度为500米,礁盘上涨潮时水深1米多,退潮后仅30厘米左右的深度。礁盘外海底突然加深,一般都在5米以下,坡度极大,稍往外水深即可达数十米。

登岛后各自都在做准备,三位潜水的姑娘她们准备鲜亮的水下演出服,尤其是那几条长彩带,在水中舞动起来,飘飘荡荡,美妙绝伦,活脱脱一群鲜活龙女。搞摄影的同志忙着检校自己的长枪短炮,当然水下摄影器材独具一格,还要能防水。拍摄的演出场地是我们最关心的事,可是到这里实地观察,可以说不论找个什么地方,都是最佳舞台,有人说阳朔是三步一景,可这里的海景,每步都可搬上银屏供人们欣赏。这里的主要条件是海水透明度特佳,加之海水中有数米长的海草,随海流飘动,与美丽的潜水姑娘形成互动,情景逼真,还有很多水下的怪石,这些天然美景。还没有开拍,我们这些人先被这里的美景醉倒。

永兴岛钓鱼

除了摄影包之外,我的另一肩上背的是钓鱼包,一般都走一路,照一路,还会钓一路,到了这个向往已久的地方,如不在这里甩几竿,那可真是妄称"钓迷"。这里有高大的椰子树,奇异的热带树木,这些当然是最抓眼球。可是在我心中最感惬意的是那宽宽的沙滩，它平坦、洁白、细腻，就像纺织姑娘晾起的白绸缎，赤脚踏上去温和、绵软。对钓鱼人来说更关心的还是水，还是这水中的鱼。

守岛的战士听说我爱钓鱼，就自动当起顾问，他们说这礁盘上就是最好的钓场，什么鱼都有，而且还很安全。第二天钓瘾来了，有点按捺不住，早上一人提着竿往礁盘上去，这礁盘远看似乎是一块被水掩盖的平川，其实礁盘上有大小不等坑洼之处，大的坑可能有十几平方米，水深在1米左右。我选了一个较大的平底坑，站在水深仅20厘米深的坑边上，将所带的海竿抽出来，鱼钩用的3钩串钩。这钓饵有意思，在岛上到处都有身背硬壳伸出一只大螯的寄居蟹，我出门时在草丛中拾到几个，砸开蟹壳，取出蟹肉就是最方便最有效的钓饵。装钩后不用漂试就将钩子投向坑的中间，还没有准备妥当，就觉得手上力量加重，接着竿尖往下一沉，啊，怎么这么快鱼就咬钩了，钓线快速地向坑边的礁缝处移动，我还没有弄明白是怎么一回事，鱼儿叼着钩子窜进珊瑚礁缝中。我试着拽了几下，根本拉不动，只好下水去想从礁缝中将钩取出来，谁想到这礁盘边缘就像是一排排大蒺藜，十分坚硬锐利，手根本无法伸进去，只好使劲拽线，后果当然是线断了，鱼跑了。回到坑边上又换钩再钓，这次我想提竿要快一些，要赶在鱼儿还没钻珊瑚丛我就提竿。脑子是想到了，可是由于在陆地上做淡水钓习惯了，在这里鱼咬钩拉线太快，根本反应不过来，手跟不上，当再次下钩时，由于水质清亮，钩落在水底都看得见，正在察看之时，只见从珊瑚丛中窜出几道黑影，直接射向钓饵，它们叼着饵料迅速钻向坑边，待我提竿，晚了，它们又钻进珊瑚丛中，我是懊恼之极，为什么不早提竿。总之事发突然，思想准备不足，也是淡水钓的手艺在这里行不通。要开早饭了，忙着回赶，我想在西沙垂钓是从失败开始，要争取结尾的成功。

还是在早餐前，还是单枪匹马独自去老地方下钩。这次准备较充足，将3钩的串钩去掉上面的一个钩，变成上下双钩，钓饵还是寄居蟹肉，头天就捡了20多只，一早就砸壳取肉，装了半罐头盒。我腰上系了一根带子，将鱼护挂在腰间。这次有了上次的教训，不

能再让鱼钻礁缝，将挂蟹肉的钩子投到水坑的最当中，使钩子离边上稍远一点，以致鱼咬钩后钻礁缝的路程加长一些，增加我提竿的时间。真的，有准备就是不一样，尤其是思想上的准备更充分。刚投下钩，不到2分钟，几条黑影就窜出礁缝直奔钓饵，这时我双手握竿，竿尖刚摆动，我就提竿，钩个正着，没有等鱼挣扎，我就将鱼提到胸前，一手拿着护子的口正好接着，这条鱼也就250克左右，有点像罗非，后来知道是石斑鱼。这种鱼在大陆算得上是优质鱼，身价甚高。我摘钩再钓，鱼儿频频上钩，我的动作也形成规范化，抬竿、飞鱼进护、摘钩换饵到下竿，动作熟练。从下竿开始也就个把小时，护子内已有20多条这样的鱼，大小也差不多，对我来说真是心满意足。收竿了，将护子提起来看，鼓鼓囊囊、重甸甸的，我将鱼护的口朝下，提起鱼护网衣，将鱼倒回大海，快走吧，以后可不要贪嘴。之后，两条手臂疼了两天。

深水惊魂

在礁盘上钓了两次，也摸到一些门道，望着礁盘四周的白浪，我的心又飞向礁盘外的深水。又一次还是在早上，还是我一人去的，想去体验一下钓深水的感觉。

我带了一副3.6米长的玻璃钢海竿，配的是3只钩的串钩，活坠重50克，钓饵还是蟹肉。我穿着胶底鞋，由礁盘最浅处向外走，边上的水仅没过脚踝，也就20厘米深。我逐渐走向深水处，这里的水深已达到膝盖，可是离边缘还有20多米。这时我突然涌出一股恐惧感，什么鲨鱼章鱼这些名声不太好的家伙，在脑子里乱拱，我立即停止前进，站在这快到大腿根的水中，随着海浪的冲击，有点站不稳的感觉。既然到达此处，横下心来也要试一把，于是我将钩坠甩向白浪翻滚的礁盘外边，当时也没有多想钩子挂底的事。刚抛出钩坠也就两三秒钟，钓线就松塌下来，紧跟着这线直往竿底下飘来，我忙着摇轮收线，结果这钓线差不多全被海浪打回来了，重50克的重坠也被海水推到跟前，根本没有沉底，在水中飘着，使我大为惊异，腿肚子直颤抖，再也挺不住了，转身就向岸边跑，好像鲨鱼也随浪冲向礁盘上一样。我跑到浅水处站住，胸口扑扑直跳，稳稳地站了一会儿，悻悻地回到宿舍。同伴们都出去了，有的练潜泳，摄影的同志在试镜，我那惊魂未定的丑态幸无人瞧见。隔天我谈及此事，他们说：这是冒险行为，下不为例。

战士钓鱼

守岛的战士有不少是钓鱼高手，在他们的驻地，见证了他们的战果。只见花坛的台阶上、院子的一角，地下满满铺上一层鱼，各种各样的鱼，我们这些陆客多数没有见过，有石斑鱼、白鱼、大眼鱼，都叫不上名，这其中还有小章鱼、小鲨鱼等。为了交流经验，我们也将带去的钓竿给战士们看，当他们见到我们的洋枪炮——玻璃钢海竿，这种竿在国内还算新鲜，岛上的战士是没有见过，他们觉得很好很新奇，只是说这东西在这里用不上。他们取出自己的钓具给我们看，就是一块长约20厘米、宽约5厘米的小木板，板上缠着0.8毫米粗的尼龙线，鱼钩则有5厘米长（主要是钩柄长）。他们说就这些东西足以对付礁盘上的各种鱼。

战士们说第二天要去钓鱼，这可是最好机会，对我来说既可学他们的钓技，还有拍一些战士们海钓的片子。

这天早餐后，我们相约来到海边，战士们手中拿着钓具外，身上还多了一些东西，腰上拴着一条绳，绳上还拴着一块泡沫塑料，原来这就是穿鱼绳，他们不带鱼护，将钓上的鱼都穿在这条绳上，用泡沫块使鱼串飘起来。身上还拴着一把小刀，随时割下小鱼的肉作钓饵。准备停当，7位战士一字排开，趟着齐腰深的水，向前推进。他们一边走一边将手中的钓线向前方抛出七八米远，而后慢慢回收，如此不断抛线又收回，还不断地向前方走去。只见一个战士吃力地收着线，他首开纪录，钓上一条白鱼，红色的一对极大的眼睛，他将鱼摘了钩穿在绳上。不一会儿这个上鱼，那个也上鱼。我当然不会放过这些镜头，那真是不惜胶卷，不停地咔嚓。这时太阳从无边无际的海上缓缓上升，还带着几片云，阳光洒向海面，形成点点珠光在海水中跳动。在光影的映衬下，战士们在海中的身影显现出来，格外神采，我不停地按动快门（此画面后被《中国钓鱼》杂志选作封面）。也就一个多小时，战士们的鱼绳上牵着一串串的

鱼,该回岸了,所钓的鱼够许多人吃。说实在的,在这里很少有人爱吃鱼,最想吃的还是青菜,那时的青菜靠船从大陆运去,所以吃蔬菜胜过吃肉。这一趟见识了战士们的钓技,长了许多海钓的知识。当然,我也搭进去3个胶卷。

水下钓鱼

潜水教练小蔡,是一名水下狩猎高手,他有一支水下猎枪,实际是用橡皮筋当动力的弩箭,箭的前端锋利无比,还带着倒刺,箭的后端带着绳。下水后将皮筋绷紧,形成能量。他头戴面罩,身背氧气瓶,下水后寻找猎物——个头大一些的鱼。在水下,鱼不怎么怕潜入水中的人。当发现大鱼后,小蔡悄悄地接近鱼,在相距2米左右时,抠动扳机,箭射中鱼体后,人迅速浮出水面,收绳抓鱼,他的收获最大。

我们的水下摄影记者老陈,见我们钓鱼玩得很开心,自告奋勇要参加我们的垂钓活动,他说这海水的透明度很好,我下水去在水中给你们指示目标,你们就将钩子递过去。他戴着潜水镜蹿入水下,当发现鱼之后,他伸一只手在水面,并用手指点一下,叫我们朝他所指方向下钩。他在水下用手在水面忽左忽右、忽前忽后的指点,真有点像潜水艇伸出的潜望镜。就这样他在水中折腾了好大一阵子,不知是配合不当还是别的什么原因,总之是一无所获。我也不想总结这方面的经验,可我们的摄影记者仍不甘心失败,他说你们将钩线给我,我到水下去钓鱼。他在钩上挂上一条小鱼的肉,潜入水下追着鱼钓。只见他在水下翻腾打滚,我们感到他似乎在与鱼儿搏斗。之后他游出水面,手举着钩线,钩上有一条10厘米长的小鱼,我们相顾大笑,鱼虽小一点,可是这恐怕是世界上少有的垂钓方法,给我们带来无尽的渔乐。

结 尾

在西沙永兴岛待了七天,我们的水下摄影记者拍了许多在陆地的江河湖泊中见不到的美景。潜水姑娘们戴花冠披彩带在洁净透明的海水中装龙女、做飞天,精彩无比,再加上这水下美妙的海景,真是美到极致。这些水下摄影作品后为多家媒体采用。我这个爱钓鱼的人也足足享受了几天海岛垂钓的生活,终生难忘。由于此稿只记叙垂钓活动,其他均未记入本文。

再见,西沙!

浪花钓手　喜获丰收

经典钓技

钓鳡纪实

钓鳡鱼,的确令人向往。我们是钓鱼迷,也都采编过钓鳡的文章,那人与大鳡搏斗的场面,真够惊险,真够刺激!我们多么盼望亲手领略一下钓鳡的滋味啊!

今年5月,我们和《中国体育报》的杨学维决定赴河南开封钓鳡。行前,我们与当地的钓鳡老手张鸣钟联系,请他了解鱼情并担任技术指导,张愉快地答应了我们的要求,并说,在开封柳池钓鳡,每年麦收季节,即6月上中旬为最佳时机。

我们准备了钓力最强的钓竿和线轮,买来了粗线(北京渔线厂生产的直径0.6毫米、钓力15公斤的强力钓线)和大钩,还特地制作了一支大搭钩,于6月13日登上列车奔赴开封。

《老人与海》

到达开封的当晚,张鸣钟在家中热情地接待了我们。这位皮肤黝黑、充满活力的中年人在开封钓鱼界是唯一能钓到大鳡鱼的能手,颇有些名气。他曾钓起几十条大鳡鱼,条条都上几十斤,最重的一条达57斤。然而,正如他所说的:"钓鳡就意味着吃苦。"他在钓鳡中虽然多次获得成功,但所付出的艰辛也是一言难尽的。从诱鱼、遛鱼到抄鱼上岸,常常持续数小时。长时间的日晒,超负荷的体力消耗,可想而知。

交谈之余,张鸣钟拿出了早已准备好的录像带——《老人与海》,放给我们看,这是根据美国作家厄纳斯特·海明威的名著拍摄的一部以钓鱼为题材的影片。片中反映了老人与鱼搏斗的惊心动魄的场面,将老人临危不惧、顽强拼搏的刚毅性格刻画得淋漓尽致。我们深受感动,老人是好样的,称得上是钓鱼人的楷模。

我们一面议论着影片中的精彩镜头,一面在张鸣钟指导下整理钓鳡工具，张鸣钟说，钓鳡虽说没有影片中描写得那么惊险，但也非常紧张、辛苦，大家要有足够的思想准备。

说　鳡

6月15日清晨，我们四人组成了钓鳡队骑自行车奔向钓场。路上张鸣钟介绍说："鳡鱼，在本地叫黄鳡，也称黄钻、竿鱼。它肉质细嫩鲜美，略呈米黄色，可能就是以其色而得名。鳡鱼生长快，大者可达百斤以上。它体长尾宽，口大眼小，性凶猛，以各种鱼类为捕食对象，是淡水养殖业的一害。"

"是的，据说，体长15毫米的鳡鱼苗，就能吞食其他鱼类的鱼苗了，成年的鳡鱼，竟能吞食相当自身重量三分之一的其他鱼类，被称为'水老虎''水中霸王'"，我们之中有人补充说。

张鸣钟见我们听得认真，接着说："鳡鱼游速快，冲力大，20斤以上的鳡鱼，渔网很难对付它。它一穿一个窟窿。"

有人插嘴问："它咬人吗？"张鸣钟回答说："鳡鱼不怕人，也不主动攻击人。不过把它整急了，它也会伤人。前两年湖汊子里进来了一条大鳡鱼，一群人包围过去想捉住它。鳡鱼狂怒，撞断了一个人的两根肋骨，逃之夭夭。还有人挨过鳡鱼尾巴的扇打，脸和脖子都被打肿了。"

说起鳡鱼的性子来，张鸣钟说："有条大鳡鱼为了追捕猎物，竟一头撞到桥墩上，撞了个半死，被一位大胆的农民愣从水里抱上岸来。后来过秤一称，有80斤。"

鳡鱼的如此性烈，真让我们吃惊。

初钓进水口

柳池，位于开封市西北郊，面积约7000亩。它是开封人民生产和生活用水的蓄水池。黄河水经过第一沉淀池——黑池沉淀后，再流入柳池进一步沉淀。所以柳池水质纯净，鱼类丰富。柳池进水口，是一条宽约20米，长约70米的河道。这里的水流量大，流速急，含氧量充足，招来了大量的鱼类到此觅食，也招来了鳡鱼到此美餐。所以这里是鳡鱼经常出没的水域，自然也是钓鳡的最佳场所。

骑了近1个小时的车，我们来到这里，站在岸边向东望去，只见烟波浩淼。朝霞满湖，微风推浪，金光闪跳，四五里外的东岸依稀可辨。近处进水口两侧，蒲草丛生，随风摇曳，宛如一群绿衣仙女婆娑起舞。我们顾不上欣赏这大自然的美景，急忙摊开钓具，一面用手竿钓小鱼，为钓鳡备饵，一面组装大海竿，准备钓鳡。见此状况，张鸣钟说："各位莫忙，打猎是不见兔子不撒鹰，钓鳡是不见鳡鱼不下钩。鳡鱼过来时，绝不会无声无息。它总是横冲直撞，时不时在水面上顶出三角形的水线，吓得其他鱼类四处逃窜，甚至蹿出水面。鳡鱼捕食凶猛，必然会掀起很大的浪花，发出巨大的响声。这些都是判断水中有无鳡鱼的根据。你们看，现在哪有鳡鱼的踪迹。"这时，我们才注意到，除流水缓缓向东，冲出一溜微波外，整个湖面十分平静。

"咱们也别傻等，不妨先钓别的鱼，"张鸣钟边说边提起一副玻璃钢竿，在串钩上挂了小鱼，便到桥墩旁钓鳜鱼。我们则架起两副小海竿，挂上面饵钓鲤鱼。

张鸣钟将钓线垂直下放，并不时地抬竿提线，使钩上的小鱼上下翻动。他说："这地方鳜鱼可多啦，前年我在此1小时内连钓28条。"果真不大一会儿，两尾花灿灿的鳜鱼先后被他拖出水面。杨学维见此手痒，接过竿去，依样画葫芦，也在不长的时间内钓起一条。张继国不甘寂寞，从小杨手里接过竿，没过几分钟也钓上来一条。气氛活跃起来，大家说说笑笑，好不开心。

然而，我们的目的是钓鳡鱼。8只眼睛从未忘记盯着远处的水面，渴望那里会出现鳡鱼的背鳍和它划出的水纹。时间一小时一小时地流过，暴露在烈日下的皮肤被晒得疼痛难忍。从上午到中午，又从中午到下午，整个湖面没有大的动静。偶尔一尾鲤鱼跃出水面，激起一片小小的浪花。我们以为猎物已到，神经立时紧张。但是，不大一会儿，水纹消失，好像什么事情也没有发生。

下午5时，张鸣钟根据自己的经验说："天气干热缺雨，鳡鱼不活跃。5点以后，鳡鱼是不会来了。听渔场的人说，今晨5点左右有鳡鱼来过进水口，明天我们4点半出发，5点多开钓。"

闯过第一关

第二天一大早我们就到达柳池，与前日一样，先钓小鱼，组装渔具为钓鳡做准备。张鸣钟还从渔场那里借来了一只木船，放在离钓位20米的岸边备用。我们一边钓鳜鱼，一边等鳡鱼。远处蒲草边有一条大鲤鱼几次跃出水面，引起了我们的兴趣。"把它钓上来！"有人提议。于是我们架起两副小海竿，挂上大颗面食，甩向大鲤鱼出没的水域。时隔不久，小海竿铃声大作，离竿最近的我顺手抄竿，小海竿顿时大弯腰。大鱼上钩了，几经周旋，一尾金色大鲤鱼被抄了上来，用弹簧秤一称，重4.8斤。"就凭这本事，准能钓上大鳡鱼来，"围观的人中，有人称赞不已。

上午过去了，鳡鱼就是不露面。天空万里无云，苦晒难熬，我们多少有些急躁。杨学维骑车到5里外买回来西瓜，让大家轮流到附近的树荫下吃瓜乘凉。

张鸣钟不愧为久经锻炼的钓鳡老手。他身穿迷彩服，顶着烈日，目不转睛地监视着水面。他说："一旦鳡鱼来了，动作要快，甩钩要准，10分钟内鳡鱼保证上钩。"下午1时，他钓上一条20厘米长的白鲦。大家说这是好兆头，因为白鲦银白醒目，是钓鳡的好饵料。

下午2时半，在进水口远处，突然"轰隆"一声水响，一个巨大的浪花翻了上来。大家的目光不约而同地望过去，只见余波层层，缓缓向四周扩散。"是鳡鱼！"张鸣钟根据自己丰富的经验，作出了判断。又过了几分钟，一条二三斤重的大鲤鱼贴着水面飞窜。"来了，真的来了！"张鸣钟端起那支5.4米长的达瓦海竿进入钓位，投出了挂着白鲦的一串大钩。只见他浑身是劲，双手把竿，双脚站成丁字步，俨然一副战士刺杀的架势。按事先约定，钓鳡只能一个人下钩，因为进水口河道狭窄，鳡鱼上钩后又都是沿着河道中更窄的深沟向湖心逃窜，如几个人同时下钩。钓线难免会相互缠绕。

因此，只有等第一人钓到的鳡鱼窜入大湖后，第二人才可下钩。

张鸣钟摆动着钓竿说："这里的鳡鱼常常成群结队而来，看来今天就只进来一条。这个'散兵游勇'比较难钓。"

2时50分，张鸣钟手中的钓竿突然向下猛栽。他用力抬竿，但根本抬不起来。"快，鳡鱼上钩了，谁撑船？"他急促地喊着。这时，曳力器被拉得"嗤嗤"作响，钓线向外飞吐。张鸣钟紧握钓竿，任绕线轮放线，瓦解了鳡鱼的第一次冲击。鳡鱼拖着钓线，一口气窜出70来米，才稍作停顿。抓住这短暂的时机，张鸣钟持竿向木船跑去，与此同时，我抄起大搭钩，船工小李提起4米长的大鱼叉，也都奔向木船。我们三人刚一上船，鳡鱼便发起了第二次冲击，径直向湖心窜去。张鸣钟控制住钓竿，木船被鳡鱼拖着缓缓向前移动。小李用鱼叉当篙，轻点水底，船便加快了速度，离开进水口，驶向大湖。"好！第一道关闯过去了。"张鸣钟这时才松了一口气，他将曳力器拧紧了两格，接着说："鳡鱼跑不了啦，任它拖吧。"

222

周旋二十里

柳池的进水口位于大湖的西岸，鳡鱼在此上钩后，拖着木船朝东游去。张鸣钟在船头把竿，我在船中接应，小李在船尾以鱼叉代篙，控制木船前进的速度。鳡鱼又几次冲撞，曳力器只得几次放线，鳡鱼与船相距已达百米。眼看绕线轮上的钓线所剩无几，有发生"拔河"的危险，张鸣钟用力摇轮紧线，企图将鳡鱼拉回，以缩短鱼与船的距离，但这谈何容易。紧线的结果只会使钓竿下压，钓钩如同挂在石头上，纹丝不动。唯一的办法就是使船加速向鳡鱼靠近，趁势收线。当距鳡鱼约50米时，张鸣钟说："就到这里，不要往前撑船了，太近了鳡鱼会发怒撞船。"

"会有这种事？"我问道。

"这样的事发生过好几次，"张鸣钟讲起了他在钓鳡中的经历，"有一次我坐在橡皮船上遛鳡鱼，将钓线收得太短，大约相距10米，那家伙突然转身，向橡皮船直冲过来。幸亏我沉着冷静，用力斜挑钓竿,才躲了过去。"

鳡鱼拖着木船,穿过湖心,游向东岸。在离东岸约200米处,我和张鸣钟打算登岸,到岸上利用绕线轮上150米长的钓线与鳡鱼周旋,这样可以较快地消耗鳡鱼的体力。然而此乃一厢情愿,那鳡鱼由不得人去摆布,转身又向北游去。据船工讲,那里是深水区。我用搭钩用力击水,想使它往东游,但无济于事,它仍一个劲儿地向北扎。又行了二三里,它猛地来了一个180°的大转弯,掉头游向南岸,在距南岸约150米处停住不动了。这时,跑了四五里路来到南岸的张继国和杨学维,各端一架相机等着拍照,直叫把船靠近些。张鸣钟决定放线,让船工把船往岸边撑。当船距岸尚有20多米时,绕线轮上的余线已不足10米。张、杨二人抓住这一时机抢拍了几张照片,那鳡鱼又动身向北游去。好险啊!万一鳡鱼发起冲撞,不足10米的余线怎能与之周旋。

到了下午6时,鳡鱼拖着木船已在湖中游了3小时10分钟,但锐气仍然不减。尽管我和张鸣钟二人轮流把竿,每半小时一换,但还是感觉手酸臂麻。究竟力量有多大,事后测验竟达10公斤。张鸣钟有点着急地说:"这样下去,再过3个小时也遛不翻它。现在不是三个人遛这条鱼,而是这条鱼遛我们三个人,渔场下午5时要用船下网捕鱼,现在6点多了,他们还没法下网。我上岸,叫他们再派一只船来,帮助我们把鱼弄上来。"说罢,他纵身下水,朝西岸游去。这儿离西岸约100米。

张继国和杨学维在南岸拍照之后,往回走了五六里路,绕到了柳池西岸的一个半岛上。半岛沿岸是平缓的沙地,据说张鸣钟每次都是在这儿把鳡鱼拖上岸的。此时,许多人都拥到这里看热闹。

张鸣钟游了过来。他跟跄上岸,气喘吁吁地说:"不行,这家伙太大。"接着又招呼渔场的人去派船。

木船离岸更近了,大约只有30米,水很浅。张鸣钟趟水返回船边,接过钓竿,让年过六旬的我上岸休息。这时我已累得两腿发软,摇摇晃晃,上岸时几乎摔倒。在一旁拎着相机的杨学维顿时豪气填膺,决心要与鳡鱼一比高低。他将相机交给我,不听劝阻,大步流星地冲到了船上。

木船又被鳡鱼牵往湖心。杨学维乘体力充沛，使劲紧线，大过遛鱼之瘾，只半个小时，便也感觉手臂发热发胀。张鸣钟接过竿说："这条鱼是钩住尾巴了，所以劲大难遛，你看，到现在它还没露面。"

上岸休息的我注视着远处的木船，向张继国讲述遛鱼的路线后说："遛了二十多里还没见鳡鱼的面，我钓了一辈子鱼，这还是头一次。"

未竟的梦　不解的谜

夕阳西斜，湖面上泛起道道金光，令人双目迷离。远处，一只小船渐渐由小变大，只见船上一人双手摇桨，一人手持鱼叉，他们很快地靠近了遛鱼的船。尽管张鸣钟一再叮嘱"不见鱼决不下叉"，但是由于天色已暗，鱼又不露面，持叉的小伙子也只能估摸着鱼的位置下叉。一叉下去未中，鱼儿受惊猛蹿，杨学维只觉得手中的竿差点被拽了出去。歇了一阵的张鸣钟见势不妙，赶快接过钓竿，绷紧钓线。又一叉下去，还是未中，那鱼疯了似地猛逃。只听"咔叭"一声，那根柄粗如杯的大海竿倒数第三节竟裂了一个大缝。杨学维有些慌了，张鸣钟却镇定自若地说："只要线不断，它就甭想跑。"

落日的余辉开始消失，船工们急着要回去下网捕鱼，那小伙子又是一阵子乱捅乱叉。突然船身一顿，张鸣钟身子后倾，线断了。此时已是傍晚 7 点 20 分。

线断鱼逃。经检查，原来是串钩上第三个钩的脑线被鱼叉叉断了。围过来观看的人群莫不为之惋惜，我们 4 人也颇有美梦未竟之感。

我们满足的是体会到了与鳡鱼搏斗的乐趣。我们遗憾的是在长达 4 小时 20 分的较量中竟没能见到鳡鱼一面。

人们在推测这条鳡鱼有多重。有人说 80 斤，有人说 100 斤，也有人说 120 斤。多数人的看法是在百斤开外。据张鸣钟讲，他过去钓鳡鱼，30～40 斤的只需遛两个多小时就翻白，最大的一条 57

斤重的也只遛了3个多小时。这次遛了4个多小时仍未见到鱼，其分量可想而知。这条鳡鱼到底有多重，是一个具有魅力而又永远解不开的谜。

《四海钓鱼》栏目组织当年参与钓鳡的同志回忆当时钓鳡情景

苦斗巨鳡

这里讲述的是一位钓友在一次钓鳡活动中的纪实。

张鸣钟，开封人，是一位钓鳡能手，在当地颇有名气。在那几年他曾经钓起几十条大鳡鱼，每条都在20千克以上。最重的一尾达28.5千克。由于鳡鱼异常凶狠，冲撞有力，可以说他每钓起一条鳡鱼，都是一个精彩的故事。他这次钓起的这条大鳡鱼虽未打破他单尾重量的最高纪录，但应该说是屡次钓鳡活动中最艰苦的一次。

暴徒黄钻

鳡鱼，群众习惯称作"黄钻"，属大型淡水鱼，最大可达50千克。可能是肉质略呈浅黄，故以"黄钻"命名。据说凡是凶猛鱼的肉都好吃，鳡鱼肉当然不例外，可以说是鱼中上品。

鳡鱼在钓手眼中是凶猛无比，力大无穷，是拼搏的好对象。它在养殖者心中简直就是水中老虎、吃鱼的霸王，它长着细长流线型的身躯，加上一只宽大尾巴，游速极快。它专门捕食其他鱼类，一条成年鳡鱼，能吞吃它自己体重1/3的其他鱼，就是15厘米长的小鱼仔，也开始捕食别的鱼苗，被养殖者视为心腹大患，每见必除，但根本抓不到它。如一条10千克重的鳡鱼，一般的网具它都不怕，一穿一个窟窿，鳡鱼有一张特殊的嘴，下颌前端有一骨质突起，上颌有一凹陷与之相吻合，就像一把铡刀，咬住谁不用想逃脱。据说它闭着嘴撞上渔网，只要嘴一张，就将网衣撕一大口子；如果张着嘴撞上渔网，嘴一合就能将网线咬断，也是一个大窟窿，奈何它不得。

这种鱼还是一个急性子，据张鸣钟说，有一年一条大鳡鱼为了追猎物，竟一头撞到桥墩上，撞晕了，被当地一位大胆的农民从水中抱上岸来，后过秤竟有40千克。

鳡鱼不怕人，但也不主动攻击人，鳡鱼在水中的踪迹容易被发现，凡有鳡鱼的水域，只要见到水面有三角形的水纹，那是鳡鱼的背鳍划过水面的痕迹。还有一个更大的特点是当它游过来时，赶得别的鱼飞速逃命，有的甚至跳出水面。

不见兔子不撒鹰

在开封市西北部，建有巨大的沉淀蓄水池，名叫柳池，引进黄河之水，经澄清后为该市人民生产和生活用水。该湖面积约7000亩。它有一条进水口，就是一条宽约20米、长约70米的小河道，这里的水流量大，流速急，水中含氧充足，招来大量鱼类在此嬉游觅食，鱼多了就成了大鳡的"美食厅"，所以经常有鳡鱼出没于此，自然也成了最佳大鳡钓场。

这里，岸边也有石桥大柳树，水中蒲草丛生，随风摇曳，宛如一群绿衣仙女，婆娑起舞，在湖水的辉映下格外妖艳。这正是垂钓休闲的好地方。

这天，张鸣钟偕钓友一大早来到进水口处，准备钓鳡。在这里钓鳡和钓其他的鱼不同，不能下钩待鱼，如果鳡鱼没有来，你下多少竿，等多长时间，也无鳡咬钩。正如猎人牵犬架鹰，没有见到兔子，犬不会追，鹰不会撒，钓鳡也是一样，不见鳡不下钩。所以他们只将钓具整理停当，就等鳡鱼出现。

特制串钩

张鸣钟他们的钓具，可称得上是淡水钓中最结实的5.4米长竿粗管壁厚的超硬大海竿，配一只能装0.5毫米粗、200米长钓线的大绕线轮，使用的是自己组装的大串钩。考虑到鳡鱼冲撞力太大，一只钩子未必能钩住它，又想到鳡鱼的身子细长，如果采用长串钩，大鱼上钩之后，带着串钩游动，外边的钩可能挂在鱼身上。他们越用越精，进行了多次改进。如他们后来选定的是，用约6厘米长的大钢钩，不用脑线，用1条0.8毫米粗的尼龙线做连接线，将钩直接拴在连接线上，每隔10厘米拴1钩，共拴10钩，用100克重的坠子拴在最前端，整套串钩长约1.2米，似一条带钩钢鞭，那

真是碰到谁钩谁,他们只在串钩最上面的3只钩上装50~200克重的小活鱼做钓饵,在大鱼咬上面的鱼中钩后,下面的钩会在鱼的身边摆动,极易被钩进鱼体,如果有两只以上的大钩挂上鱼,大鳡再有能耐,也难逃厄运。

断钩跑鱼

当张鸣钟一行人做好各种准备工作之后,只等鳡鱼的出现。也就不到20分钟时间,只听得远处的水面"扑通"一声,似一个人跳入水中,同时有几条鱼窜出水面。来了,大鳡来了!只见一条三角水纹伴着浪花,直向进水口射来,张鸣钟眼疾手快,对着水纹的来路,将串钩抛投出去,就这么巧,串钩刚入水,他手中的钓竿猛地向下一弯,好像钩着一头牛,一股巨大的拉力,通过钓线传到他的手中,这是一股人和鱼竿都无法承受的拉力,这条中钩的巨鳡,拉着钓线,像射箭一样,向湖心直射,曳力器的响声连成一串,这时张鸣钟唯一能做的事,就是紧紧抱着钓竿,这时弯得似一张大弓的海竿,根本抬不起来,轮上的钓线,转眼间已放尽,最后张鸣钟一个趔趄,几乎摔倒,钓线的拉力突然消失,线松了,竿也直了,鱼跑了!这前后不到半分钟的事,根本就没有回过味来,大家被这突然发生的事惊呆了,他们收回钓线检查,大串钩还在,只是靠上边的第二只钩被掰断了,就剩钩柄还被连接线牢牢地拴住。张鸣钟在震惊之余,突然领悟到什么,他说,大鱼跑了是十分可惜,但又庆幸的是钩断了,线、竿和人都没有受到损失,失小而得大,丢了"车马",保了将帅。如果钩不断,其后果不堪设想。

又一次钓鳡成功

大家七嘴八舌地交谈着,有的十分惋惜,有的说连根"鱼毛"都没见到。他们一边说一边重新整理钓具,并且把橡皮船也充足了气,放在水边待用,下次只要有鱼再咬钩,就得飞速往船上跑。他们又在专心致志地等候新的猎物出现。

当时,天气很好,只见流水不断地涌向出水口,发现水中有其他的鱼在游动,可就是不见鳡鱼的踪影。中午时分,天空阴云密布,随之下了一阵小雨,雨后空气更加清新。只见鱼儿特别活跃,成群地顶水而来,直奔进水口。这样丰厚的美食,定能招来大鳡。

一直苦熬到下午3时许,水面出现了久盼的三角纹,鳡鱼来了!大家也像触电一样,都行动起来,张鸣钟紧握海竿,眼睛就像雷达的天线,不住地向水面扫描。只见浪花里有一个长长的黑影窜过来了,张鸣钟手腕一抖,将串钩甩过去,几乎就在串钩入水的同时,钓线跟着猛地向下一沉,鳡鱼咬钩了,这大鳡猛见空中飞来3条小鱼,连忙张口就咬,它还是那种习惯,鱼不论大小,送到嘴边的绝不放过,这回它可上当了,怎么这小鱼还扎嘴?大鳡负痛,向外逃窜,张鸣钟的确不愧是个钓鳡老手,就在大鳡鱼拉着钓线向湖中猛逃之际,他一边让曳力装置拧松一点让它急速放线,一边握着钓竿向停在水边的橡皮船急跑过去,连蹦带跳踏上橡皮船,他想这下可好了,鱼跑不了啦。谁知这船经过一天曝晒,气跑了不少,软绵绵的,船的阻力很大,根本走不动,而鳡鱼拼命快速逃窜,船速赶不上鱼游的速度,只听得"咕咚"一声,张鸣钟被拖入水中,不知怎的鞋子也被水冲走了,他泳术颇佳,虽跌入水中,并未惊慌,一手握着竿,另一只手紧紧地夹住橡皮船的船边,这倒比人在船上游得快,为了对付鱼的拖拉,张鸣钟用脚划水。大鳡拖着这只半沉半浮的船走出进水口,又拖进大湖。就这样在势力不成正比的情况下,大约被拖了半个小时,这时张鸣钟突然感到脚碰到水底了,原来大鱼将他拉到了一个浅滩,这时他趁着脚下吃得上力,又翻身爬上这半扁的橡皮船,可还是走不起来,张鸣钟第二次又被拖入水中。他急忙定下心,挣着把头露出水面,船还在身边,于是又伸手夹住船边,这地方很深,他用脚边踩水,借着船的一点浮力,一只手仍牢牢地抓住竿,和大鱼周旋。他实在太累,游不动了,他想这样下去,准会被大鱼拖垮。这时他累得呼呼大喘气,一个灵感,使他想到向橡皮船里吹气,这也许是一条活路,他一手稳稳地握住竿,和鱼较着劲,脚不住地踩水,又恰好在这时,中钩的大鳡可能也是太累,停着不动了,这给张鸣钟创造了一个暂短的喘息机会,他摸着橡皮船的进气口,一只手拧开气门,用嘴对着它向里吹气,一连向里吹了几十口气,船略为鼓起来一点,他看到了希望,他真

是尽了最后一点力,向橡皮船内吹,经过10分钟的折腾,这只船竟被他吹得7成满,气舱鼓起来了,他再次翻身爬上橡皮船,浮起来了!这时张鸣钟躺在船上也动不了啦,大约有两三分钟的时间,鱼在拽线,在这短短的时间,他恢复过来,坐正身体,双手把紧钓竿,拖着沉重的钓线,鱼还没有累乏,他高兴了:宝贝,你拖吧,奉陪到底了。就这样大鳡鱼拖着橡皮船在大湖里一会儿朝东,一会儿朝西,走走停停,鱼也不受控制,就像一匹野马,任它乱转。由下午3点到6点,一直搏斗了三个小时,这时感到鱼儿不闹,能随线拖动了,由40米、30米到10米,张鸣钟不停地收线,鱼过来了,已失去抵抗,肚皮朝天,翻白了,但两只阴森森的眼睛似乎在瞪着他。张鸣钟也累得浑身酥软,手臂都抬不起来,但他在胜利的鼓舞下,加上老到的经验,使出全身最后的力量,将一条小绳从鳡鱼的嘴里插进去,从鳃孔中引出来,放下竿,双手拽住绳子,愣是将这足有1.5米长的大鳡鱼拖上橡皮船,这就算万事大吉,一颗紧张的心顿时放松下来,他慢慢地划着船回到岸边。

这条大鳡净重27.5千克,没有打破他钓鳡的纪录,只是在他钓鳡的活动中增加了最值得记忆、最艰苦的一次历程。

疯狂钓鳖

前些年结识了一位钓友，他姓孙，是一位颇有名气的针灸大夫。在谈及他 30 年前的一次钓鳖活动，其钓获量之大，上钩速度之快，简直达到惊人的程度，如果当时有个什么纪录的话，恐怕都要为他包干儿，实在达到疯狂程度。

1975 年的夏天，孙大夫在石家庄平山县黄壁庄水库，参加横渡水库的活动。小憩之际，钓迷孙大夫在水库边逮了几只蚱蜢等活物，挂在钩上，悄悄地将藏带的两个拉砣扔到水库边上的一个大湾子内。鱼迷们都有这么个心态，只要钩坠入水，就万事大吉，有鱼无鱼全不在乎。孙大夫这时感到库区的空气真清新，通过刚才的游泳，似乎已洗去城市的嘈杂，浑身经舒脉畅，好不自在。正在这时，拉砣的线有动静，跟着钓线就慢慢地在移动，有戏！他急忙提线，三把两把就收到跟前，好大一只老鳖提上岸来。紧跟着另一副拉砣也动起来了，又是一只。孙大夫的情绪一下子兴奋起来了，一个钓鳖的计划悄然在脑中形成。

经过一周积极的准备，孙大夫做了 20 多副拉砣，用的是 0.6～0.8 毫米粗的尼龙线，拴了 200 多副钩。为什么要这么多钩子？因为老鳖咬钩凶，往往将钩子吞得很深，不易摘出来，索性干脆就剪断脑线，回家再处理钩子，所以很费钩。他用的是串钩，每组拴 8 只钩。挖了 1 千多克蚯蚓，准备了不少小白鲦鱼，头天下午还买了一块猪肉。这几天忙得孙大夫晕头转向，满脑子想的就是如何钓鳖，只要闭上眼睛，那些圆乎乎傻乎乎鳖的样子就出现在脑子里，连墙上挂的帽子也变成了老鳖。

难熬的 6 天终于过去了，孙大夫和他的爱徒小张星期六晚上刚两点就起床上路了。连着下了几天雨，山路泥泞不堪，天黑路滑这个罪受大了，但苦中有乐，心里痛快。

他们的艰辛没有白付，终于抢在早上4点到达水库，抢到了这早上钓鳖的黄金时刻，两人忙着装钩理线，每副串钩上什么都装一点，有剪碎的小白鲦鱼段，有蚱蜢，有猪肉条，有蚯蚓……好一顿丰盛的早餐。将钩坠每隔6~7米下一副甩出10多米远，水深也就2米左右，找一块石头压住绕线的木片，到4点半拉砣已全部下完。

这时，先下的钓线开始有动静，孙大夫收线抓鳖，一只500多克重的鳖被拽出水面，一场钓鳖大战就此开始。孙大夫麻利地提起钓线，鳖的长脖子被抻出来，他一手掐住鳖头，钩子钩得不深，他正想摘钩，可又见到有钓线被老鳖拉直，孙大夫用剪刀将脑线剪断，将带钩的鳖装进帆布包，也顾不上装饵，又赶忙奔过去收另一条钓线。这时小张也是忙个不停地拽线抓鳖。他俩你一个我一个，好像是开展一场抓鳖竞赛。

这一次孙大夫见一条线动势不大，还是按常规那样去提线，提了一把，啊，拉不动，水下还冒泡呢，老鳖抓底了，孙大夫将提紧的钓线略放松一点，停了一会儿再提时老鳖离底了，但手感很重，他依仗钩大线粗不怕渔具损坏硬往上提，老鳖终于出水了，线上端的钩上挂着一个500多克重的鳖，孙大夫心想。看你个头不大分量怎么这么重。他继续往上提线，奇迹出现了，原来下面的钩上还挂着同样大小的一只鳖。小张说，嗨，敢情两口子都来了。正说着又有线动，小张跑过去提线，也来了个一箭双雕。这时孙大夫这里还见到了更大的稀罕，竟来了个一线三鳖。

他们真是大过钓鳖瘾，带去的三个帆布大口袋都装满了。到9点的时候，天热得不行了，老鳖也基本不咬钩了，他俩也累得直不起腰来。从4点多下钩到9点，在5个多小时内他们共钓获老鳖约60个。个头还特别整齐，都在500~1000克之间，总重量怎么也得超过50千克。

还有更新鲜的，在装老鳖的包里还发现了一些老鳖蛋。

回到单位，又是一阵忙乱，他们提着老鳖到处送人，闹了个左邻右舍大摆鳖宴。

"我们惊奇之余,思想上有种沉重感。"孙大夫回忆说:"在这之后,虽有些人约我,但我再也没去过。"

20多年后,孙大夫曾旧地重游,想再看看那个大鳖窝。但水已变得黑浊,并有异味,水中鱼虾很少。近来又听说河上游截流,沿河又开办了不少小造纸厂、水泥厂等,湖水已被完全污染,鱼虾荡然无存,实在令人惋惜。最近听说当地正着手整治环境,真盼望有一天还会出现从前的鱼鳖兴旺的景象。

千难万险斗巨鲩

钓上一条大草鱼，本无足称奇，只是这条鱼实在太大，搏斗时实在太惊险！

西行说古

在京西百十公里的地方，有一座历史名城，这就是河北的易县，那里有个大水库，不少北京钓友都知道水库里有大鱼。小柴和他的几位钓友，都是京城的钓鱼迷，年轻气盛，只要听说哪里有大鱼，非去搏一搏不可。

小柴等一行四人，在周五的下午，开车去易县，准备在那里钓两天两夜。一路之上，大家个个豪情壮志，好像这大鱼一定会钓上来。同伴中有位姓王的，个头不高，大家叫他小王。还有一位姓马，由他开车，叫他"马子"，怎么称呼，他们都不在意，你怎么叫，我就怎么答应，只显亲切，不显讥讽。其中还有一个姓胡，号称"师爷"，他肚子里有点"水"，大本头衔，说话经常是引经据典。这回去易县，可给了"师爷"一个显露才华的机会，使小柴他们几位着实佩服。

在车上师爷说，你们就知道那里有大鱼，还知道什么？他接着说，那里是清西陵的所在地，有雍正陵、嘉庆昌陵、道光慕陵和光绪景陵。说明这里风水太好了，众多皇上都选这儿做长眠之地。

师爷还说，历史上曾有"燕赵多悲壮之士"的说法，"风萧萧兮易水寒，壮士一去兮不复还"，多悲壮的诗句。紧接着师爷又说，你们知道现代这里发生过的气壮山河的重大事件吗，远比荆轲还要壮烈。大家说，师爷别卖关子，快些讲来。师爷说，狼牙山五壮士你们想必都知道，这狼牙山就在易县西部，1941年发生的五壮士摔枪跳崖，现在还建有纪念塔。大家听他说到这，心情格外沉重，不约而同地看着车窗外，远处的高山，显出雄伟轮廓，好像是守卫我们锦绣山河的卫士。大家无言，在沉思着。小柴说，这话题太沉重了，今天我们不是来唱"大刀向……"伙计们，快到了，准备夜钓的家伙吧。

精心备战

为了准备搏大鱼，小柴和师爷他们都做了细致的准备，四个人带了16副3.6米长的大海竿，配的都是能容0.5粗150米长钓线的进口大轮。用16号钩拴就的炸弹钩，用20号钩组装的串钩。带了30千克窝子食、20千克用豆饼、麸皮经发酵的微酸钓饵。大家的确准备大干一场，太想钓上一条大家伙。

太阳西斜，已靠近远处的山峰，大家到达水库边。之前，经别的渔友详细介绍过，路如何走、车停在哪、什么地方好下竿，他们很顺利将车开到岸边。四人下车，麻利地做着下竿的各种准备工作，组装钓具、测水深、打窝子、装饵下竿……短短的半个小时，在天黑之前，这些事都做完了。大家抢着下竿为的是赶上夜钓中傍晚鱼儿咬钩的第一个高潮，竿打完后也消停了，这时大家才安顿生活上的事，支帐篷、准备吃的用的，天已黑下来。从这里也可看出这四位都是钓坛老手。16副竿一字排开，好不威风，竿尖都夹上小铃，静待鱼儿来咬钩。地上放着一支60厘米口径的粗柄大抄网，网衣差不多有1米长，旁边还摆着一把大搭钩，从这些设备上就能看出他们的心思。

天渐渐地黑下来，他们虽支了帐篷，可谁也没有进去，都坐在岸边神聊，可耳朵的另一半在传神地等着鱼儿咬钩的报警铃声。

已过午夜，小柴说这时正是大鱼晚上咬钩的第二个高潮，四周万籁无声，大家都不说话，虽然什么也看不见，可都瞪着大眼，像雷达一样四处扫瞄，远处不时地传来一两声轻微的水响声——这是最提神的声音，略带疲倦的他们，在这水响声的刺激下，个个来神了，时间就在他们高度紧张中悄悄溜走了，看看东方那颗启明星，格外明亮，已是凌晨3点半，这一拨又没赶上。大家麻利地给这16副竿都重新换上糟食，将希望寄托在清晨。

惊
奇
险
趣

断竿折线

东方刚泛白，指向湖心的海竿依稀可辨，四双眼睛顺着钓竿描来扫去，一会儿从左到右，回过来又从右到左，总想瞧出点什么动静，突然，师爷竿上的铃声"哨嘟"一响，只见他响声刚落，手到竿起，这个利索劲既显示他垂钓的功夫，也看出他在专心地盯竿，他抬竿之后，竿身轻飘飘的，没有鱼，可能是大鱼在游动中碰到钓线。虽然没有鱼，但这一声铃响，传来鱼到了的信息，也驱走他们这一夜的疲劳。忽然最右边的一副竿，也响起清脆的铃声，那是马子的竿，他也恰到好处地提竿，还是"地对空"。

早上4点，远处的山，近处的水，都看得明明白白。突然间小柴前面左起的第二副竿，铃声"当"地发出半响，紧跟着竿尖向下弯，等了一个通宵的鱼情终于出现了，小柴眼到手到，抓起竿来，但竿尖抬不起来，小柴双手紧握竿柄，只听到曳力发出"咔咔"的响声，在倒转吐线，其他三人也像触电一样，齐刷刷地站起来，都盯着小柴的竿尖。由于曳力仍在不停地放线，小柴使劲将竿抬至45°，双手抱着竿，并将竿柄抵于腹部，就此展开了一场人鱼生死搏斗的序幕。

这条大鱼第一次冲撞，使线轴倒转放线很长一段时间，估计它窜出约50米。停留不到2秒钟，它第二次又拖着钩线继续向湖心狂窜，曳力的响声连成一串，只听出"嗞嗞"地好像撕裂一块厚布所发出的声音，大约过了3秒钟，大鱼停下不游了。师爷紧盯着小柴竿上的绕线轮说："钓线已出去一多半，曳力是不是太松了？"小柴也有同样的感觉，不过他认为幸喜曳力定得比较松，以软制硬，降住了大鱼的头两次冲撞。现在最初的难关已过去，小柴认为可以将曳力开关拧紧一点，给钓线加大一点拉力，以加速大鱼的疲劳（通过以后的事实证实，由于鱼太大，他们错误的判断，招致以后一连串惊险的发生）。这绕线轮是后曳力装置，拧动方便，也可能是这曳力太灵敏，刚拧动两格，线轴就很紧，吐线困难。恰好这时大鱼又开始冲撞，竿尖根本抬不起来，小柴双手抱着竿，腾不出手来拧松曳力，他忙叫身旁的师爷帮他拧一下，但晚了，晚了！就差这半秒钟，由于放不出线，形成硬拉，只听得"咔叭"一声，海竿上面的第二节折断了，真是一折两段，上面断掉的半截，竟随着钓线滑出去了，过线圈还挂在线上。小柴还紧握着没有竿尖的后半截，这下面的半截海竿，又粗又硬，和一根木棍一样，毫无弹力，在忙乱中也想不到再去拧松曳力，可这时候的大鱼，又发动不间断的冲撞。"叭"，当又一声清脆的响声传来之后，小柴一个后仰，重重地摔在地下，钓线断了。这时鱼儿可能经过这几次猛烈挣扎，已经累了，它停下来，不再拽线，断线头从断竿的尖上慢慢向下滑。只见小柴一个鲤鱼打挺，"扑通"一声跃向水中，伸手就拽住了线头。其他三人见他这一跳，大惊失色，紧张万分，大家齐叫：别抓线，快上来！小柴没有理会，岸边水不深，仅没及腰，他依仗自己有二级游泳运动员的功夫，不慌不忙地脱掉泡沫凉鞋，并将线头缠在一只鞋的当中，这样线不勒手，而且慢慢地向鞋上绕线。三人见他如此镇定，倒也松了一口气。三人突然想起带去的没有充气的救生圈和橡皮船，这不正是用它的时候。他们迅速从车上取出来，两人轮流向橡皮船内吹气，一人在吹救生圈。水中的大鱼似乎也有点累，它不动了，小柴也不敢拽线，就在这几分钟的工夫，船和圈都吹足了气，这是一只单人小船。师爷下水了，将船推到小柴跟前，扶着船，小柴一个鹞子翻身，滚到船上，他双手紧紧地抱着这只绕线的鞋，高兴地说，鱼大哥，陪你玩儿来了。

小柴伸直双腿坐稳之后，心中在想，鱼儿这时不动，它是在休息，缓过劲之后，定会有更大的冲撞。果然不出所料，大鱼第二次逃窜又开始了，它直奔湖心，有一股非常大的力量，不间断地拽线。它头一次逃跑，有竿的弹力和轮子的曳力对付它，这次光线一条，靠手拽着线头和它硬拉。小柴的手上可感到了力量，线的那头好像拴着一头牛，拖它一下，纹丝不动，小柴只好双手紧抱着这只鞋。这 0.5 的新线还真结实，大鱼拖着小船往前走，小柴倒也不显紧张，稳坐船上，任你拉吧！

翻船落水

危险出现了，一个想不到的事突然发生，鱼拉着钓线跑得快，

经

典

钓技

小船是橡胶做的，在水中阻力特大，走不快，只听得"扑通"一声，小船一歪，小柴被大鱼拖下水。此时离岸已有20多米，水很深，小柴跌入水中之后，仍然表现出超人的冷静，他双手死死地抱着这只鞋，采取仰游的姿势，两脚不停地踢水，使身体不下沉，并且保持与鱼拉线的力量同速前进。

岸上的同伴，看到这惊心动魄的场面，实在太着急了，他们齐声高喊：小柴，松手！小柴，松手！

小柴也听到同伴的叫唤，他没有力量回答，张嘴又怕喝水，他伸出手臂在空中摆动了几下，表示不松手。小柴距岸边越来越远。岸上的三人苦无营救良策。还是小王的视线落到那只吹鼓的救生圈上，他也仗着自己有一身好水性，顾不得与大家商量，只听他说了一声"我去"！就见他将救生圈抛向六七米远的水面，以一个标准的游泳比赛的入水式，跳入水中，冲着救生圈快速游过去，而后推着这圈紧追小柴，相距仍有近20米，但救生圈在水中的阻力也特大，大大降低了小王前进的速度。所幸的是大鱼又停止拽线了。但小柴为了使身体不下沉，双脚要不停地踩水，他真是累到极点。

为了快一点接近小柴，小王用头拱着救生圈，双臂奋力划水，距小柴还有5米远，只听小王喊：挺住，我来了！这只救生圈也好像在捉弄人，你越使劲推，它的阻力也越大，每前进1米，得用3秒钟。小柴转眼瞧见小王快到自己面前了，一阵喜悦，简直就是救星，真是铁哥儿们，舍命相救，他两眼发热，满脸是泪是水也分不清。当小王将救生圈推过去之后，只见小柴头一低钻进圈中，跟着他将圈顺利地移到胸部，两手伸在圈外。借助浮力他的两腿得以解脱，他太需要恢复体力，手脚都有点发木，可千万别抽筋。自小王来到之后，小柴心情十分稳定，有救生圈托着身体，又有小王在跟前，使他获得信心和力量。

小王将救生圈推给小柴之后，见小柴已无危险，于是用标准的自由泳姿势，快速地游到船边，他搭上船舷，感到气很足，缓了一口气，跟着翻身上了船。这一阵小王累得不轻，上船之后，他头枕着船边的气包，四仰八叉地放平了，平静地做了几次深呼吸，闭目养神，以迎接以后的搏斗。

再起风波

小王在休息，小柴也由橡皮圈托着，似乎一切都在平静之中。小柴拽着钓线，鱼儿虽不挣扎，但它的重量在那儿，死坠着线，所以要回收钓线，也不轻松，他慢慢地往鞋上缠线，刚绕了十圈八圈，突然感到钓线上的分量一下子消失了，他心中"咯噔"一惊，鱼跑了！这太可惜，已经和它斗了半天，那么多惊险和困难都挺过来了，怎么就这样无声无息地跑了呢？他是万分懊恼，脑子嗡嗡作响，也不知如何是好。他手中拽着这条没有重量的线，无意识地继续往鞋上缠，大约过了2分钟，突然感到线的那端似乎有股力量牵着钓线向岸边作横向移动，手中拽着的线，也感到越来越重，"鱼还在！"他又拽了一下钓线，这次带来了相反的拉力。原来这鱼也弄得晕头转向，它开始往回游，所以钓线上的分量突然消失，跟着它又转向横着朝岸边游。小柴万分惊喜，鱼儿的这一拽，就好似钓线成了"电线"，他也像触电一样，每根神经都调动起来。他大喊："小王，鱼还在！"其实，关于"跑鱼"的事，小王一点也不知道。当他听到小柴叫喊，忙说："你沉住气，我过来了。"他划着小船，慢慢靠近小柴。

小王看看自己手腕上那块下水前来不及摘的并不防水的表，已是8点半，也就是说鱼儿上钩到现在已过去4个半小时，可还是没有见到鱼。这时小王也踏实多了，两人做伴胆子也大了许多，更主要是经过刚才的生死搏斗，到现在平稳地遛鱼，他俩预感到胜利已越来越近。

最后拼搏

小柴虽只有30多岁，可他已有10年以上钓龄；也钓起过5千克以上的大鱼。凭他的经验，估计这条遛了4个多小时未曾露面的鱼，当在20千克上下。大鱼距他们还有50米左右。开始的时候，鱼拽着线，根本拉不动它，而且也不敢使劲和它对拉，现在经过长时间折腾，鱼儿锐气大减，那股疯狂劲没有了，冲撞一下顶多游出两三米，根本不用放线。小柴待在救生圈上，任鱼游动，但他始终用小力绷着钓线，不让它松塌。小王说，刚才鱼儿主动往岸边游，

现在离岸大约还有30米，但离原来下竿的地方至少也有80米，这个岸是一个小斜坡，争取在这里登岸上鱼。小柴手拽着线，脚蹬着水，向岸边靠近。这条大鱼看来确实是乏了，你收线，它跟着过来，除了线动之外，它不挣扎，小柴往鞋上缠了有近百圈，收回很长一段钓线，鱼离人也就30米左右。他不敢再收线了，大鱼绝不会这样俯首就擒，一定还会有垂死的挣扎。

他继续用脚向前踢水，倒退着向岸边靠近，距岸还有10多米时，脚下感到有什么东西碰了一下，他试着用脚向下探，竟接触到水底，他真是狂喜，突然想起一故事：有个神仙他神通广大，可是当他离开大地以后，所有本事都消失了。

"我就是神仙，我回到大地了！"他大喊大叫。小王当时离他不远，划着小船也向岸边冲，在离岸不到10米的地方，也跳下水，并朝着远处大声叫师爷他俩过来帮忙。

自从小柴和小王离开之后，师爷和马子一看也插不上手，就踏踏实实留下来照看这剩下的15副竿，在不上鱼的时候，显得轻松，可此时正赶上早晨这一拨，鱼儿频频咬钩，一会儿这副被拉弯了，刚提起来，那边铃声大作，两人着实忙了一早上，面包烟卷就摆在脚下，也顾不上了，他俩共钓2000克左右重的草鱼3条，1000克重的鲤鱼4条，还有几条大鲫鱼。当听到小王叫唤，师爷二话没说，提起大抄网就向小柴跑过去。

小柴双脚沾上水底之后，的确浑身都来劲了，他还是双手抱着这只特殊的鞋，一步步向岸边退。但他时刻提防大鱼的最后挣扎。当他的膝盖露出水面之后，完全站稳了，信心更足，就要和大鱼见面了。师爷和小王站在浅水边，这给小柴最大鼓舞，他将绕线的鞋递给小王，自己手把着钓线一把一把地向回收线。在20米远的水面，有一个像半截木桩一样的东西，跟着钓线，慢慢悠悠地飘过来了。可突然间这"大木桩"像射箭一样，向左边猛冲过去，鱼背露出来了。好在小柴早已料到大鱼还会发难，他叫小王留出五六米长的钓线，拖在水中，当大鱼冲撞的时候，正好放出这几米线，化解了大鱼最后的救命招数。小柴牵稳了钓线，大鱼又撞了一下，也就窜出不到两米。待小柴再次牵动钓线时，它竟肚皮朝天了，"鱼翻白了快拿抄子来。"不等小柴说完，师爷已到跟前，他说："这里水太浅，不好下抄子。"小柴说："不好下也得下，你看鱼都僵了，不会出事。"师爷将大口抄子对准鱼头，顺势向前一推，鱼身子进去一多半，小王眼疾手快，他扔掉手中的鞋，一手提着鱼尾向抄网中一拨，这鱼弯着身子全进网了，他又趁势双手提起抄网口的前沿，这条大鱼蜷缩着身子，一动也不动。师爷和小王两人抬着抄网的大圈上岸了，他们怕鱼儿挣扎蹦下水去，放在离水远远的地方。这下可看清了，是一条大草鱼，还瞪着一双小眼睛，好像有些不服气。青背白肚皮，好匀称的身体。它的口中有两只大钩，脑门上还搭着一只钩。小柴说这就是炸弹钩的威力。

小柴和小王上岸后，不约而同地躺在岸边的小石子上，一片小石头个个圆溜溜的，经太阳晒后似一张大热炕。这两人太疲劳了。师爷见到这情景说：真有意思，人和鱼都躺倒了！

休息片刻，他们给这立了大功的救生圈和橡皮船放了气，抬着鱼走回原钓位。只听得马子在那边叫："快回来呀，让我也看看！"他们回到汽车跟前，师爷拿出卷尺量这鱼，1.15米，没有带秤，称不出重量。

哥儿几个熬了一夜，又搏了这半天，实在是精疲力竭，没有心思再钓下去。问马子开车行不行？"没有问题，"马子回答。

小柴说："人累过头了，不愿动啦，再者又怕这鱼坏了，赶快回家吧。"几个人不再恋战，大家动手收海竿，不到半小时，所有的东西都装上车。望着这水库大家感到特别亲切。

"再见，我们还会来！"

回家过秤，这条大草鱼22千克。创造了他们几个钓大鱼的纪录！

竞拼"28 金"

——黄海秋钓纪事

2000年10月初，我们40多名北京钓友到烟台参加"金岛科星杯"海钓比赛。垂纶沧海，的确是风光无限，趣事频频。

快艇劈波斩浪射向深海

国庆这天，第一次下海。早8时大家到达码头，分乘两大两小4条快艇出海。在我们这条小艇上，有京城6位笔下生花的老记，有电影《回民支队》中马本斋队长的扮演者、著名演员里坡。船上还有一位特殊人物值得一提，就是大会为我们派的教练。此人水性了得，除精通海钓之外，更重要的优势是熟悉海域。

船队出发了，大小快艇似离弦之箭，射向大海。船速之快令人惊愕，船头似一张劈浪的犁。划开湛蓝的海面，船后燕尾形的白浪向远处延伸。众钓友穿上统一的桔黄色救生背心再加上艇上装饰物，真是满船色彩明亮，仿佛几只大蝴蝶穿梭于沧海碧波之间。

快艇行驶1个小时，便过了崆峒岛，面前白茫茫一片，视线直达海天尽头，这就是说已穿过渤海湾，进入黄海海域。

养殖区钓小海鱼

几条钓鱼快艇，自离开码头之后，便分散行动，各自寻找钓场。我们的小艇来到一片养殖区，一排排浮球整齐划一，里面渔民们养殖着各种贝藻。教练说这里的水不深，养殖区内小鱼多，大家先钓些小鱼过过手瘾，再到别的地方去钓。

船儿刚下锚，大家便急着下竿。这里的水深也就10多米。钓饵是清一色的长约10～20厘米的海蚯蚓。这东西有种特殊本领，它在海滩上打洞后，用自己的分泌物营造出一条正好容纳自己身体的小管，然后就长住在里头。平时海蚯蚓只将头伸出来觅食，遇惊则迅速缩入管内。用它装钩要剥开外壳,就和用蚯蚓一样,长的可以掐断。

教练和船工也一道下竿。大家有的用正宗的船钓竿,这种竿不长,也就 2 米左右,可竿尖粗、竿身硬;也有用普通短海竿的钓友,先将竿架在船边上,而后打开轮子往下放线,钩坠到底,等鱼上钩。头一个上鱼的当然是教练,他钓上一条色彩斑斓的小海鱼。紧接着大家纷纷抬竿,什么黄姑、白姑、石斑鱼、海鳗、小章鱼,还有海蟹和海星等都被钓上来了。钓友们有的忙碌,有的在欢笑,有的急呼解难,小小的艇上一片欢腾。

喜获"28 金"

快艇继续向外海前进,大约又走了 15 分钟,教练下令停船抛锚下竿。

教练说:"这里能有 30 米深,鱼大一些,大家接着过瘾吧!"说话间便有人上了一条黄姑,能有 300 克,又有人钓起一只大蟹,还上来一条章鱼,真是满船的欢乐。

"28",这个最吉利的数字,不仅因为它暗含"还发"的谐音,更主要是我们的运动员在第 27 届奥运会上勇夺 28 枚金牌,它是光荣的象征。说来有趣,就在国庆节这天出海垂钓,到下午 4 点快收竿的时候,我一共钓上来 26 条鱼。我们的"马司令"发话了:"奥运会中国健儿拿了 28 枚金牌,今天你得钓 28 条,以表庆贺,不是就少两条吗,你认真钓,我们都等你。"听了这话我心里不由产生一种莫名的激动,开始手掂钓竿,细心捕捉起海下精灵们咬钩的信息。静候了约 10 分钟,竿上出现了震颤,我不敢急慢,迅速提竿,竿上有重量,并且还感到鱼儿在拽线,我加紧摇轮收线。海上钓鱼与陆地钓淡水鱼有几个最大的区别,首先是钓上鱼之后不必遛鱼(拖钓大鱼又是一说),要全凭生拉硬拽将鱼弄上来。其次是海鱼力量大,加上海流对钓线有很大的冲击力,为了防止钩坠移位或漂浮,就要加大坠子的重量。我们所使用的坠子大都在 100 克左右,如果水再深,还要加大坠子的重量。这样加起来,钓线的负重是很大的。在海上钓一条 250 克重的鱼,就相当于在池塘钓 1.5 千克大鱼的分量。我手中的竿分量虽然不小,但我还是不停地用力摇轮。鱼出水了,果真是一条 250 克重的黑不溜秋的小鱼,有人说是石斑鱼。是什么鱼这时并不重要,主要是到了第 27 尾,距金牌数量仅差 1 尾。

这时已接近 5 点,返航时间快到了,但我有信心再上一条鱼。又等了约 5 分钟,竿上传来喜讯,一种轻微的震动传到手上,我立刻似触电一样,迅速提竿摇轮,感到线在动,有鱼!这时倒出现一阵紧张,生怕鱼儿脱钩,其实这是多余的担心,大钩深倒刺,海鱼咬钩又狠,只要咬上钩,鱼就没法逃。鱼终于出水上船上,是一条 250 克重的黄姑子,白里透黄,十分好看,是大家最爱钓的一种鱼。大家欢呼起来,成功了,28 金!

说也巧,我们钓手中有两位做鱼拓的好手项宁、项耘兄弟,他俩选中了我钓的第一条加吉鱼(又称银盆鱼)做了 3 幅彩色鱼拓,非常好看,并送我 1 幅。我高兴之余,赋诗一首,以做纪念:

深秋钓黄海,

首竿获银盆。

苦争廿八尾,

寄托申奥情。

作者双手举鱼示丰收

智钓大白鲨

这是一个由香港钓友讲述的真实故事。它发生在 1987 年。

白色死神

在南澳的海面上,湛蓝的海水,金色的阳光,给游泳的人们带来无限快乐。可是他们没有注意在水下游弋着的"白色死神"——白鲨,这儿正是大白鲨的家乡。

一天下午,海面上出现一阵骚动,游泳者们迅速逃离海面,原来一条巨大的白鲨闯了过来,直扑向一位妇女。这位女士虽极力划水,想逃脱白鲨的追袭,但她的速度太慢了,就好似龟兔赛跑。此时,附近的一条游船发现了这一险情,船主毫不迟疑地驾着船全速驶向这位被白鲨追逐的女士,船上的人已拉到她的手,看来她似乎已逃脱鲨口,但晚了,晚了!当船上的人拉着她的双手往船上提的同时,感到分量异乎寻常地轻,原来提上来的只是这位女游客的上肢。巨鲨已张开血盆大口,将她齐腰咬断。

设计除鲨

这个传奇式的惊险故事被一位住在昆士兰的钓鱼能手夏斯劳获悉后,不知是出于人类的正义,还是想显示一下他的勇敢和钓技,他在积极进行钓这个大白鲨的准备。他知道要和这个残暴异常的庞然大物打交道并非易事,所以特地准备了一条长 6 米、时速可达 70 海里的双底玻璃钢船。除了钓具外,还准备了一支装有弹头的鱼枪,一旦斗不过它,就开枪打伤它,以减轻它的冲击力,确保人船的安全。这一切准备就绪,夏斯劳带着两个助手出发了,将船驶向出事的海面。

人鲨苦斗

人鲨大战就这样开场了!

夏斯劳用的钓饵是10多磅重的吞拿鱼,他和助手在船的四周各放了一条这样的鱼饵。就这样,他们驾着船在海上游弋追钓。

一天,两天,三天过去了,毫无动静。他们并没有泄气。

第四天早上,船右舷的钓线,忽然迅速地向水下放线,夏斯劳知道是大白鲨上钩了,迅速做好与它拼搏的准备。三人异常紧张,因为大鲨鱼咬钩后会立即向钓鲨船发起攻击。但这种危险并没有来,只是钓线在一个劲向下扯,绕线轮在飞速地吐线。一会儿,钓线抖动了几下不动了。经验丰富的夏斯劳知道这是狡猾的老鲨鱼,更要耐心地和它周旋。果然,半小时之后,鲨鱼开始发难了。它在海底迅猛地向前游去,有一股不可抵御的力量拖着船向后急退。船体经受不了这突如其来的拖拽,船身向下沉,船舱开始进水了。幸喜船上有良好的排水设备,他们开动水泵迅速排水,这样才免遭覆没。船被拖了一阵后就停下来了,钓线也有些放松,夏斯劳觉得鲨鱼有些疲劳,不能给它喘息之机,于是他慢慢收紧鱼线,鲨鱼又拖着船跑开了。就这样停停跑跑,跑跑停停,从晨至晚在海上搏斗了七个小时,老鲨鱼确已耗尽力量,夏斯劳和助手们也是筋疲力尽,但他们知道大白鲨绝不会这样轻易就范。果然,大白鲨向夏斯劳的船发动了疯狂的最后冲击。夏斯劳他们没有畏惧退缩,而是和它展开殊死搏斗。夏斯劳手握钢叉,奋力刺向鲨鱼的头部,两个助手用大绳缚住鲨鱼的尾部,至此,这头凶猛的巨鲨才被制服。它挣扎了几下,几阵抽搐后就死了。

这条大白鲨长6米,重约2吨,如果它张开大嘴,一个成年人可以屈身进入它的口内。它口中的排排利齿,实在令人不寒而栗。

香江展鲨

最有意思的是夏斯劳他们花了400万美元做了一个6米多长的特制柜子,柜内气温可达-20℃。将这个庞然大物运抵香港展出,供人观看。这是为勇敢的钓鲨者奏起的一曲胜利凯歌。

冰钓奇遇黑颈鹤

现代钓手除有奋力拼搏、锤炼坚强意志品质之外,另一面就是爱护与人类共同生存于"地球村"的各种野生动物。本文深刻地体现出现代钓鱼人这样一种全新的环保理念。

这是一个真实的故事。

渔友老庞及夫人罗医生堪称一对钓鱼迷,自离开工作岗位之后,钓事更频,春夏秋三季垂钓之后,仍未尽兴,在冰封大地的严冬,还要进行数十次冰钓。奇遇就发生在这冰钓之中。

那是1994年2月21日,家住京西郊区的庞、罗二位,又带上冰钓装具出发了,经过3个多小时,行程30多公里,到达十三陵水库。他们在游乐宫北侧小土包附近的冰面上凿冰开洞,准备冰钓。冬日的阳光,虽然有些苍白,但照到身上尚有几分暖意,老两口儿尽情地享受这冬季郊外的野趣。忽然,十数米外走来一只大鸟,它身高约75厘米,一条长脖,一双长腿,在灰白色的羽毛上,镶嵌着黑颈、黑尾、黑翅膀尖,枣核眼配上一圈白眼圈,好漂亮英俊的模样,姑且称它为黑颈鹤。这鹤迈着方步在冰面上踱来踱去,不时地朝他们这边张望。此时,洁白的冰面经阳光照射,处处银光闪闪,远处的山边,飘动着几朵白云,好一幅庄重宁谧的冬日图景。庞、罗二位全身心地融入这如诗如画的美景之中,感到这正是钓者索求的最高心境。

这鹤还不断地向他们靠近,老庞扔出钓上的小鱼,来款待这位不速之客,但它不领情,接着又投去钓鱼用的红虫,鹤伸出嫩黄的尖嘴啄食了。他们见鹤儿吃食,又将小鱼剪成小段,扔过去,黑颈鹤慢条斯理地品尝着,并不断地向他们靠近,在离他们三五米远的地方来回走动,围着他们绕圈,时而停下来看他们垂钓。就这样这只黑颈鹤陪了他们整整一天。日已西斜,要收竿了,临行时,这只鹤竟送他们走出冰面,走上大路约100多米。罗医生怕岸上有人伤害它，不让它跟随了。果然，路遇一小伙捡石块要打它，庞、罗二位厉声喊道："住手，这是国家的珍禽，不准伤害它！"小伙子悻悻离去。他们回身将鹤送入丛林。

　　过了一天。那是2月23日，老两口儿想起黑颈鹤的事，他们又带上米饭，带上煮熟的鸡蛋，还想会一会这位人类的朋友。他们到达原来垂钓的地方，下竿垂钓。果然，黑颈鹤又出现在他们面前。第二次见面，鹤儿已不显生疏，招招手它就到跟前来了，他们拿着红虫准备装钩的时候，鹤儿竟毫不顾忌地从他们手中啄食红虫。他俩认为鹤儿饿了，于是喂米饭，喂蛋黄，鹤儿大口吞食，并发出"咕咕"叫声，好像表示已经吃饱，又似有道谢之意。鹤儿围着他们转了几圈之后，大概也和人一样，吃饱了犯困，就在庞、罗二位身边，用单足立于冰面上，将头缩至翅膀下睡着了。这二位说鹤儿午睡了，好好睡吧！他们轻声细语，怕惊扰它的美梦。旁边的钓友投来羡慕的眼光，他们说这老两口儿真逗，钓鱼还带来一只仙鹤！又到了收竿时分，这回黑颈鹤又主动送他俩上岸，送过小桥，它咕咕一声叫唤，好似道别说声再见，而后飞入丛林。

　　这老两口儿迷恋垂钓，但此时想念的却是这只也许是失群的孤鹤。去！再去会一会它。2月24日，庞、罗二老又带上丰盛的食物第三次去十三陵水库。鹤儿有灵，没有辜负二位的盛情，早已在岸边等待，见到他们后，鹤儿即主动来到跟前与他们相聚，俨然一副老朋友的神态。他们打洞垂钓，想给仙鹤准备一点鲜活食品，鹤儿就围着他们走动。不好！仙鹤的脚被放在冰上的钓线缠住了，老两口儿互相埋怨，不该将线放在冰上，但这时仙鹤并未显示惊恐。他们抱着鹤儿的身子，摘尽它脚上所缠的线，鹤儿仍然依偎在他俩的身旁，好像什么事也没有发生。鹤儿吃了不少米饭和蛋黄。这老两口儿今天早把渔事忘却，眼睛不看漂子却紧盯着仙鹤，谈论的话题不是垂钓却是仙鹤。今天专为仙鹤而来，虽未钓鱼，亦不虚此行。又该回家了，这次仙鹤又将送他们的路线延长了，两位在前面走着，鹤儿就在后面紧跟，时走时跳，大有依依不舍之情。在马路上遇到一辆小汽车，司机见仙鹤在马路上慢慢行走，就停车想捉住它。庞、罗二位起急了，说：这是我们养的仙鹤，不准你动它！司机嘿嘿一声，驾车而去。他们为了鹤儿的安全，不让它再送了，就赶它回森林。鹤儿好像懂得他们的心思，咕咕一声，冲天而去。鹤走后，老两口儿若有所失，感到了孤独。

在家中庞、罗二位还在惦着这只仙鹤，它还会到冰上去等他们吗？它吃饱了没有？它会不会被人伤害？又过了两天，惦念之情更迫，还是要再去看看它。这时天气转暖，冰已酥松，不能上冰垂钓，不钓鱼也去！老庞一人于2月27日又携带食品，第四次来到十三陵水库。冰面空旷无人，岸边也不见鹤影，老庞心中忽然感到一阵空虚：我们的朋友，你在哪里？望着那即将融化的冰面，老庞顿有所悟，呵，春天来了，春天发出了促它回归的信息，它要飞向北方，回到鹤的故乡去了。朋友，祝你一路平安，但愿来年再相逢！

北京女钓手罗荣林（左）与作者（右）2001年获"海伯杯"全国十佳健康垂钓老人奖

垂钓在 70 年前

几位钓友想了解我国近百年来的垂钓情况，看看能给现代钓鱼人提供些什么做参考。

100 年太久远，恐难觅亲身说古者。打一点折扣，我可以说一些 70 年前的钓况。记忆童年，欢乐无穷，那时的钓具，那时的垂钓方法，今人看来，似在"考古"，但那的确是一个时代的表现。

钓鱼是农家细伢仔的娱乐

70 年前的湖南湘潭农村，农民们祈求的是风调雨顺，五谷丰登。这只能是对生活的一种企盼，现实生活实在艰辛，人们不停地为生存而劳作，什么"休闲垂钓"，这是闻所未闻的词。只有那些不谙世事的农村伢仔，寻找快乐，将钓鱼作为经常性的游戏。乡下山多水多，儿童们成天以山水为友，陪伴他们度过这梦幻童年。

那时，农村孩子没有任何称得上是"钓具"的东西，用一根缝衣服的线，拴上一条蚯蚓，来到水塘边，见一大群"鱼嫩子"（小鱼）过来抢食，有贪吃的小鱼，叼住蚯蚓就不松口，尤其是一种叫"爬虎子"的鱼，大的有 5~6 厘米长，呈土黄色，浑身肉棍一样，一张大嘴，特贪吃，咬住蚯蚓后即使被提出水面也不松口。小孩们钓得多时，回家当一顿小荤菜；钓得少时，给老猫小鸡打牙祭。这样的钓鱼，都是那些还缺着门牙的细伢仔的事。成年人即使是那些半大小子，都不会去钓鱼，因为当时的钓具和钓技没法钓上鱼来，加之农村捕鱼的工具和方法特多，如供单人使用的小网具有耙网（网口面积约 50 平方厘米）、推网和拖网等，还有一些用竹子编制的渔具。这些小型渔具，大都是农民们在农事较清闲时用它们找点荤腥味。

70年前的奇特钓具

钓竿：我们那个地方山多水多沟渠多，山边水边到处生长着各种各样的小竹子，可以说任何一枝都可做钓竿。如果有人想去钓鱼，腰中别一把镰刀，走到哪里随手砍下一枝，修去枝叶，就是一支独竿。也有人选一些好看的竹子，如密节竹，或竹节中部鼓出来似大肚罗汉的罗汉竹，还有斑点竹等，做长期使用的钓竿。这些竿如留至现在，可是绝好的收藏品。

世界上绝无仅有的钓线：用棉麻丝做钓线，这是很古老的用法，棉麻做钓线不知用了多少世纪，堪比秦砖汉瓦。当然，棉麻做钓线，在那时优点很突出，到处都有，取材方便，线径粗细都有，而且也很结实。棉麻线的不足是吸水量大，灵敏度差。

人们想方设法寻找各种做优质线的材料。有的用马尾毛做原料，取几根马尾毛并成股，而后多股连接成钓线，接线时很有讲究，接头都要朝下，叫"顺水拖"，以减少扬竿时的阻力。这种线有拉力，也不吸水，只是线太粗，结节多，太笨。

更有一种最奇特的钓线，按现代人的说法，可以称之为纯天然线。也不知道始创者为谁，那时在农村稍为精明一点的孩子都会用这种办法制作真正的"生物钓线"。山上有一种浅黄色带毒毛的小爬虫，称"洋辣子"，大的3～4厘米长。它浑身长满毒刺毛，沾到人的皮肤上痒痛红肿。小孩们抓到最大的用小棒夹住，用刀从它的背部划开，体内有一条似白粗线的东西，有十几厘米长，挑出后可用手将它扯长至30厘米左右，不断也不会缩回去。而后将它放到醋中浸泡一下，就定型了，成为一条半透明的钓线，用多根这样的线接起来做钓线。它的优点是透明度好，在水中看不出来，也有一定拉力。不足的是线上结节多，拉力仍显不够。

在当时最牛的钓线就是丝线，它有粗有细，可供选择，拉力大。不足的也是吸水性高，且过度延长。

缝衣针改做鱼钩：在当时凡钓鱼的人都会用缝衣服的针改做鱼钩。先将针烧红敲去针鼻（穿线孔），并将头上砸扁，做拴线的挡头，而后窝制成钩状，再烧红沾水（淬火），增强其硬度，一只自己制作的

鱼钩就制成了。在当时谁要有一枚真正的鱼钩,令人羡慕不已。

横着拴的浮漂:走进现在的渔具商店,五光十色的漂子最显眼。在70年前的浮漂也颇具特色,凡能浮在水面的东西都可成为浮漂,有干树枝、小竹棍、干苇尖,还有用鸡鸭鹅毛梗制成的漂。这些漂大约都是十多厘米长,用钓线结一活扣拴在漂子的当中,能上下调整,漂子是横卧于水面,也有的拴在漂子1/3的地方,鱼咬钩拉动钓线,漂子会立起来。

"摇车"打脚鱼

所谓摇车,就是现在被称为"鳖枪"的锚竿。摇车主要用于锚取脚鱼(甲鱼有脚,湖南人称脚鱼),当然,也可锚取其他鱼。摇车竿长2米左右,用竹片合成或用硬木制作,竿身坚硬不易弯曲,竿上有过线圈,后部装大号手拨叉齿轮,摇轮收线,这可能就是"摇车"的原意。摇车最大的特点是它的钩,这种钩单个像字母"M",只是两条腿向内扣一些,当中的弯没有那么深,单钩每只长6~8厘米,每组钩由十几枚单钩串接而成,特像蜈蚣,故也称蜈蚣钩,使用时前端加坠,不装饵,只要见到水面浮出甲鱼,将钩甩过去,钓手猛地抬竿,钩子就可能钩住甲鱼的裙边被拖上来。

打脚鱼的人大都为农民,农忙时种田,闲时抓副业挣点油盐钱。由于使用摇车有很大难度,只有久经练习,才能成为打脚鱼的高手。甲鱼在夏日的早晚爱浮出水面呼吸空气,经常能见到这些枪手在水边转悠。他们要有一副好眼力,因为甲鱼通常只将小鼻孔露出水面换气,目标并不明显,还要能和小鱼区别开,其难度更大,这些钓手的行装也很特别,通常带一个独脚凳,就是在一根约50厘米长的木桩上钉一块小木板做座凳,坐时两脚前支,与独脚凳形成稳固的三角。独脚凳最大的特点不仅是携带方便,坐上后身体处于半坐半立状态,便于快速出竿,这种半坐对调整身体的转向也很灵活。钓手在观察水面寻觅甲鱼时还会击掌,或口中发出"啪啪"的响声,以招引甲鱼出水。

这种锚甲鱼的方法和今人使用锚钩的方法基本相同,使用时不是将钩投向目标,而是抛至远于目标的3~4米处,这有两个最大好处，首先不会惊鱼，否则它下沉躲避，其次是如有偏差，在收线时可向左右摆动，修正方位，当确定锚钩在鱼的正前方时，即发力猛抬竿，使锚钩迅速飞向目标，一些老钓手十拿九稳，邻居们说他这杆枪赛过养5只老母鸡（下蛋卖钱）。

游钓白条　飞鱼入篓

农村中也有人会用手竿钓"游鱼子"（白条），这种人基本上属于会动脑子的人，能通过自己的能力抓点活钱，半农半渔。他们钓鱼的技术很好，那时也没有什么其他的鱼供别人随便钓，只有白条是野鱼，任何人到任何地方都可钓取，有能耐的人一次可钓二三斤。他们的钓具很简单，就是一副鱼竿，一只大口鱼篓拴在腰上，单钩不用漂，边走边甩，也是先将钩抛向最远处，而后慢慢向回拖，使钩子不沉底，钓饵大多是蚯蚓，鱼咬钩后，迅速提鱼出水，使之飞向鱼篓，由于钩子无倒刺，鱼落入篓底大多会自动脱钩，看钓手们一拖一飞一接，动作熟练潇洒。

作者当时也学会钓白条。曾在湘江边上显过手艺。在江边钓流水与在池塘钓静水有些不同。江水是流水，鱼也爱吃活食，只要将钩子抛向上游，流水会将钩子推向下方，也可停着不动，任水将钩推摆，也可提竿再抛向上游。所以在江边垂钓不必走动，可选一固定钓点。我们通常的做法是先找大石块当座位，再在钓位后方捡一些石块，垒一个反向的半圆形的挡墙，这是因为在江边钓鱼将鱼向后甩，使鱼落在岸上，也是因为钩子无倒刺，鱼掉地后大多脱钩，如果钓一条起身捡一次鱼，人太累，也太耽误工夫，垒这道小坎就为了挡鱼，因鱼掉在地上要蹦跳，石坎挡着，跳不过去，待钓了许多条后，再去捡一次。我那时也算是钓得不错的，后面经常围着参观者，三两分钟上一条鱼，引来大家称赞，当了一回"昔日英雄"。

以上这些是70年前的往事，由于地区和人群的不同，各地会有差别，这也是一个地方的一段古渔事。

图书在版编目（CIP）数据

经典钓技 / 谭佛航著. -北京：人民体育出版社，
2013
ISBN 978-7-5009-4444-7

Ⅰ.①经… Ⅱ.①谭… Ⅲ.①钓鱼（文娱活动）-基本知识 Ⅳ.①G897

中国版本图书馆 CIP 数据核字（2013）第 035487 号

*

人民体育出版社出版发行
三河紫恒印装有限公司印刷
新 华 书 店 经 销

*

787×960 16开本 17印张 200千字
2013年7月第1版 2013年7月第1次印刷
印数：1—5,000 册

*

ISBN 978-7-5009-4444-7
定价：35.00元

社址：北京市东城区体育馆路8号（天坛公园东门）
电话：67151482（发行部） 邮编：100061
传真：67151483 邮购：67118491
网址：www.sportspublish.com
（购买本社图书，如遇有缺损页可与发行部联系）